Amtsträgerbestechung

Philipp Reinhold

Amtsträgerbestechung

Unrechtsgehalt und Grenzen der §§ 331 ff. StGB

PETER LANG
Internationaler Verlag der Wissenschaften

Bibliografische Information der Deutschen Nationalbibliothek
Die Deutsche Nationalbibliothek verzeichnet diese Publikation in der Deutschen Nationalbibliografie; detaillierte bibliografische Daten sind im Internet über http://dnb.d-nb.de abrufbar.

Zugl.: Passau, Univ., Diss., 2011

D 739
ISSN 0938-6181
ISBN 978-3-631-62048-9

www.peterlang.de

Meinen Eltern

Vorwort

Die vorliegende Arbeit lag der Juristischen Fakultät der Universität Passau im Wintersemester 2010/2011 als Dissertation vor.

Ganz herzlich danken möchte ich meinem Doktorvater Herrn Prof. Dr. Bernhard Haffke. Seiner intensiven und umfassenden Betreuung von der Wahl des Themas bis zur Umsetzung der eigenen Ziele und Ideen verdanke ich nicht nur das Gelingen der Arbeit, sondern auch, dass der persönliche Gewinn durch die Promotion weit über die bloße Erlangung eines Titels hinausgeht.

Herrn Prof. Dr. Werner Beulke danke ich sehr für die zügige Erstellung des Zweitgutachtens sowie Herrn Prof. Dr. Manfred Maiwald und Prof. Dr. Carsten Momsen für die Aufnahme der Arbeit in diese Schriftenreihe.

Mein größter Dank gilt aber meinen Eltern Michael und Hermine Reinhold. Sie haben mir mit Jurastudium und Promotion nicht nur meine Wunschausbildung ermöglicht. Dank der mir hierbei gewährten Freiheiten war es mir auch möglich, im Sinne eines „Studium universale" über den eigenen Tellerrand zu schauen und Erfahrungen zu sammeln, die die Zeit an der Universität für den weiteren Lebensweg im besonderen Maße wertvoll machen.

Bremen, im Juli 2011 Philipp Reinhold

Inhaltsverzeichnis

Wegen der verwendeten **Abkürzungen** wird verwiesen auf:

Kirchner, Hildebert (Begr.) / *Dietrich Pannier* (Mitarbeit): Abkürzungsverzeichnis der Rechtssprache, 6. Auflage, Berlin / New York 2008

A. Einleitung

Nach dem in der Öffentlichkeit vermittelten Bild besteht eine der Hauptherausforderungen unserer Tage in der Bekämpfung von Korruption.[1] Beispielhaft sei hier nur auf die Bestechungsaffären im VW-Konzern[2], im Siemens-Konzern[3] sowie auf die Zuwendung von WM-Tickets an hochrangige Politiker seitens eines großen deutschen Energieunternehmens[4] verwiesen, was jeweils zu aufsehenerregenden Strafverfahren geführt hat. Dass Korruption insbesondere auch mit dem Mittel des Strafrechts bekämpft werden soll, hat sich 1997 in dem „Gesetz zur Bekämpfung von Korruption" manifestiert.[5] Es lässt sich dabei aber kaum beantworten, was genau man sich unter Korruption gerade aus strafrechtlicher Sicht vorzustellen hat.[6] Weder kennt das Strafgesetzbuch einen (einheitlichen) Korruptionstatbestand, noch hat der Begriff der Korruption Eingang in die gesetzlichen Regelungen gefunden.[7] Sowohl das Strafgesetzbuch als auch die strafrechtlichen Nebengesetze sprechen vielmehr von „Bestechung" oder „Vorteilsgewährung". Diese Begriffe scheinen jedoch mit dem der Korruption eng verbunden zu sein und es lässt sich zumindest in der öffentlichen Diskussion ein weitgehend synonymer Sprachgebrauch feststellen.[8]

---

1 Schünemann, in: Festschrift für Otto (2007), S. 778; skeptisch in Bezug auf das in den Medien vermittelte Bild einer „Korruptionskonjunktur" Ostendorf NJW 1999, 615; für eine solche „Konjunktur" Schaupensteiner NStZ 1996, 409.

2 Vorteilszuwendungen an den Leiter des Konzern- bzw. Weltbetriebsrates zur erleichterten Durchsetzung von Arbeitgeberinteressen.

3 Schmiergeldzahlungen an Einkäufer anderer Unternehmen, um sie zum Kauf von Siemens-Produkten zu bestimmen. Dieser Vorwurf traf in der Folge auch das Unternehmen MAN.

4 Übersendung von Gutscheinen für WM-Tickets als Weihnachtsgruß an hochrangige Politiker seitens des Vorstandes der EnBW, die einer der Hauptsponsoren der Fußballweltmeisterschaft in Deutschland war.

5 BGBl. I, S. 2038.

6 Zur Wortbedeutung von Korruption, vgl. von Alemann/Kleinfeld, in: Benz/Seibel (Hrsg.), Zwischen Kooperation und Korruption (1992), S. 261: Beamtenbestechung, Machtmissbrauch, Sittenverfall; auch folgende Begriffe werden mit Korruption unmittelbar in Verbindung gebracht: Einfluss, Überredung, Begünstigung, Protektion, Beziehungen, Interesse, Ränke, Machenschaften, Intrigen, Schmiergeld, Erpressung, Empfänglichkeit, Verführbarkeit, Anstiftung, Druck, Reiz, Willenslenkung, Versuchung.

7 Anders ist dies wohl z.B. im englischen und walisischen Recht, die „corruptly" als Tatbestandsmerkmal kennen, vgl. hierzu Eser, in: Festschrift für Roxin (2001), S. 200.

8 So werden die obigen Beispielsfälle in den Medien teilweise als Bestechungs-, teilweise als Korruptionsskandale bezeichnet; vgl. auch Überhofen, Korruptions- und Bestechungsdelikte im staatlichen Bereich (1999), S. 30 ff.

I. Die Verschiedenheit der in der Öffentlichkeit diskutierten Bestechungsskandale

Ausgehend von den soeben benannten Korruptionsskandalen könnte man nun fragen, was diese Fälle verbindet und von anderen Fällen von Wirtschaftskriminalität unterscheidet[9], um auf diese Weise den Begriff der Korruption zu ergründen. Die interessante und erörterungswerte Frage nach Wesen und Unrecht von Korruption im Allgemeinen soll aber nicht Gegenstand dieser Untersuchung sein. Gerade mit Blick auf die oben genannten „Bestechungsskandale" soll das Augenmerk vielmehr darauf gerichtet werden, dass unter dem Begriff der Bestechung bzw. der Korruption durchaus auch unterschiedliche Phänomene diskutiert werden. Diese Unterscheidung scheint in der öffentlichen Behandlung durch die Medien etwas zu kurz zu kommen, zumal es hier nicht nur um spitzfindige Differenzierungen formeller Art geht. Gerade an den oben angesprochenen „großen" Fällen lässt sich dies verdeutlichen.[10] Eine „Bestechung" von Betriebsräten, wie sie im Falle VW stattgefunden hat, kennt das Strafgesetzbuch überhaupt nicht, vielmehr ist es das Betriebsverfassungsgesetz, das in § 119 I Nr. 3 eine entsprechende Gewährung von Vorteilen unter Strafe stellt. Hier steht die spezielle betriebsverfassungsrechtliche Beziehung zwischen Arbeitgeber und Betriebsrat im Mittelpunkt, die für das Wesen dieser Art von Korruption maßgebend ist.

Ganz anders stellt sich die Lage im Falle Siemens dar. Der zentrale Korruptionsvorwurf lautete hier „Bestechung im geschäftlichen Verkehr"[11], was nach § 299 StGB unter Strafe steht. Gemäß der Überschrift zum 26. Abschnitt des Strafgesetzbuches geht es dabei ausdrücklich um den Wettbewerb, der durch Bestechungshandlungen negativ tangiert wird. Schon an dieser Stelle wird deutlich, dass Korruption bzw. Bestechung je nach dem Bereich, in dem sie stattfindet, eine andere Qualität hat, mögen die Verhaltensweisen an sich auch ähnlich sein. Der Unwert scheint entscheidend von dem systematischen Umfeld abzu-

---

9 Zur Zuständigkeit der Wirtschaftsstrafkammer, siehe § 74 c Abs. 1 Nr. 6 GVG; vgl. hierzu allgemein Schönherr, Vorteilsgewährung und Bestechung als Wirtschaftsstraftaten (1985).

10 Umfassende Zusammenschau der Korruptionsdelikte bei Greeve, Korruptionsdelikte in der Praxis (2005), S. 11 ff.

11 Zumindest was den Teil des Skandals anbelangt, der Gegenstand der Entscheidung des 2. Strafsenats vom 29.8.2008 im Falle „Siemens" war, vgl. BGHSt 52, 323 ff.; daneben ging es auch um die Finanzierung der Gewerkschaft „AUB" durch das Unternehmen Siemens und damit um „Korruption" im Verhältnis von Arbeitgeber und Gewerkschaft, was strafgesetzlich nicht geregelt ist; § 119 Abs. 1 Nr. 3 BetrVG findet hier keine Anwendung.

hängen, in dem die Korruptionshandlungen stattfinden, was ein Blick auf die unterschiedlichen Strafrahmen verdeutlicht. Gerade diese Abhängigkeit von dem jeweiligen Umfeld, von dem jeweiligen meist komplexen System, in dem Bestechung stattfindet, macht einen staunen, dass sowohl der Fall VW als auch der Fall Siemens in der Öffentlichkeit als Bestechungsskandale so sehr wahrgenommen wurden. Es bedarf nämlich schon eines gewissen Grundverständnisses der betrieblichen Mitbestimmung und des Funktionierens von Markt und Wettbewerb, um das in diesem Zusammenhang pönalisierte Verhalten als strafwürdiges Bestechungsunrecht im Sinne der entsprechenden Korruptionsstraftatbestände empfinden zu können. Jedenfalls hätte man nicht unbedingt erwarten müssen, dass mit dem Thema „Bestechung" derartige Konstellationen assoziiert werden und man ist ob der Sensibilität erstaunt, mit der die Öffentlichkeit Korruption hier aufgedeckt hat. Betrachtet man dann weiter die in diesem Kontext ergangenen, zum Teil höchstrichterlichen Entscheidungen, so scheint sich hinter dem öffentlichen Bestechungsvorwurf in Wirklichkeit eher ein Untreuevorwurf zu verstecken.[12] Zwar findet man zum Teil eine begriffliche Verknüpfung von Untreue und Korruption[13]; der Vorwurf der Untreue und der Vorwurf der Bestechung erscheinen innerhalb eines Skandals aber dahingehend nur bedingt austauschbar, dass der Nutznießer von Bestechung auf dieser Ebene nicht zugleich als Untreueopfer wahrgenommen wird. Gerade in Bezug auf die Affairen um VW und Siemens muss man sich daher fragen, ob es dem öffentlichen Empfinden als Korruptionsskandal entspricht, dass entsprechend der in diesem Zusammenhang ergangenen Entscheidungen die Unternehmen VW und Siemens Opfer von Korruption geworden sind.[14]

---

12 Vgl. die „Siemens-Entscheidung" BGHSt 52, 323 ff. (= BGH NJW 2009, 89 ff.), in der das Bereithalten von Bestechungsgeldern in „schwarzen Kassen" als Untreue durch einen führenden Mitarbeiter zu Lasten der Siemens AG eingestuft wurde; auch im Falle VW wurde der für die Bestechungszahlungen verantwortliche Mitarbeiter wegen Untreue zu Lasten von VW verurteilt, vgl. LG Braunschweig (Az.: 6 KLs 48/06) vom 25.1.2007; siehe auch die Bestätigung der „Siemens-Entscheidung" durch das BVerfG (2BvR 2559/08) vom 23.6.2010, 124 ff. (abrufbar unter http://www.bverfg.de/entscheidungen).

13 Seine heutige Fassung erlangte § 266 StGB durch die Strafrechtsnovelle vom 26.5.1933, die dem „Kampf gegen Schiebertum und Korruption" galt, vgl. Joecks, StGB, 8. Auflage (2009), § 266 Rn. 3; gegen eine Erfassung der Untreue durch den Korruptionsbegriff Volk, Referat L für den 61. Deutschen Juristentag (1996), S. 37.

14 Vgl. hierzu nochmals die Entscheidungen unter Fn. 12; zur hier nicht weiter thematisierten Frage der Untreuestrafbarkeit durch Zahlung von Bestechungsgeldern Kempf, in: Festschrift für Hamm (2008), S. 257 ff. und Dierlamm, in: Festschrift für Widmaier (2008), S. 609 ff.

II. Thematische Eingrenzung auf Amtsträgerbestechung

Die dritte in der Öffentlichkeit diskutierte Konstellation, das Verschicken von WM-Tickets an hochrangige Politiker seitens eines großen Energieunternehmens, erscheint im Vergleich zu den vorangehenden Konstellationen in Bezug auf Korruption geradezu klassisch. Wenn es eine spontane Assoziation im Zusammenhang mit „Korruption" oder „Bestechung" gibt, dann die, dass einem Amtsträger als einem Repräsentanten des Staates ein Vorteil gewährt wird, damit dieser sein Amt oder allgemein seine Funktion „im Sinne" des Vorteilsgebers vollzieht. Dies ist der Bereich der Strafbarkeit nach den §§ 331 ff. StGB, welcher in der sich maßgeblich an den Fällen VW und Siemens orientierenden Diskussion in der Öffentlichkeit eher eine Nebenrolle einnimmt.[15] Alleine mit dieser Art von Korruption i.S.d. §§ 331 ff. StGB will sich die vorliegende Arbeit befassen und sieht sich damit auch weniger als Beitrag aus „aktuellem Anlass", sondern vielmehr als Beitrag zu den Grundproblemen der Strafbarkeit von Bestechung im staatlichen Bereich, die sich nicht erst in jüngerer Zeit aufgetan haben, sondern über die schon seit langer Zeit gestritten wird.[16]

Mit der Beschränkung auf Amtsträgerbestechung i.S.d. §§ 331 ff. StGB soll es damit um Konstellationen wie z.B. dem benannten Zusenden von WM-Tickets an Politiker durch den Vorstand eines Energieunternehmens (Fall „Claassen") gehen. Hier ereignete sich der folgende Sachverhalt:

Bei dem Angeklagten handelte es sich um den damaligen Vorstandsvorsitzenden des Energiekonzerns Energie Baden-Württemberg AG (EnBW). Die EnBW war Hauptsponsor der Fußballweltmeisterschaft 2006 in Deutschland. Aus dieser Funktion standen ihr ca. 14.000 Eintrittskarten für Fußballspiele zur Verfügung. Entsprechend einem Konzept, welches die Marketingabteilung der EnBW erarbeitet hatte, sollten diese Karten zum Teil an Repräsentanten aus Wirtschaft, Gesellschaft, Kultur, Wissenschaft und Politik verteilt werden. Durch das öffentliche Erscheinen angesehener und bekannter Persönlichkeiten wollte man die Rolle der EnBW als Sponsor der Fußballweltmeisterschaft werbewirksam hervorheben. Es wurden daher Gutscheine für solche Eintrittskarten zusammen mit Weihnachtsgrußkarten im Dezember 2005 an 36 Personen ver-

15 Die §§ 331 ff. StGB wurden zwar auch im Siemens-Verfahren erörtert, da es sich bei dem Unternehmen, dessen Mitarbeiter bestochen wurden, um ein Staatsunternehmen handelte und somit an eine Amtsträgerbestechung zu denken war. Im Ergebnis wurde dies aber abgelehnt und im Übrigen nur am Rande diskutiert.

16 Nach NK-Kuhlen, StGB, 3. Auflage (2010), § 331 Rn. 9 ist beispielsweise das Rechtsgut bis heute noch nicht abschließend geklärt.

sandt. Die Auswahl der Empfänger fand durch Mitarbeiterinnen des Angeklagten in Zusammenarbeit mit der Leiterin der Protokollabteilung der EnBW statt, wobei die endgültige Entscheidung bei dem Angeklagten lag, der dem Vorschlag in allen Fällen zustimmte. Es befanden sich unter den mit einem Gutschein für ein Fußballspiel bedachten Personen der Ministerpräsident und fünf weitere Minister des Landes Baden-Württemberg sowie ein beamteter Staatssekretär im Bundesministerium für Umwelt, Naturschutz und Reaktorsicherheit. Diesen sieben Personen war gemein, dass sie bzw. ihre Ministerien im Rahmen ihrer Ressortzuständigkeit mit Angelegenheiten befasst waren, die für die EnBW oder den Angeklagten persönlich von erheblicher Bedeutung waren. Dies war dem Angeklagten auch bekannt. Alleine auf diese sieben Fälle konzentrierte sich nun die Anklage der Staatsanwaltschaft wegen Vorteilsgewährung (§ 333 StGB). Nach Einleitung des Ermittlungsverfahrens und Berichten in der Presse über die Zuwendung der WM-Gutscheine wurden keine weiteren Regierungsmitglieder durch die EnBW zu Fußballspielen eingeladen und auch die sieben verfahrensgegenständlichen Gutscheine wurden durch die Bedachten nicht eingelöst.

Es wird an verschiedenen Stellen noch auf diese Konstellation und die hierzu ergangene Entscheidung des Bundesgerichtshofes zurückzukommen sein. Der zentrale strafrechtliche Vorwurf lautete hier „Vorteilsgewährung“. Da bisher nur die Rede von Bestechung war, soll an dieser Stelle zunächst noch der mit dem Titel der „Amtsträgerbestechung“ benannte Fokus konkretisiert werden. Es soll damit nicht um den Straftatbestand „Amtsträgerbestechung“ gehen, den es wörtlich so nicht gibt und der sich damit wie die bisherige Verwendung des Begriffs der Bestechung nicht technisch verstanden wissen will. Mit dem Thema „Amtsträgerbestechung“ verbindet das Strafgesetzbuch vielmehr vier Tatbestände, die Gegenstand dieser Arbeit sein sollen. Dies sind die Vorteilsannahme (§ 331 StGB), die Bestechlichkeit (§ 332 StGB), die Vorteilsgewährung (§ 333 StGB) und die Bestechung (§ 334 StGB). Es wird sich noch zeigen müssen, was es mit dieser Differenzierung jenseits der Unterscheidung zwischen der Strafbarkeit des Amtsträgers und der des Vorteilsgebers auf sich hat.

B. Ziel und Selbstverständnis der Arbeit

Ziel der Arbeit ist ein Konzept zur Strafbarkeit von Amtsträgerbestechung nach den §§ 331 ff. StGB. Der Begriff des Konzepts soll hier im Sinne eines Leitfadens für Verständnis und Anwendung der §§ 331 ff. StGB verstanden werden. Es geht um die Entwicklung der maßgeblichen Kriterien, an denen sich die Auslegung de lege lata zu orientieren hat. Auf der Grundlage des in den §§ 331 ff. StGB vorgefundenen Rechtsstoffes soll insbesondere folgenden Kernfragen nachgegangen werden:

A) Worin liegt der Unrechtskern von Amtsträgerbestechung?
B) Wie sind die einzelnen Varianten der §§ 331 ff. StGB im Verhältnis dazu zu verstehen und auszulegen und wie sind sie von einander abzugrenzen?

Es muss nicht gesondert erwähnt werden, dass nur mit einem konsistenten Konzept auf diese Fragen geantwortet werden kann. Bereits vor dem Hintergrund des Bestimmtheitsgrundsatzes ist grundsätzlich für eine widerspruchsfreie und damit berechen- und vorhersehbare Auslegung und Anwendung zu sorgen. Es ist damit aber nicht als zwingendes Ziel dieser Arbeit festgeschrieben, dass sich alle in den §§ 331 ff. StGB umschriebenen Varianten um einen einzigen Unrechtsgedanken drehen, dass es sich bei allen im Sinne der ersten Kernfrage um Varianten von Amtsträgerbestechung im engeren Sinne handelt. So wird vom Wortlaut der §§ 332, 334 StGB beispielsweise erfasst, dass ein Bauherr durch Zahlung eines hohen Geldbetrages die Erteilung einer Baugenehmigung erreicht, obwohl der Amtsträger sie ihm wegen baurechtlicher Unzulässigkeit des Vorhabens hätte verweigern müssen. Eine solche Konstellation stellt man sich klassischerweise unter „Amtsträgerbestechung" vor. Auf der anderen Seite ist § 331 StGB aber auch dann anwendbar, wenn der Bauherr einen Anspruch auf eine Baugenehmigung hat, der Amtsträger diese aber zunächst verweigert und vom Bauherrn für ihre Erteilung ein Geldgeschenk fordert. Dass diesen Konstellationen ein identischer Unrechtskern zu Grunde liegt, lässt sich nur schwer vorstellen. Ausgeschlossen ist es sicher nicht, dass sich ein Unrechtsgedanke formulieren lässt, unter dem sich beide Konstellationen vergleichen lassen. Man muss dies nur auf einer hinreichend abstrakten Ebene tun. So ließe sich sagen, dass beide Fälle eine Gefahr für das Vertrauen der Allgemeinheit in Lauterkeit des öffentlichen Dienstes begründen. Es ist aber daran zu zweifeln, ob mit einem solch abstrakten Ansatz ein für konkrete Anwendungsfragen fruchtbares Ergebnis erzielt wird. Denn je abstrakter ein Vergleichspunkt gewählt wird, desto mehr Fälle lassen sich unter ihm fassen. Überspitzt kann man sagen, dass sich unter dem Aspekt einer Gefahr für Materie sich die Gefährdung eines Menschen mit der einer Maschine vergleichen lässt. Da der spezifische Erklärungsgehalt mit zunehmender Abstraktion immer weiter abnimmt und die Zahl der nach einem solchen Kriterium potentiell erfassten Konstellationen zunimmt, stellt sich die Frage, ob mit der Orientierung an einem so formulierten Unrechtsgedanken die Anwendung der Strafnorm im richtigen Umfang garantiert wird. Man wird zumindest sagen müssen, dass der Anwendungsbereich und damit der Umfang der Strafbarkeit vom Abstraktionsgrad abhängt, mit dem man den Unrechtsgedanken formuliert, an dem man Auslegung und Anwendung einer Strafnorm orientieren will. Der Abstraktionsgrad erscheint damit nicht beliebig. Vor diesem Hintergrund wird sich zeigen, ob sich auf einem für die Auslegung fruchtbaren Abstraktionsniveau ein einziger Unrechtsgedanke formulieren lässt, der für alle von den §§ 331 ff. StGB erfassten Konstellationen gewinnbringend herangezogen werden kann. Der Gedanke der Konsistenz steht dem Heranziehen mehrerer Unrechtsgedanken dabei nicht per se entgegen, solange sich aus einem entsprechenden Konzept ex ante ergibt, für welche Varianten unter den §§ 331 ff. StGB welcher Ansatz zu wählen ist.

Mit dem Ziel eines „Konzepts“ soll weiterhin klargestellt sein, dass es dieser Arbeit nicht um eine bis in alle Einzelheiten ausgearbeitete Darstellung der Gesamtproblematik um die Strafbarkeit nach den §§ 331 ff. StGB geht. Eben im Sinne eines Konzepts soll vielmehr eine Grundlage für eine solche Ausarbeitung angeboten werden. Die sich hier anschließenden Einzelfragen bieten dabei Stoff für eigenständige Arbeiten und sind auch Gegenstand von solchen.[17] Eine vergleichbare Auseinandersetzung kann in diesem Rahmen nicht erreicht werden. Dies vor allem dann nicht, wenn die dort bereits geleistete Arbeit auch ein Stück bereichert werden soll.

Bereits aus diesem Grund sieht diese Arbeit auch von einer gesonderten Darstellung der Diskussion um das Rechtsgut der §§ 331 ff. StGB ab. Eine Gesamtschau und detaillierte Auseinandersetzung mit den einzelnen hierzu gemachten Ansätzen hat im Rahmen zahlreicher Arbeiten aus Sicht des Autors bereits so erschöpfend stattgefunden, dass eine zusätzliche eigene Darstellung letztlich einem Verweis gleichkommen müsste. Mit dem Rechtsgut der §§ 331 ff. StGB beschäftigt sich diese Arbeit angesichts der unter A) formulierten Kernfrage aber sehr wohl. Denn wenn es um die Erforschung des Unrechtskerns von Amtsträgerbestechung gehen soll und strafbares Unrecht meist als Angriff auf ein Rechtsgut ausgedrückt wird, so bewegt man sich inhaltlich auf demselben Feld. Die im Rahmen der Rechtsgutsdiskussion gemachten Ansätze bleiben da-

17 Zur Amtsträgerstellung Heinrich, Der Amtsträgerbegriff im Strafrecht (2001); zum Vorteil Gribl, Der Vorteilsbegriff bei den Bestechungsdelikten (1993); zur Genehmigung Hardtung, Erlaubte Vorteilsannahme (1994).

mit keinesfalls außen vor. Sie sollen nur nicht umfassend als gesonderter Abschnitt dargestellt werden, sondern im Rahmen der eigenen Untersuchung des Unrechts von Amtsträgerbestechung durch Aufzeigen von Unterschieden und Gemeinsamkeiten herangezogen werden, um so den eigenen Ansatz auch zu konturieren und anschaulich zu machen. Gilt das Rechtsgut als noch nicht abschließend geklärt, so scheint hier auch noch Raum und Bedarf für eine weitere Erörterung und gegebenenfalls einen weiteren Ansatz zu bestehen.[18] Ob man dabei nicht mehr erwarten kann als eine „plausible Konzeption, die eine überzeugende Lösung einzelner Auslegungsfragen immerhin zulässt"[19], vermag der Autor nicht zu beurteilen, eine solche soll aber in jedem Fall erarbeitet werden.

Wenn hier das Verständnis und die Bestimmung des Unrechts der §§ 331 ff. StGB und nicht die Formulierung eines Rechtsgutes als oberstes Ziel formuliert wurde, so soll dies nicht als Absage an die Konzeption des Rechtsgüterschutzes verstanden werden. Dies ergibt sich bereits daraus, dass es auch im Rahmen dieser Arbeit zur Benennung eines Rechtsgutes kommen soll. Die Existenz eines solchen verbietet es aber nicht, das Unrecht der §§ 331 ff. StGB auch auf andere Weise auszudrücken. Durch die zentrale Frage nach dem Unrecht der §§ 331 ff. StGB will sich der Autor letztlich nur die Möglichkeit offen lassen, eine andere Formulierung als die des Angriffs auf ein Rechtsgut zu wählen, wenn ihm dies treffender oder gewinnbringender für Verständnis und Auslegung erscheint. Eine grundsätzliche Aussage über das Konzept des Rechtgüterschutzes, insbesondere hinsichtlich seiner systemkritischen, den Gesetzgeber bindenden Potenz, ist damit nicht gemacht.[20] Wenn auf diese Frage im Folgenden nicht näher eingegangen wird, liegt das nicht am fehlenden Interesse für die Grundfragen von Strafe und Strafrecht. Gerade die Beschäftigung hiermit hat dem Autor aber gezeigt, dass es mehr Erfahrung bedarf, um sich in diese Diskussion gewinnbringend oder zumindest souverän einzubringen.

Diese Arbeit versteht sich damit als Teil einer im Vergleich viel bescheideneren Diskussion, nämlich der, wie die §§ 331 ff. StGB bei Akzeptanz des vorgefundenen Rechtsstoffes verstanden und angewandt werden sollen und worin der Unrechtskern von Amtsträgerbestechung zu sehen ist. Vermag der Autor aus

---

18 NK-Kuhlen, StGB, 3. Auflage (2010), § 331 Rn. 9.

19 NK-Kuhlen, StGB, 3. Auflage (2010), § 331 Rn. 11.

20 Zum Stand der Diskussion um einen gesetzgebungskritischen Rechtsgutsbegriff Roxin, in: Festschrift für Hassemer (2010), S. 573 ff.; im Hinblick auf seine verfassungsrechtliche Verankerung siehe insbes. S. 577 ff.; eine solche hat das BVerfG in seiner Entscheidung über die Vereinbarkeit von § 173 Abs. 2 S. 2 StGB mit dem Grundgesetz allerdings ausdrücklich abgelehnt, BVerfGE 120, 224, 241 f.; zur begrenzten Bedeutung der Konzeption des Rechtsgüterschutzes jenseits einer systemkritischen Funktion Gaede, in: Hefendehl u.a. (Hrsg.), Die Rechtsgutstheorie (2003), S. 185 ff.

genannten Gründen für die Benennung strafbaren Unrechts keine verpflichtenden und für alle Straftatbestände geltenden Prinzipien bestimmen, so ist er in Bezug auf das Unrecht der §§ 331 ff. StGB aber von Folgendem überzeugt.

Das grundsätzliche Leitbild für die verschiedenen Varianten der §§ 331 ff. StGB ist der von den §§ 332, 334 StGB umschriebene „klassische“ Fall von Amtsträgerbestechung. Dieser zeichnet sich dadurch aus, dass der Amtsträger als Gegenleistung für einen erhaltenen Vorteil eine pflichtwidrige Amtshandlung vornimmt. Die sonstige, beispielsweise aus rassistischen Motiven vorgenommene, pflichtwidrige Amtshandlung ist allerdings nicht strafbar. Legt man den Schwerpunkt des Unrechts auf die unlautere Dienstausübung, so ist es nicht erklärlich, warum nicht auch diese Konstellation strafbar ist, erscheint sie doch als mindestens genauso verwerflich. Der Unrechtskern muss damit auch in dem Beziehungsverhältnis von Vorteil und Dienstausübung bzw. Vorteilsgeber und Amtsträger gesucht werden – dies aber nicht im Sinne eines Angriffs auf die lautere Dienstausübung. Es scheint nämlich gerade das Verhältnis zwischen Vorteilsgeber und Dienstausübung das Rechtgut zu konstituieren, sodass dieses auf der Ebene des Tatbestands nicht alleine durch das Element der Dienstausübung repräsentiert wird, sondern gerade auch durch dieses Verhältnis.[21]

21 Die Dienstausübung stellt damit nicht das sog. Tat- oder Rechtsgutsobjekt dar, vgl. Suhr JA 1990, 303, 308.

C. Gang und Eckpunkte der Untersuchung

Als Grundlage einer Untersuchung de lege lata soll zunächst der Wortlaut der §§ 331 ff. StGB in seiner historischen Entwicklung seit dem RStGB 1871 vergegenwärtigt werden. Hierbei lässt sich ein erster Eindruck von den bis heute bestehenden Kernfragen um das Verständnis der §§ 331 ff. StGB vermitteln. Als solche sind auszugsweise vorab zu nennen die Bedeutung der Pflichtwidrigkeit einer Amtshandlung für das Unrecht von Amtsträgerbestechung (S. 28 f.) und die Einordnung von § 331 StGB, der sich gerade nicht auf pflichtwidrige Amtshandlungen beziehen muss (S. 30). Fraglich ist insbesondere auch die Behandlung von Vorteilen für Ermessensentscheidungen, die im Rahmen der Reform der §§ 331 ff. StGB durch das Einführungsgesetz zum Strafgesetzbuch von 1974 (EGStGB 1974) eine ausdrückliche Regelung erfahren haben (S. 35 ff.). Letzte Gewissheit bezüglich der konkreten Gestalt der von den §§ 331 ff. StGB umschriebenen Verhaltensweisen wurde hier allerdings nicht geschaffen, sodass sich auch die tatsächlichen Konsequenzen der Lockerung der sog. Unrechtsvereinbarung durch das Korruptionsbekämpfungsgesetz von 1997 (KorrBekG 1997) nicht eindeutig abzeichnen (S. 48 ff.).

Diese Unklarheiten in Bezug auf Verständnis und Anwendungsbereich der §§ 331 ff. StGB haben in der Praxis zu zum Teil höchstrichterlichen Korrekturen insbesondere der als zu weit empfundenen §§ 331, 333 StGB geführt. Es handelt sich um die Fallgruppen der Zuwendung sozialadäquater Vorteile, der Einwerbung von Drittmitteln und Sponsorengeldern sowie der Annahme von Parteispenden. Diese Fallkonstellationen werden zunächst kurz skizziert (S. 51 ff.), bevor sie später auf Grundlage des im Folgenden zu entwickelnden Konzepts eines Verständnisses der §§ 331 ff. StGB ausführlich diskutiert werden.

Nach dieser Einführung in die Problematik sollen als Grundlinien eines Konzepts der Unrechtskern von Amtsträgerbestechung und dessen grundsätzliche Umsetzung im Tatbestand untersucht werden. Ausgehend vom klassischen Fall von Amtsträgerbestechung (S. 60), der tatsächlichen Beeinflussung der Diensthandlung eines Amtsträgers durch einen Vorteil, soll das hierdurch verwirklichte Unrecht verstanden werden. Leitgedanke ist dabei, dass der Schwerpunkt des Unrechts nicht in der durch den Vorteil beeinflussten und insoweit makelhaften Entscheidung liegen kann, da sich so nicht erklären lässt, warum nur die pflichtwidrige Amtshandlung, die im Zusammenhang mit der Gewährung eines Vorteils ergeht, strafbar ist und nicht z.B. auch die, die aus Willkür oder Fremdenfeindlichkeit pflichtwidrig erlassen wird (S. 61). Hieraus wird die Folgerung gezogen, dass dem Verhältnis von Vorteilsgeber und Dienstausübung in besonderer Weise unrechtskonstituierende Wirkung zukommen muss (S. 62

f.). Dieses Verhältnis wird als Verkauf von Staatsgewalt an den Bürger gedeutet (S. 64 ff.). Die damit bewirkte Preisgabe von Staatsgewalt stellt im Sinne eines Verstoßes gegen das Herrschaftsmonopol des Staates als elementarem demokratischen Prinzip das zentrale Unrecht dar (S. 68 ff.). Auf der Ebene des Tatbestands wird der Gedanke der Preisgabe von Staatsgewalt durch die sog. Unrechtsvereinbarung umgesetzt, als deren wesentliches Element – auch für eine Strafbarkeit des Amtsträgers – sich der Beeinflussungswille des Vorteilsgebers herausstellen wird (S. 73 ff.).

Mit diesen Ergebnissen wird sich dann den §§ 331 ff. StGB im Einzelnen zu widmen sein. Es geht dabei um ihr jeweiliges Verhältnis zum ermittelten Unrechtskern und um konkrete Folgerungen für ihre Anwendung.

Begonnen werden soll mit der Untersuchung der §§ 333, 334 StGB, wobei nach Vorteilen für die zukünftige (S. 81 ff.) und Vorteilen für die vergangene Dienstausübung zu trennen ist (S. 96 ff.). Die Untersuchung wird im Wesentlichen zeigen, dass entsprechend dem ermittelten Unrechtskern auch § 333 StGB den Willen zur Beeinflussung des Amtsträgers voraussetzt, der im Gegensatz zu § 334 StGB diesem gegenüber aber nicht kommuniziert werden muss (S. 84 ff.). Durch die Formulierung entsprechender Auslegungsregeln soll weiter konkretisiert werden, wann von einem Beeinflussungswillen i.S.v. § 333 StGB (S. 90) bzw. von § 334 StGB (S. 92) auszugehen ist. Im Folgenden wird dann erörtert, dass auch der Bezugnahme auf vergangene Amtshandlungen ein Beeinflussungszusammenhang zu Grunde liegt (S. 96 ff.).

In Bezug auf die Strafbarkeit des Amtsträgers wird dann danach unterschieden, ob sich das Verhalten des Amtsträgers als Reaktion auf einen ihm angebotenen Vorteil darstellt (S. 102 ff.) oder die Initiative von ihm ausgeht und er einen Vorteil fordert (S. 122 ff.). Es wird sich zeigen, dass sich nicht alle so umschriebenen Verhaltensweisen um den Gedanken der Preisgabe von Staatsgewalt drehen (S. 122 ff.). Soweit sie dies tun, wird das Hauptaugenmerk darauf zu richten sein, wodurch sich insbesondere § 331 StGB und § 332 Abs. 3 StGB unterscheiden, die in ähnlicher Weise die abstrakte Gefahr der Preisgabe von Staatsgewalt umschreiben (S. 102 ff.). Auch hier wird dem Element der Kommunikation eine besondere Rolle zukommen (S. 112 ff.), wobei sich das gegenüber § 331 StGB so enorm erhöhte Strafmaß überzeugend nur vor dem Hintergrund einer bezweckten Beweiserleichterung erklären lassen wird (S. 116 ff.).

Nachdem die Voraussetzungen der Strafbarkeit nach den §§ 331 ff. StGB konkretisiert wurden, soll sich dann noch einmal den bereits dargestellten Bereichen aus der Praxis gewidmet werden, in denen eine Korrektur des nach dem Wortlaut eröffneten Anwendungsbereichs für erforderlich gehalten wird. Hier wird sich zeigen, inwieweit bei Heranziehung der entwickelten Auslegungskriterien eine Ausnahmebehandlung noch erforderlich ist. Die Diskussion der Problematik um Sozialadäquanz (S. 129 ff.), Drittmittel (S. 135 ff.) und Parteispenden (S. 149 ff.) soll insbesondere aber auch der Schärfung des hier entwickelten Verständnisses der §§ 331 ff. StGB dienen.

Abgeschlossen wird die Untersuchung mit einer Zusammenschau der wesentlichen Ergebnisse und einem Ausblick, welche Schlussfolgerungen sich aus diesen für einige Fallkonstellation ziehen lassen, die Gegenstand aktueller Rechtsprechung sind.

D. Einführung in die Problematik der §§ 331 ff. StGB

I. Grundfragen der §§ 331 ff. StGB im Rahmen ihrer historischen Entwicklung

Mit einem Blick auf die historische Entwicklung der §§ 331 ff. StGB soll sich nun den zwei zentralen Fragen dieser Untersuchung genähert werden. Diese sind zum einen, worin genau der Unrechtskern von Amtsträgerbestechung liegt, zum anderen ob ein solcher Bestechungsgedanke Grundlage aller in den §§ 331 ff. StGB umschriebenen Verwirklichungsformen ist und in welcher Weise er jeweils verwirklicht ist. Der Begriff „Bestechung" soll auf dieser Ebene nicht im streng gesetzestechnischen Sinn verwendet werden, denn nach der aktuellen Gesetzeslage wäre hiermit alleine § 334 StGB umschrieben. Vielmehr geht es hier um das mit „Bestechung" umschriebene Phänomen, dessen genaue Kriterien sich natürlich noch herauszustellen haben. In jedem Fall ist auch das als Bestechlichkeit des Amtsträgers beschriebene Verhalten nach § 332 StGB erfasst. Dass sich beide Fälle begrifflich als Bestechung zusammenfassen lassen, rührt daher, dass insbesondere zu den Zeiten, als die Straftatbestände noch nicht mit einer amtlichen Überschrift versehen waren, die Strafbarkeit des Amtsträgers als passive Bestechung und die Strafbarkeit des Gebers als aktive Bestechung bezeichnet wurde.[22]

1. Die §§ 331 ff. StGB in der Fassung des RStGB 1871

a) Der Wortlaut

Der Wortlaut der §§ 331 ff. StGB in der Fassung des Reichsstrafgesetzbuches von 1871 (RStGB 1871) lautete wie folgt:[23]

> „**§ 331.** Ein Beamter, welcher für eine in sein Amt einschlagende, an sich nicht pflichtwidrige Handlung Geschenke oder andere Vorteile annimmt, fordert oder sich versprechen lässt, wird mit Geldstrafe bis zu Einhundert Thalern oder mit Gefängniß bis zu sechs Monaten bestraft.

---

22 Vgl. Binding, Lehrbuch des Gemeinen Deutschen Strafrechts, Besonderer Teil, Zweiter Band, Zweite Abteilung (1905), S. 707.

23 Auszug aus dem RStGB vom 15.5.1871, RGBl. I, S. 127 (191/192); vgl. auch Köhler, Die Reform der Bestechungsdelikte (2005), S. 209.

§ 332. Ein Beamter, welcher für eine Handlung, die eine Verletzung einer Amts- oder Dienstpflicht enthält, Geschenke oder andere Vorteile annimmt, fordert oder sich versprechen läßt, wird wegen Bestechung mit Zuchthaus bis zu fünf Jahre bestraft. Sind mildere Umstände vorhanden, so tritt Gefängnißstrafe ein.

§ 333. Wer einem Beamten oder einem Mitglied der bewaffneten Macht Geschenke oder andere Vorteile anbietet, verspricht oder gewährt, um ihn zu einer Handlung, die eine Verletzung einer Amts- oder Dienstpflicht enthält, zu bestimmen, wird wegen Bestechung mit Gefängnis bestraft; auch kann auf Verlust der bürgerlichen Ehrenrechte erkannt werden. Sind mildere Umstände vorhanden, so kann auf Geldstrafe bis zu fünfhundert Thalern erkannt werden.

§ 334. Ein Richter, Schiedsrichter, Geschworener oder Schöffe, welcher Geschenke oder andere Vorteile fordert, annimmt oder sich versprechen läßt, um eine Rechtssache, deren Leitung oder Entscheidung ihm obliegt, zu Gunsten oder zum Nachteil eines Betheiligten zu leiten oder zu entscheiden, wird mit Zuchthaus bestraft.

Derjenige, welcher einem Richter, Schiedsrichter, Geschworenen oder Schöffen zu dem vorbezeichneten Zwecke Geschenke oder andere Vortheile anbietet, verspricht oder gewährt, wird mit Zuchthaus bestraft. Sind mildere Umstände vorhanden so tritt Gefängnisstrafe ein."

b) Die §§ 332, 333 StGB und das Element der Pflichtwidrigkeit als Ausgangspunkt eines Verständnisses von Amtsträgerbestechung

Die Grundzüge dieser Gesetzesfassung entsprechen wohl dem, was man sich spontan unter Bestechung vorstellt: Um einen Amtsträger zu einer pflichtwidrigen Amtshandlung zu bewegen, wird ihm ein Vorteil gewährt. Der Amtsträger ist mit diesem Ansinnen einverstanden, nimmt diesen Vorteil an und führt in der Folge die erwartete, pflichtwidrige Amtshandlung aus. Nach einem ersten Eindruck dreht sich Amtsträgerbestechung damit um einen Vorteil für eine pflichtwidrige Amtshandlung. Die Pflichtwidrigkeit erscheint dabei als entscheidendes Merkmal, was nicht nur für einen ersten Eindruck gilt, sondern sich so auch deutlich aus dem Wortlaut der §§ 332, 333 StGB ergab. Dementsprechend wurde hier auch in Bezug auf eine Erklärung des strafrechtlichen Unrechts von Bestechung vielfach angesetzt. Die „Verfälschung des Staatswillens" sollte nach der Ansicht vieler das Wesen von Bestechung darstellen.[24] Der Schwerpunkt des Unrechts wurde damit im Verstoß gegen rechtliche Vorgaben und den insoweit konkretisierten Staatswillen gesehen. Vergleichbares gilt für die Stimmen, die

24 Vgl. E. Schmidt, Die Bestechungstatbestände (1960), S. 81 und 149; ders. NJW 1960, 802, 804; R. Schmitt ZStW 73 (1971), 414, 414 f.; Baumann, Zur Problematik der Bestechungsdelikte (1961), S. 8 f.; ders. BB 1961, 1057, 1058; Bockelmann ZStW 72 (1960), 251, 257; Klug JZ 1960, 724, 725; Henkel JZ 1960, 507, 508; Kaufmann JZ 1959, 375, 376 und 377.

etwas abstrakter die „Funktionsfähigkeit der staatlichen Verwaltung“ zum Schutzgut erklärt haben, wofür pflichtgemäßes Handeln der Amtsträger zwingende Voraussetzung sei.[25]

aa) Das Unrechtsverständnis nach dem sog. „deutsch-rechtlichen Ansatz“

Bestechung ist aber weder nach einer allgemeinen Vorstellung noch nach ihrer strafgesetzlichen Behandlung die (vorsätzliche) Vornahme einer Pflichtwidrigkeit. Mit Bestechung scheint untrennbar die Annahme bzw. das Gewähren eines Vorteils verbunden.[26] Es hat daher bereits früh Ansätze gegeben, Wesen und Unrecht von Bestechung unter stärkerer Berücksichtigung der Beziehung von Pflichtwidrigkeit und Vorteil zu verstehen. So wird Bestechung nicht nur als „Verfälschung des Staatswillens“ beschrieben, vielmehr verkaufe der Amtsträger den Staatswillen, wenn er gegen Geld verspricht, bei einer bestimmten Amtshandlung den Willen des Staates durch den Willen des Bestechenden zu ersetzen.[27] Dieser Gedanke des Kaufes soll dabei auf germanischen Volksrechten beruhen und wurde daher als sog. „deutsch-rechtlicher“ Ansatz in die Diskussion um Wesen und Verständnis des Bestechungsunrechts eingebracht.[28] Danach liegt das Wesen von Bestechung darin, einen Amtsträger durch einen Vorteil zu einer Pflichtwidrigkeit zu bestimmen bzw. darin, dass sich ein Amtsträger durch einen Vorteil zu einer Pflichtwidrigkeit bestimmen lässt.[29]

bb) Das Unrechtsverständnis nach dem sog. „römisch-rechtlichen Ansatz“

Dem Verständnis von Amtsträgerbestechung als Bestimmungsunrecht wird gerne der sog. „römisch-rechtliche“ Ansatz gegenübergestellt.[30] Auch hier knüpft man am Vorteil und dem Bild eines Kaufes an, stellt allerdings ein anderes Element des Kaufes in den Mittelpunkt. Es soll nicht entscheidend sein, dass der Amtsträger durch einen Kauf zu einer pflichtwidrigen Amtshandlung bestimmt wird; vielmehr ist ein Kauf deswegen als Unrecht einzuordnen, da der Amtsträger Geld für eine Amtshandlung nimmt und damit dem Grundsatz der Unentgeltlichkeit von Amtshandlungen widerspricht.[31] Das Unrecht soll danach be-

---

25 Schröder GA 1961, 289, 290 f.; Kirschbaum-Schmitz GA 1960, 321, 344; Stein NJW 1961, 433, 433.

26 Vgl. hierzu den abschließenden Gedanken unter Punkt B.

27 Binding, Bes. Teil II 2, S. 715.

28 Siehe hierzu Binding, Bes. Teil II 2, S. 714, Fn. 3.

29 Zur Einordnung als „reines Bestimmungsverbrechen“ Binding, Bes. Teil II 2, S. 727.

30 Vgl. z.B. Kaufmann JZ 1959, 375, 376 f.

31 Zu dieser Unterscheidung vgl. Binding, Bes. Teil II 2, S. 715.

reits in der Bezahlung einer Amtshandlung liegen, womit der Amtsträger per se seine Amtspflicht verletzt und sich wegen Bestechung strafbar macht.

c) Das Problem der Einordnung von § 331 StGB

aa) Der Gedanke der Unentgeltlichkeit als Grundlage der §§ 331 ff. StGB insgesamt

Im Rahmen der Diskussion darüber, auf welchem Grundsatz die §§ 331 ff. StGB nun beruhen sollten, hat sich die herrschende Meinung lange Zeit für den römisch-rechtlichen Ansatz ausgesprochen und die Unentgeltlichkeit der Amtsausübung zum maßgeblichen Schutzgut der Bestechungsdelikte erklärt.[32] Diese hatte insbesondere den Charme, auch für die Regelung des § 331 StGB eine passende Erklärung zu liefern. Wenn man ähnlich spontan wie eingangs bei Bestechung nach dem Unterschied von § 331 StGB und § 332 StGB fragt, so lautet die griffige Differenzierung, dass sich § 332 StGB auf pflichtwidrige, § 331 StGB auf pflichtgemäße Amtshandlungen beziehe.[33] Der Blick auf den Wortlaut der §§ 331, 332 StGB in der Fassung des RStGB 1871 macht den Hintergrund dieser schlichten Unterscheidung deutlich. Denn die Tatbestände scheinen sich in der Tat lediglich durch das Element der Pflichtwidrigkeit zu unterscheiden. Ob damit aber bereits das Verhältnis von § 331 StGB zu § 332 StGB und das Wesen von § 331 StGB abschließend geklärt ist, darf zu Recht bezweifelt werden.[34]

Für die Anhänger des römisch-rechtlichen Ansatzes stellte die Erklärung des Wesens von § 331 StGB keine größere Herausforderung dar. Der Grundsatz der Unentgeltlichkeit wird auch im Falle eines Vorteils für eine pflichtgemäße Amtshandlung verletzt und wirkt in diesem Zusammenhang vielleicht sogar überzeugender als im Falle eines Vorteils für eine pflichtwidrige Amtshandlung. Dies gilt vor allem für Konstellationen, in denen der Amtsträger einen Vorteil für eine pflichtgemäße Amtshandlung fordert, welche er in genau dieser Weise hätte vornehmen müssen. Wenn der Bürger einen Anspruch auf eine bestimmte Amtshandlung hat, wie z.B. die Erteilung einer Baugenehmigung, so muss es als Unrecht eingestuft werden, wenn der Amtsträger ihm diese zunächst verweigert und nur gegen die Bezahlung eines Entgelts bereit ist, diese zu erteilen. Der

---

32 Frank, StGB, 18. Auflage (1931), § 331 Rn. 1; Schönke/Schröder, StGB, 9. Auflage (1959), § 331 Rn. 1; Bohne SJZ 48, 693, 697; RGSt 63, 367, 369 f.; Birkmeyer, Vergleichende Darstellung des Deutschen und Ausländischen Strafrechts, Besonderer Teil Band IX (1906), S. 311.

33 So auch noch heute, vgl. Bock JA 2008, 199, 199.

34 Haffke JuS 1973, 402, 406.

Verstoß gegen einen Grundsatz der Unentgeltlichkeit erscheint dabei nicht nur als Verstoß gegen eine verwaltungs- bzw. disziplinarrechtliche Regel; es schwingt insbesondere das Element der Bedrückung des Bürgers mit, der sich vielleicht gar genötigt fühlt, dem Amtsträger den geforderten Vorteil zu gewähren.[35]

bb) Eigenständiges Verständnis von § 331 StGB im Verhältnis zu den §§ 332, 333 StGB

Es stellt sich allerdings die Frage, ob sich § 331 StGB auf diesen Zusammenhang beschränken lässt und ob damit auch das den §§ 332, 333 StGB eigene Wesen beschrieben ist und der Unrechtskern von Amtsträgerbestechung im Verstoß gegen den Grundsatz der Unentgeltlichkeit gesehen werden muss. In der zuletzt gebildeten Konstellation nutzt der Amtsträger seine Stellung aus und ringt dem Bürger die Gewährung eines Vorteils ab. Demgegenüber wird in den Fällen der §§ 332, 333 StGB der Amtsträger durch einen Vorteil dazu gebracht, im Rahmen einer Amtshandlung von gesetzlichen Vorgaben abzuweichen. Der entscheidende Unterschied zwischen den beiden Konstellationen manifestiert sich dabei bereits in der Existenz des § 333 StGB und damit darin, dass in letzterem Fall auch der Vorteilsgeber als Täter erscheint. Dieser gewährt für eine pflichtwidrige Amtshandlung nur dann einen Vorteil, wenn zu seinen Gunsten oder zumindest in seinem Sinne von rechtlichen Vorgaben abgewichen wird. Im Gegensatz dazu erscheint derjenige, der trotz eines entsprechenden Anspruchs für eine regelkonforme Amtshandlung für diese jenseits einer gesetzlichen Gebührenpflicht bezahlen muss, eher als Opfer, jedenfalls nicht als Täter wie im Falle des § 333 StGB. Aus dieser Erwägung erklärt sich auch, dass es unter dem RStGB 1871 kein Pendant zu § 331 StGB auf Seiten des Vorteilsgebers gab und dieser insoweit strafrechtlich nicht belangt wurde.

Die nahe liegende Folgerung aus diesem, sich im Merkmal der Pflichtwidrigkeit ausdrückenden Unterschied war nun, dass im Rahmen der §§ 331 ff. StGB nicht von einem einheitlichen Unrechtsgedanken ausgegangen werden könne und vielmehr sowohl der deutsch-rechtliche als auch der römisch-rechtliche Ansatz Einfluss gefunden hätten.[36] Insbesondere das Fordern eines Vorteils im Rahmen von § 331 StGB wurde als mit den sonstigen Varianten der

---

35 Das römische Recht kategorisierte die Geschenkannahme durch Amtsträgern als Erpressungsunrecht, was hinter dem Grundsatz der Unentgeltlichkeit von Amtshandlungen stehen könnte, vgl. Rein, Das Kriminalrecht der Römer, Neudruck der Ausgabe Leipzig 1844 (1962), S. 604 ff.

36 Kaufmann JZ 1959, 375, 377; Sauer, System des Strafrechts, Besonderer Teil (1954), S. 514 f.; Mezger, Studienbuch, Besonderer Teil, 6. Auflage (1958), S. 288 f.

§§ 331 ff. StGB nicht auf der gleichen Abstraktionsstufe vergleichbar eingestuft.[37] Gegen einen diesbezüglichen Erklärungsansatz über den Grundsatz der Unentgeltlichkeit von Amtshandlungen wurde allerdings zunehmend eingewandt, dass sich dieser nicht so ohne weiteres annehmen lasse, werde ein erheblicher Teil von Amtshandlungen per Gesetz nur gegen Gebühren vorgenommen.[38] Dem wurde entgegengehalten, dass das Fordern von Gebühren ohne eine solche gesetzliche Grundlage insoweit als Eingriff in die wirtschaftliche Handlungsfreiheit nach Art. 2 Abs. 1 GG einzuordnen sei, da Gebühren für Amtshandlungen der gesetzlichen Grundlage bedürften.[39] § 331 StGB stelle damit in der Form des Forderns einen Angriff des Amtswalters auf individuelle Rechte des Bürgers dar, womit er sich entscheidend von den §§ 332, 333 StGB, aber auch von den sonstigen Varianten des § 331 StGB unterscheide.[40] Es bleibt damit aber die Frage, wie § 331 StGB in der Variante des „Annehmens" und „Sichversprechenlassens" zu verstehen ist.

cc) § 331 StGB als Vorstufe bzw. abstrakte Gefahr von § 332 StGB

Gerade die oben beschriebenen Ansätze, die den maßgeblichen Kern von Bestechung nicht im Verstoß gegen den Grundsatz der Unentgeltlichkeit gesehen hatten, sondern vielmehr in einer Verfälschung des Staatswillens bzw. seinem Verkauf, hatten doch einige Schwierigkeiten, in einem Vorteil für eine pflichtgemäße Amtshandlung eine „leichte passive Bestechung" zu erblicken.[41] Denn wird ein Vorteil für eine pflichtgemäße Amtshandlung gewährt, so wird der Staatswillen gerade nicht verfälscht, er verwirklicht sich vielmehr in der Amtshandlung, die auch ohne den Vorteil in derselben Weise vorgenommen worden wäre. Auch ein Verkauf des Staatswillens lässt sich im Falle eines Vorteils für eine pflichtgemäße Amtshandlung nur schwer denken, wurde hier gerade nicht der Wille des Staates durch den des Bestechenden substituiert.[42] Vor diesem Hintergrund hat man sich entschieden gegen die Einordnung des § 331 StGB als Bestechungsunrecht ausgesprochen und für ein Verständnis im Sinne einer ei-

37 Wagner, Amtsverbrechen (1975), S. 233 f.

38 Schröder GA 1961, 289, 289.

39 Wagner, Amtsverbrechen (1975), S. 233 m.H.a. Menger/Erichsen VerwArch 1968, 67, 78.

40 Wagner, Amtsverbrechen (1975), S. 234 f.

41 Das Reichsstrafgesetzbuch verwendete noch keine amtlichen Überschriften und man unterschied die §§ 331, 332 StGB in „leichte passive Bestechung" (§ 331 StGB) und „schwere passive Bestechung" (§ 332 StGB), vgl. LK-Baldus, StGB, 9. Auflage (1974), § 331 Rn. 1 und § 332 Rn. 1.

42 Binding, Bes. Teil II 2, S. 715.

gentlich nur dienstrechtlich zu ahndenden Geschenkannahme.[43] Es wurde aber trotzdem eine Erklärung des § 331 StGB von Seiten des Bestechungsgedanken bzw. von Seiten des § 332 StGB angeboten. Es wird zwar anerkannt, dass gerade im Fordern eines Vorteils eine „unerlaubte Ausbeutung von Untertanen" liegt, gleichzeitig werde aber wie auch bei der Annahme und dem Sichversprechenlassen eine „schwere Gefahr für die Ordnungsmäßigkeit und Gerechtigkeit der Staatsaktion selbst" begründet.[44] Denn durch die Annahme des Vorteils bestehe die Gefahr der (zeitlichen) Bevorzugung desjenigen, der einen Vorteil gewährt und durch die damit verbundene Gewöhnung an solche Vorteile sei es nicht mehr weit, für einen Vorteil eine Pflichtwidrigkeit zu begehen.[45] § 331 StGB soll danach als Vorstufe[46] zur echten Bestechung bzw. als abstrakte Gefahr[47] einer solchen verstanden werden. Auffallend ist dabei, dass § 331 StGB bereits hier die Funktion eines Reservetatbestands zu § 332 StGB zugeschrieben wird. Über § 331 StGB könne auf Grundlage der Gefahr von Bestechung eine Bestrafung in den Fällen erfolgen, wenn letztere sich im konkreten Fall entsprechend der Voraussetzung des § 332 StGB nicht nachweisen lasse.[48]

dd) § 331 StGB als Bestechung des Ermessensbeamten

Einem weiteren denkbaren Ansatz, nach dem § 331 StGB als Bestechungsunrecht im Sinne eines Bestimmungsunrechts hätte verstanden werden können, hat das Reichsgericht mit seiner vieldiskutierten Rechtsprechung zur Strafbarkeit von Ermessensbeamten die Grundlage entzogen. Gerade ein Verständnis von § 331 StGB als „leichte passive Bestechung" und § 332 StGB als „schwere passive Bestechung" ließe sich nämlich gut begründen, wenn man § 331 StGB entsprechend seinem Wortlaut nur auf „an sich nicht pflichtwidrige" Ermessensentscheidungen und § 332 StGB auf pflichtwidrige Amtshandlungen anwenden würde.[49] Zeichnen sich Ermessensentscheidungen gerade dadurch aus, dass dem Amtsträger mindestens zwei Entscheidungsmöglichkeiten offen stehen, die bei-

43 Binding, Bes. Teil II 2, S. 715, mit dem Hinweis, dass gerade das römische Recht Bestechung und unerlaubte Geschenkannahme des Beamten streng auseinander gehalten hatte.

44 Binding, Bes. Teil II 2, S. 731.

45 Binding, Bes. Teil II 2, S. 731 unter Berufung auf Feuerbach, Themis Teil IV (1812), S. 216: „Von dem Wenigen geht ferner der Weg zum Vielen, und das Erlaubte dient dem Verbotenen zur Maske".

46 Binding, Bes. Teil II 2, S. 731.

47 Kaufmann JZ 1959, 375, 377; E. Schmidt, Bestechungstatbestände (1960), S. 149.

48 Binding, Bes. Teil II 2, S. 731.

49 Vgl. hierzu von Alemann/Kleinfeld, in: Benz/Seibel (Hrsg.), Zwischen Kooperation und Korruption (1992), S. 264.

de in gleicher Weise nach dem Gesetz zulässig sind[50], so könnte § 331 StGB die Bestimmung zu einer von diesen beschreiben. Sieht man von den konkreten Umständen des Zustandekommens einer solchen Entscheidung ab, kann man sie als „an sich nicht pflichtwidrig" einstufen.[51] Der Staatswille wäre im engeren Sinne nicht zwingend verfälscht, hätte die Entscheidung auch ohne den Vorteil genau in der gleichen Weise ausfallen können. Der Gedanke der Verfälschung des Staatswillens bliebe dann als schwere Form oder Qualifikation zum Bestimmen des Staatswillens für § 332 StGB in den Fällen übrig, wenn mit der Amtshandlung gegen rechtliche Vorgaben verstoßen wird und diese damit auch an sich pflichtwidrig ist.[52]

In seiner Entscheidung RGSt 74, 251 ff. hat das Reichsgericht aber bereits in den Leitsätzen einem solchen Verständnis die Grundlage entzogen:

> „Der Tatbestand der schweren Bestechlichkeit (§ 332 StGB) ist schon dann erfüllt, wenn der Geschenkgeber in dem erkennbaren Sinne handelt, der Beamte werde der Rücksicht auf den Vorteil bei der Ausübung seines Ermessens Raum geben, und der Beamte das erkennt und gleichwohl den Vorteil oder das Versprechen eines solchen annimmt. Nicht zum Tatbestand gehört, daß der Beamte auch tatsächlich pflichtwidrig handelt oder sich auch nur dazu entschließt, es zu tun, daß er also den Willen hat, pflichtwidrig zu handeln."[53]

Mit dieser Entscheidung wurde die Annahme eines Vorteils für eine bestimmte Ermessensentscheidung grundsätzlich dem Bereich von § 332 StGB zugeschrieben und zwar unabhängig davon ob dieser zu einer an sich pflichtwidrigen Amtshandlung geführt hat und unabhängig davon, ob er überhaupt im Rahmen der Ermessensentscheidung berücksichtigt wurde. Ermessensentscheidungen erscheinen danach nicht mehr als der entscheidende Anwendungsbereich von § 331 StGB in Abgrenzung zu § 332 StGB. In diesem Sinne fortgeführt wurde die Rechtsprechung von der Entscheidung RGSt 77, 75 ff., die sich laut amtlicher Sammlung als „Zusammenfassende Erörterung der wesentlichen Tatbe-

---

50 Fischer, StGB, 57. Auflage (2010), § 332 Rn. 9.

51 Gegen ein solches Verständnis der als „nicht sehr geschickt" empfundenen Formulierung „an sich nicht pflichtwidrig" E. Schmidt, Bestechungsdelikte (1960), S. 141.

52 Zur ehemals heftig umstrittenen Frage, ob die §§ 331, 332 StGB in einem Qualifikationsverhältnis oder einem aliud-aliud-Verhältnis stehen und ob hier Fortsetzungszusammenhang angenommen werden kann, siehe die Zusammenschau bei E. Schmidt, Bestechungsdelikte (1960), S. 147 ff.; zur Bedeutung dieser Frage für Verständnis und Auslegung der §§ 331, 332 StGB siehe Haffke JuS 1973, 402, 405 ff.

53 RGSt 74, 251, 251.

standsmerkmale der §§ 331 bis 333 StGB" verstanden wissen will.[54] Diesen Entscheidungen hat sich später auch der Bundesgerichtshof angeschlossen.[55]

Für Wirbel hat der Ansatz des Reichsgerichts nicht nur inhaltlich in Bezug auf die Frage seiner Richtigkeit und Vereinbarkeit mit dem damaligen Gesetzeswortlaut gesorgt. Man hat auch heftig darüber gestritten, ob das Reichsgericht mit diesen Entscheidungen seine bisherige Rechtsprechung geändert hat, ohne auf einen solchen Wechsel hinzuweisen.[56] Ob ein solcher Wechsel stattgefunden hat, ist eine nicht leicht zu beantwortende Frage, denn weder die sog. „alte" Rechtsprechung noch die „neue" lassen ohne weiteres erkennen, von welchem Verständnis der §§ 331 ff. StGB das Reichsgericht im Detail ausgeht. Es kann an dieser Stelle aber bereits festgehalten werden, dass keinesfalls in überzeugender Weise Raum dafür besteht, § 331 StGB entscheidend vom Ermessensamtsträger her als leicht passive Bestechung in Abgrenzung zu § 332 StGB zu verstehen. Denn wird dem Amtsträger ein Vorteil für eine Ermessensentscheidung angeboten, so wird durch die Annahme stets der Anwendungsbereich von § 332 StGB eröffnet, ohne dass eine (beabsichtigte) Berücksichtigung des Vorteils seitens des Amtsträgers nachgewiesen werden müsste. Zweifel an der Vereinbarkeit dieses Ergebnisses mit dem Wortlaut der §§ 331 ff. StGB waren berechtigt[57], allerdings nur bis zur Reform des Strafgesetzbuches durch das EGStGB 1974, welches die §§ 331 ff. StGB in folgender Weise modifiziert hat.

2. Die §§ 331 ff. StGB in der Fassung des EGStGB 1974

a) Der Wortlaut

Zu den markantesten Änderungen im Vergleich zur Fassung der §§ 331 ff. StGB nach dem RStGB 1871 gehörten neben den nunmehr amtlichen Deliktsbezeichnungen die Regelungen der §§ 332 Abs. 3, 334 Abs. 3 StGB, die Genehmi-

54 RGSt 77, 75, 75; vgl. hierzu aber E. Schmidt, Bestechungstatbestände (1960), S. 58.

55 RGSt 77, 75, 78; BGHSt 11, 125, 130.

56 Einen solchen Bruch meint E. Schmidt in seiner viel beachteten Monographie „Die Bestechungstatbestände in der höchstrichterlichen Rechtsprechung von 1879 bis 1959" (Heidelberg 1960) aufgezeigt zu haben. Einen solchen Bruch sehen unter anderen auch Schmidt-Leichner NJW 1960, 846, 848; Henkel JZ 1960, 507, 509; Bockelmann ZStW 1960 (Bd. 72), 251 ff. Dagegen versucht Fuhrmann gerade das Gegenteil – die Weiterführung und Vollendung der bisherigen Rechtsprechung des RG – in seinem Beitrag „Berechtigung der Rechtsprechung des Reichsgerichts und des BGH zu § 332 StGB über den Ermessensbeamten", ZStW 1960 (Bd. 72), 534 ff. zu beweisen.

57 Henkel JZ 1960, 507, 509.

gungsmöglichkeit nach § 331 Abs. 3 StGB und die Einführung von § 333 StGB als Gegenstück zu § 331 StGB. Die §§ 331 ff. StGB lauteten nunmehr wie folgt:

„**§ 331. Vorteilsannahme.** (1) Ein Amtsträger oder ein für den öffentlichen Dienst besonders Verpflichteter, der einen Vorteil als Gegenleistung dafür fordert, sich versprechen läßt oder annimmt, daß er eine Diensthandlung vorgenommen hat oder künftig vornehme, wird mit Freiheitsstrafe bis zu drei Jahren oder mit Geldstrafe bestraft.

(2) Ein Richter oder Schiedsrichter, der einen Vorteil als Gegenleistung dafür fordert, sich versprechen läßt oder annimmt, daß er eine Diensthandlung vorgenommen hat oder künftig vornehme, wird mit Freiheitsstrafe bis zu zwei Jahren oder mit Geldstrafe bestraft.

(3) Die Tat ist nicht nach Absatz 1 strafbar, wenn der Täter einen nicht von ihm geforderten Vorteil sich versprechen lässt oder annimmt und die zuständige Behörde im Rahmen ihrer Befugnisse entweder die Annahme vorher genehmigt hat oder der Täter unverzüglich bei ihr Anzeige erstattet und sie die Annahme genehmigt.

§ 332. Bestechlichkeit. (1) Ein Amtsträger oder ein für den öffentlichen Dienst besonders Verpflichteter, der einen Vorteil als Gegenleistung dafür fordert, sich versprechen läßt oder annimmt, dass er eine Diensthandlung vorgenommen hat oder künftig vornehme und dadurch seine Dienstpflichten verletzt hat oder verletzen würde, wird mit Freiheitsstrafe von sechs Monaten bis zu fünf Jahren, in minder schweren Fällen mit Freiheitsstrafe bis zu drei Jahren oder mit Geldstrafe bestraft. Der Versuch ist strafbar.

(2) Ein Richter oder Schiedsrichter, der einen Vorteil als Gegenleistung dafür fordert, sich versprechen läßt oder annimmt, daß er eine richterliche Handlung vorgenommen hat oder künftig vornehme und dadurch seine richterlichen Pflichten verletzt hat oder verletzen würde, wird mit Freiheitsstrafe von einem Jahr bis zu 10 Jahren, in minder schweren Fällen mit Freiheitsstrafe von sechs Monaten bis zu fünf Jahren bestraft.

(3) Falls der Täter den Vorteil als Gegenleistung für eine künftige Handlung fordert, sich versprechen lässt oder annimmt, so sind die Absätze 1 und 2 schon dann anzuwenden, wenn er sich dem anderen gegenüber bereit zeigt,

1. bei der Handlung seine Pflicht zu verletzen oder,
2. soweit die Handlung in seinem Ermessen steht, sich bei Ausübung des Ermessens durch den Vorteil beeinflussen zu lassen.

§ 333. Vorteilsgewährung. (1) Wer einem Amtsträger, einem für den öffentlichen Dienst besonders Verpflichteten oder einem Soldaten der Bundeswehr als Gegenleistung dafür, daß er eine in seinem Ermessen stehende Diensthandlung künftig vornehme, einen Vorteil anbietet, verspricht oder gewährt, wird mit Freiheitsstrafe bis zu zwei Jahren oder mit Geldstrafe bestraft.

(2) Wer einem Richter oder Schiedsrichter als Gegenleistung dafür, daß er eine richterliche Handlung künftig vornehme, einen Vorteil anbietet, verspricht oder gewährt, wird mit Freiheitsstrafe bis zu drei Jahren oder mit Geldstrafe bestraft.

(3) Die Tat ist nicht nach Absatz 1 strafbar, wenn die zuständige Behörde im Rahmen ihrer Befugnisse entweder die Annahme des Vorteils durch den Empfänger vorher genehmigt hat oder sie auf unverzügliche Anzeige des Empfängers genehmigt.

§ 334. Bestechung (1) Wer einem Amtsträger, einem für den öffentlichen Dienst besonders Verpflichteten oder einem Soldaten der Bundeswehr einen Vorteil als Gegenleistung dafür anbietet, verspricht oder gewährt, daß er eine Diensthandlung vorgenommen hat oder künftig vornehme und dadurch seine Dienstpflichten verletzt hat oder verletzen würde, wird mit Freiheitsstrafe von drei Monaten bis zu fünf Jahren, in minder schweren Fällen mit Freiheitsstrafe bis zu zwei Jahren oder mit Geldstrafe bestraft.

(2) Wer einem Richter oder Schiedsrichter einen Vorteil als Gegenleistung dafür anbietet, verspricht oder gewährt, daß er eine richterliche Handlung

1. vorgenommen und dadurch seine richterlichen Pflichten verletzt hat oder
2. künftig vornehme und dadurch seine richterlichen Pflichten verletzen würde,

wird in den Fällen der Nummer 1 mit Freiheitsstrafe von drei Monaten bis zu fünf Jahren, in den Fällen der Nummer 2 mit Freiheitsstrafe von sechs Monaten bis zu fünf Jahren bestraft. Der Versuch ist strafbar.

(3) Falls der Täter den Vorteil als Gegenleistung für eine künftige Handlung anbietet, verspricht oder gewährt, so sind die Absätze 1 und 2 schon dann anzuwenden, wenn er den anderen zu bestimmen versucht, daß dieser

1. bei der Handlung seine Pflichten verletzt oder,
2. soweit die Handlung in seinem Ermessen steht, sich bei der Ausübung des Ermessens durch den Vorteil beeinflussen läßt."

b) Der Ermessensbeamte als Ausgangspunkt eines Verständnisses von Vorteilsannahme (§ 331 StGB) bzw. Vorteilsgewährung (§ 333 StGB) und seine Erfassung durch die §§ 332 Abs. 3, 334 Abs. 3 StGB

Im Zuge der bisherigen Überlegungen hat sich bereits herauskristallisiert, dass dem Ermessensbeamten bzw. Ermessensentscheidungen im Rahmen der §§ 331 ff. StGB eine besondere Rolle zukommt. Mit der Reform von 1974 hat dies nun einen ausdrücklichen Niederschlag im Tatbestand der §§ 331 ff. StGB gefunden. Sollte über den Ermessensbeamten etwas Licht in das Verhältnis von § 331 StGB und § 332 StGB gebracht werden, so sorgte seine Behandlung im Rahmen der reformierten §§ 331 ff. StGB zunächst aber eher für zusätzliche Verwirrung. Mit der Bezugnahme auf eine Ermessensentscheidung war ein Ansatz gefunden, den Vorteil für eine an sich nicht pflichtwidrige Amtshandlung i.S.v. § 331 StGB als leichte Bestechlichkeit im Sinne eines Bestimmungsverbrechens zu verstehen. Hieran kamen zwar Zweifel durch die Rechtsprechung zur Strafbarkeit des Ermessensbeamten auf; mit der Einführung des neuen § 333 StGB schien sich dieser Ansatz aber zunächst doch zu bestätigen. Unter dem Namen der „Vorteilsgewährung“ wurde dem nunmehr in § 334 StGB geregelten Delikt der „Bestechung“ ein weiterer Straftatbestand für den Vorteilsgeber zur Seite gestellt. Danach sollte das Gewähren eines Vorteils als Gegenleistung für eine zukünftige Ermessensentscheidung strafbar sein und damit das Parallelverhalten des Gebers zu § 331 StGB, wie man ihn als „leichte Bestechlichkeit“ gut hätte verstehen können. Dass § 331 StGB, der nunmehr die amtliche Bezeichnung „Vorteilsannahme“ trug, nicht auf Ermessensentscheidungen beschränkt wurde, stand dem nicht entgegen. Denn es gab noch einen zweiten Aspekt, nach dem sich ein Vorteil für eine pflichtgemäße Amtshandlung als Unrecht darstellte. Dies war der ebenfalls erfasste Fall, dass der Amtsträger vom Bürger einen Vorteil für eine Amtshandlung forderte, die er in gleicher Weise hätte vornehmen müssen und den Bürger folglich mit der widerrechtlichen Forderung eines Entgeltes „bedrückte“.[58] Der Ansatz, dass dem § 331 StGB im Bereich des Forderns ein zweiter Gedanke neben dem der Bestechung zu Grunde liegt, ließe sich auch durch eine weitere Neuerung des EGStGB 1974 stützen. Nach § 331 Abs. 3 StGB bestand nunmehr die Möglichkeit der Genehmigung einer Vorteilsannahme, die eine Strafbarkeit nach § 331 Abs. 1 StGB verhinderte. Dies bestand allerdings nicht in allen Fällen von § 331 Abs. 1 StGB. Ausdrücklich ausgenommen wurde eine solche Möglichkeit für Fälle des Forderns eines Vorteils, was als Hinweis auf dessen eigenständigen Charakter gedeutet werden konnte.

Mit der Einführung der §§ 332 Abs. 3, 334 Abs. 3 StGB wurde nun auch die schon vor der Reform praktizierte und vom Reichsgericht begründete Rechtsprechung in Gesetzesform gegossen[59], die ein maßgebliches Verständnis von § 331 StGB vor dem Hintergrund von Ermessensentscheidungen als wenig überzeugend erscheinen lässt. Nach § 332 Abs. 3 Nr. 2 StGB ist der Amtsträger nunmehr schon dann wegen Bestechlichkeit strafbar, wenn er sich bereit zeigt, sich bei der Ausübung seines Ermessens von dem Vorteil beeinflussen zu lassen. Nimmt ein Amtsträger einen Vorteil für eine Ermessensentscheidung an, so stellt sich die Frage, ob er sich damit nicht stets auch bereit zeigt, den erhaltenen Vorteil zu berücksichtigen oder die Ermessensentscheidung im Sinne des Vorteilsgebers zu treffen. Für einen eigenständigen Anwendungsbereich für § 331 StGB scheint insoweit nicht viel Raum zu bleiben. Dies gilt auch für das Verhältnis des neu geschaffenen § 333 StGB zu § 334 Abs. 3 StGB. Denn wird ein Vorteil für eine bestimmte Ermessensentscheidung gewährt, so erscheint es als nicht besonders realitätsnah, dass der Vorteilsgeber damit nicht auch eine güns-

58 Wagner, Amtsverbrechen (1975), S. 233 ff.

59 Zu diesem Befund Loos, in: Festschrift für Welzel (1974), S. 882.

tige Entscheidung erreichen will.[60] Damit versucht er also immer auch, den Amtsträger bei der Ausübung des Ermessens zu beeinflussen, sodass in den von § 333 StGB umschriebenen Konstellationen meist bereits § 334 Abs. 3 Nr. 2 StGB verwirklicht sein müsste. Der Hinweis in den amtlichen Materialien zur Reform durch das EGStGB 1974, § 333 StGB solle als Auffangtatbestand dienen, wenn sich ein Beeinflussungswille nach § 334 Abs. 3 StGB nicht nachweisen lasse, belässt den Anwendungsbereich von § 333 StGB damit ebenfalls im Dunkeln.[61]

c) Verständnis und Abgrenzung der §§ 331 ff. StGB unter dem Gesichtspunkt der Gefährdung des Vertrauens der Allgemeinheit in die Unbestechlichkeit von Amtsträgern

Die neu eingeführten §§ 332 Abs. 3, 334 Abs. 3 StGB hatten aber nicht nur für die Frage des Verständnisses der §§ 331, 333 StGB und ihrer Abgrenzung zu den §§ 332, 334 StGB eine entscheidende Bedeutung. Sie prägten vielmehr das Verständnis der §§ 331 ff. StGB insgesamt. Insbesondere durch die Formulierung des § 332 Abs. 3 StGB sah sich eine Ansicht bestätigt, die sich bereits vor der Reform von 1974 gegen den Ansatz der herrschenden Lehre stellte, dass die Verfälschung des Staatswillens der Kerngedanke von Bestechung sei und die §§ 331 ff. StGB von diesem aus verstanden werden müssten.[62] Nach dieser Gegenansicht drehen sich die §§ 331 ff. StGB nicht nur um die Wirkungen eines Vorteils auf den annehmenden Amtsträger und die Richtigkeit seiner Dienstausübung. Im Mittelpunkt stünde vielmehr die Wirkung einer Geschenkannahme auf die Öffentlichkeit und die dadurch bedingte generelle Gefahr für den Staatsapparat.[63] Hierdurch werde das die Staatstätigkeit tragende und garantierende Vertrauen der Allgemeinheit in die Sachlichkeit der Entscheidungen des Staatsapparates beeinträchtigt. Ein solches Rechtgut werde dabei bereits durch die Annahme eines Vorteils für eine pflichtgemäße Amtshandlung gefährdet; im Falle einer pflichtwidrigen Amtshandlung bestehe eine im Vergleich dazu besonders starke Erschütterung des Vertrauens der Allgemeinheit, sodass § 332 StGB als Qualifikation zu § 331 StGB zu verstehen sei.[64]

---

60 Dornseifer JZ 1973, 267, 270.

61 BT-Drs. 7/550, S. 275.

62 Federführend insoweit E. Schmidt, Bestechungstatbestände (1960), S. 79 ff.; diesem folgend Baumann, Zur Problematik der Bestechungstatbestände (1961), S. 8 ff.; Bockelmann ZStW 72 (1960), 251, 257; Henkel JZ 1960, 507, 508; Kaufmann JZ 1959, 375, 377; Klug JZ 1960, 724, 725.

63 Fuhrmann ZStW 72 (1960), 534, 537; Schröder GA 1961, 289, 291 f.

64 Schröder GA 1961, 289, 292.

Nach diesem Ansatz sollte nun bereits die Gefährdung des Vertrauens der Allgemeinheit für eine Strafbarkeit nach § 332 StGB ausreichen. Damit war es konsequenterweise auch nicht erforderlich, dass der Amtsträger eine von ihm als Gegenleistung für einen Vorteil erwartete Pflichtwidrigkeit auch tatsächlich vornehmen wollte. Denn für die Beeinträchtigung oder Gefährdung des Vertrauens kommt es alleine auf den nach außen erweckten Anschein an, sodass es ausreicht, dass sich der Amtsträger bereit oder gewillt zeigt, die pflichtwidrige Amtshandlung vorzunehmen.[65] Hierin bestand der entscheidende und insbesondere praktisch relevante Unterschied im Verhältnis zu einem Verständnis von Bestechung als Verfälschung des Staatswillens, wonach der Amtsträger die Pflichtwidrigkeit für eine Strafbarkeit nach § 332 StGB zumindest tatsächlich beabsichtigen musste.[66]

Auf den Gedanken des Vertrauensschutzes stützte sich bereits die oben angesprochene Rechtsprechung zur Strafbarkeit des Ermessensbeamten, die Pate für die §§ 332 Abs. 3, 334 Abs. 3 StGB stand.[67] Anklang fand dieser Ansatz insbesondere seitens der Strafverfolgungspraxis[68], aber auch Teile des Schrifttums pflichteten ihm bei.[69] Aus heutiger Sicht lässt sich sagen, dass das Vertrauen der Allgemeinheit von Rechtsprechung und Lehre überwiegend als Rechtsgut der §§ 331 ff. StGB angesehen wird, meist als Teil eines komplexen Rechtgutes der Funktionsfähigkeit staatlicher Verwaltung, welches sich im Sinne einer inneren und einer äußeren Bedingung aus der Lauterkeit des öffentlichen Dienstes und dem Vertrauen der Allgemeinheit in diese zusammensetzt.[70] Dieser „Siegeszug" eines Verständnisses von Bestechung als Gefahr für das Vertrauen der Allgemeinheit ist maßgeblich wohl auf die Reform von § 332 StGB durch das EGStGB 1974 zurückzuführen und den in diesem Rahmen eingeführten § 332 Abs. 3 StGB. Wenn es dort nunmehr heißt, dass sich der Amtsträger bereits dann wegen § 332 StGB strafbar macht, wenn er sich bereit gezeigt hat, eine pflichtwidrige Amtshandlung vorzunehmen oder sich im Rahmen einer Ermessensentscheidung von einem Vorteil beeinflussen zu lassen, so scheint damit doch zwingend vorgeschrieben, dass es alleine auf den nach außen vermittelten

65 Schröder GA 1961, 289, 292.

66 Vgl. hierzu Loos, in: Festschrift für Welzel (1974), S. 881.

67 Vgl. die auf S. 34 zitierten Leitsätze aus RGSt 74, 251 ff.; siehe insbesondere auch BGHSt 15, 352, 354.

68 Kirschbaum-Schmitz GA 1960, 321, 344; Stein NJW 1961, 433, 435 ff.; Fuhrmann ZStW Bd. 72 (1960), 534, 537 ff.

69 Wie Schröder GA 1961, 289 ff. bzw. Schönke/Schröder, StGB, 11. Auflage (1963), § 331 Rn. 1 auch Welzel, Das deutsche Strafrecht, 9. Auflage (1965), S. 488.

70 Fischer, StGB, 57. Auflage (2010), § 331 Rn. 3; NK-Kuhlen, StGB, 3. Auflage (2010), § 331 Rn. 9 ff. m.w.N.

Anschein ankommt und damit das Rechtgut in Richtung eines Vertrauens der Allgemeinheit verstanden werden muss.[71]

Auf der Basis dieses Vertrauensschutzgedankens erklären sich die verschiedenen, von den §§ 331 ff. StGB umschriebenen Verwirklichungsformen fast von selbst. Dass mit Ausnahme von § 333 StGB die §§ 331 ff. StGB ausdrücklich nun auch in den Fällen zur Anwendung kommen, in denen ein Vorteil für eine vergangene Amtshandlung empfangen oder gewährt wird, erfordert vor dem Hintergrund des Vertrauensschutzgedankens keinen argumentatorischen Aufwand. Diese Fälle wurden aber bereits vor der Reform heftig diskutiert. Für die Stimmen, die Bestechung als Verfälschung des Staatswillens bzw. als Bestimmungsverbrechen verstanden, konnten Vorteile für eine vergangene Amtshandlung durch die §§ 331 ff. StGB keinesfalls erfasst werden, lassen sich vergangene Amtshandlungen schlicht nicht mehr beeinflussen oder bestimmen.[72] An dieser Stelle sah wiederum der Ansatz, der das Unrecht der §§ 331 ff. StGB maßgeblich im Verstoß gegen den Grundsatz der Unentgeltlichkeit von Amtshandlungen verortet hatte[73], seine entscheidende Stärke.[74] Hiernach macht es keinen Unterschied, ob ein Vorteil für einen zukünftigen oder einen vergangenen Vorteil angenommen wird. Ob es aber tatsächlich der Grundsatz der Unentgeltlichkeit war, warum man sich für eine Erfassung von Vorteilen für die vergangene Dienstausübung einsetzte oder ob hier nicht auch andere Motive eine entscheidende Rolle spielten, lässt sich nicht mit letzter Gewissheit sagen. Es wurde jedenfalls betont, dass die Erfassung vergangener Amtshandlungen schon deswegen als notwendig erachtet wurde, da oft zu vermuten, aber nicht nachzuweisen sei, dass ein Vorteil vor der Amtshandlung zugesagt worden und daher für die Amtshandlung bestimmend gewesen sei.[75]

d) Der Gedanke des Vertrauensschutzes und der Aspekt der Beweiserleichterung

Damit deutet sich an, dass die Frage der Nachweisbarkeit seit jeher eine entscheidende Rolle gespielt hat, wenn versucht wurde, Bestechung zu erklären. Es stellt sich aber die Frage, ob man das grundsätzliche Verständnis von Bestechung bzw. der §§ 331 ff. StGB den Gedanken der Beweisbarkeit anpassen sollte oder zu einer Beweiserleichterung stehen und diese für bestimmte, vorhersehbare Konstellationen definieren sollte, das Grundverständnis von Amtsträgerbe-

---

71 Kargl ZStW 114 (2002), 763, 785.

72 Insbesondere Binding, Bes. Teil II 2, S. 712 ff. und S. 727 f.

73 Siehe oben, S. 30 f.

74 Siehe die Zusammenschau bei Kaufmann JZ 1959, 375, 377.

75 RGSt 63, 369 f.; weitere Nachweise bei Kaufmann JZ 1959, 375, 377.

stechung und damit auch das diesbezügliche Kernunrecht aber unangetastet lassen sollte.[76] Der Gedanke der Beweisbarkeit spielt jedenfalls nicht nur im Rahmen von Vorteilen für vergangene (pflichtwidrige) Amtshandlungen eine Rolle, auch der neu geregelte § 332 Abs. 3 StGB muss in diesem Zusammenhang gesehen werden. Macht man sich noch einmal klar, dass der Reformgesetzgeber von 1974 insbesondere im Bereich des § 332 StGB der Linie der höchstrichterlichen Rechtsprechung gefolgt ist[77], so geht es § 332 Abs. 3 StGB im Kern darum, dass es für eine Strafbarkeit wegen Bestechlichkeit weder erforderlich ist, dass es infolge des Vorteils zu einer Pflichtwidrigkeit gekommen ist, noch dass der Amtsträger tatsächlich eine pflichtwidrige Amtshandlung vornehmen wollte oder sich durch den Vorteil im Rahmen einer Ermessensentscheidung tatsächlich beeinflussen lassen wollte. Hat er sich hierzu bereit gezeigt, so soll hiermit bereits § 332 StGB verwirklicht sein, ohne dass es darauf ankommt, ob der Amtsträger den inneren Vorbehalt hatte, dies nicht zu tun.[78] Diese Verteidigungsmöglichkeit dem Amtsträger bei einem entsprechenden Sich-bereit-Zeigen abzuschneiden, war der eigentliche Hintergrund für die Rechtsprechung, die Strafbarkeit an einem Sich-bereit-Zeigen festzumachen. Mit der Regelung des § 332 Abs. 3 StGB wurde das Sich-bereit-Zeigen als Anknüpfungspunkt für eine Strafbarkeit entsprechend der vorangehenden Rechtsprechung in Gesetzesform gegossen.[79] In diesem Zusammenhang wurde zwar stets auf das Vertrauen der Öffentlichkeit hingewiesen, welches bereits durch den so gesetzten Anschein der Käuflichkeit pflichtwidriger Amtshandlungen erschüttert werde[80], aber auch die Rechtsprechung selbst macht hier den Gedanken der Beweiserleichterung fruchtbar. So heißt es:

> „Schon gewichtiger, aber ebenfalls nicht durchgreifend ist der Einwand, der Wertungsunterschied zwischen der einfachen und der schweren Bestechlichkeit sei so erheblich, daß nur die Tatsache der vollzogenen oder in Aussicht genommenen Pflichtverletzung die schwere Zuchthausstrafe begründen könne. Man darf nicht übersehen, daß § 332 StGB neben dem Zuchthaus auch Gefängnis vorsieht, und zwar

76 Vgl. insoweit die begriffliche Trennung von Bestechung und Vorteilen für bereits vollzogene Amtshandlungen bei Kaufmann JZ 1959, 375, 377.

77 Köhler, Die Reform der Bestechungsdelikte (2005), S. 56.

78 Vgl. hierzu die Auswertung der Rechtsprechung des Reichsgerichts in BGHSt 15, 88, 96 f.

79 Maiwald JuS 1977, 353, 355 Fn. 16; nach BGHSt 15, 88, 97 f. ist diese Rechtsprechung bereits 100 Jahre alt und liegt dementsprechend auch den Entscheidungen RGSt 74, 251 und RGSt 77, 75 zu Grunde. Danach würden diese Entscheidungen keinen Bruch in der Rechtsprechung des RG darstellen, wie E. Schmidt (Bestechungsdelikte (1960), S. 56 ff. und S. 83 ff.) konstatiert hat; zum „richtigen“ Verständnis dieser Entscheidungen entgegen der Kritik von Eb. Schmidt BGHSt 15, 239, 240 ff.

80 BGHSt 15, 88, 97.

ohne erhöhtes Mindestmaß. Das ist im geltenden Strafrecht eine seltene Ausnahme, die erkennen läßt, daß der Gesetzgeber sich bewußt war und davon ausging, die Strafdrohung müsse einer erheblichen Spannweite im Maß des Unrechts angepasst werden. Der entscheidende Einschnitt im Unrechtsgehalt ergibt sich aber nicht daraus, ob der Beamte sich zur Pflichtwidrigkeit entschließt oder nicht, sondern daraus was erklärtermaßen Gegenstand der Unrechtsvereinbarung ist. Zudem ist es keineswegs, daß die Beachtlichkeit des inneren Vorbehalts stets von selbst zur Anwendung des § 331 StGB führen müsste. Diese würde vielmehr voraussetzen, daß sich der Beamte jedenfalls zu einer nicht pflichtwidrigen Amsthandlung entschließt; denn es ist nicht einzusehen, warum in soweit für beide Tatbestände etwas verschiedenes gelten sollte. Fälle aber, in denen große Bestechungssummen bei erklärter Käuflichkeit mit dem inneren Vorbehalt angenommen werden, in den Bereich des bloßen Disziplinarunrechts zu verweisen, scheint dem Senat unerträglich zu sein; daß dieses Ergebnis aus dem Wortlaut des Gesetzes herausgelesen werden müsste, kann er nicht anerkennen. Der vielleicht mögliche Gesichtspunkt des Betruges erfaßt das Unrecht nicht in seiner vollen Bedeutung. In diesem Zusammenhang dürfen legitimerweise auch Beweisschwierigkeiten berücksichtigt werden. Es ist regelmäßig nicht feststellbar, ob der Beamte sich ohne oder mit dem inneren Vorbehalt als käuflich gegeben hat [...]"[81].

Diese Ausführungen begründen erhebliche Zweifel daran, dass der Gesetzgeber gerade wegen eines Verständnisses von Bestechung als Gefahr für ein Vertrauen der Allgemeinheit zur konkreten Formulierung des § 332 Abs. 3 StGB gelangt ist. Solche Zweifel bestätigen sich auch bei einem Blick in die Gesetzgebungsmaterialien zum EGStGB 1974.

e) Der Gedanke des Vertrauensschutzes in der Gesetzesbegründung zum EGStGB 1974

Scheint der Gedanke des Vertrauensschutzes insbesondere auf § 332 Abs. 3 StGB zu beruhen, so lohnt es sich, dessen Hintergrund einmal von Seiten der Gesetzesbegründung zum EGStGB 1974 zu beleuchten. In der Beschlussempfehlung des Rechtsausschusses heißt es hierzu:[82]

> „Vielmehr ist der in dieser Hinsicht nach außen erweckte Eindruck entscheidend und der geheime Vorbehalt des Vorteilsnehmers, die Pflichtwidrigkeit nicht begehen zu wollen, unerheblich. Denn bereits durch den äußeren Anschein der Bereitschaft zur Pflichtwidrigkeit wird die Unbefangenheit des Vorteilsnehmers beeinträchtigt oder gefährdet und damit auch die sachliche Richtigkeit seiner Handlung in dem für die Bestechlichkeit bezeichnenden erhöhten Maß in Frage gestellt."

81 BGHSt 15, 88, 99 f.

82 BT-Drs. 7/550, S. 273.

Und in Bezug auf das geschützte Rechtgut heißt es:[83]

> „Die Vorschriften sollen die Käuflichkeit von Diensthandlungen und die Befangenheit der Bediensteten durch einen Vorteil bei der Erfüllung ihrer Pflichten und damit auch eine Verfälschung des Staatswillens verhindern. Inwieweit zugleich auch schon das Vertrauen der Allgemeinheit in die Unbefangenheit der Bediensteten und damit in die sachliche Richtigkeit ihrer Handlungen schutzwürdig ist (so die Begründung vor § 460 E 1962), kann dahinstehen. Selbst wenn man dies verneinen sollte, ergibt sich daraus nicht, dass der Strafschutz gegen Korruption in engeren Grenzen gehalten werden muß, als dies der Entwurf 1962 vorgeschlagen hat. Schon aus dem Gesichtspunkt des Schutzes des Staatswillens vor einer Verfälschung ist es nämlich strafwürdig, wenn der Amtsträger oder Verpflichtete unter dem Eindruck eines Vorteils den Anschein einer Bereitschaft zu einer pflichtwidrigen Handlung erweckt, mag er auch innerlich zur Pflichtwidrigkeit gar nicht bereit sein und mag es zu der Handlung auch nicht kommen. Denn schon die nach außen gezeigte Bereitschaft zur Pflichtwidrigkeit löst die Gefahr aus, daß der Bedienstete bei der Erfüllung seiner Pflichten nicht mehr unbefangen ist. Deshalb ist in einem solchen Fall zumindest die Gefahr einer Verfälschung des Staatswillens gegeben."

Mit diesen Ausführungen wird die oben aufgestellte Vermutung bekräftigt, dass es bei § 332 Abs. 3 StGB im Kern darum geht, für eine Strafbarkeit nach § 332 StGB nicht nachweisen zu müssen, dass der Amtsträger eine entsprechende Amtshandlung auch tatsächlich vornehmen wollte. Daher wird die Strafbarkeit an die nach außen gezeigte Bereitschaft hierzu geknüpft. Den Gedanken des Vertrauensschutzes soll man hierfür aber ausdrücklich nicht bemühen müssen. Vielmehr werde durch ein Sich-bereit-Zeigen die Gefahr begründet, dass der Amtsträger tatsächlich eine entsprechende Pflichtwidrigkeit begehe oder dass er sich von dem Vorteil beeinflussen lasse.[84] Es bleibt im Dunkeln, wie man sich den Zusammenhang von einem Sich-bereit-Zeigen und der Gefahr eines dementsprechenden Verhaltens genau vorzustellen hat. Zwar wird in der Literatur erläutert, dass durch ein Sich-bereit-Zeigen die Unbefangenheit des Amtsträgers in einer Weise beeinträchtigt wird, dass dieser sich einer vielleicht gar unterbewussten Berücksichtigung des Vorteils kaum noch erwehren kann.[85] Unklar bleibt allerdings, inwieweit eine solche Gefahr gerade durch das Sich-bereit-Zeigen und nicht alleine durch die Annahme eines Vorteil an sich begründet wird.

Es erschließt sich ebenfalls nicht unmittelbar, was genau man sich unter einem Sich-bereit-Zeigen i.S.v. § 332 Abs. 3 StGB vorzustellen hat. In diesem Zusammenhang wurde meist darauf abgestellt, dass die Strafbarkeit mit dem Abschluss der sog. „Unrechtsvereinbarung" verwirklicht sei. Diese wird über-

---

83 BT-Drs. 7/550, S. 269 f.

84 Vgl. die soeben zitierte Passage aus BT-Drs. 7/550, S. 269 f.

85 Henkel JZ 1960, 507, 512.

wiegend für den Kern der §§ 331 ff. StGB gehalten, wobei ihr Hintergrund und ihre Gestalt nicht näher erklärt wird. „Vereinbarung“ würde begrifflich für ein Verständnis des Sich-bereit-Zeigens im Sinne der Abgabe einer entsprechenden Erklärung sprechen. Insoweit würde die Formulierung von § 332 Abs. 3 StGB dahingehend Sinn machen, dass der Amtsträger sich nicht allgemein, sondern gerade gegenüber dem Vorteilsgeber bereit gezeigt haben muss.[86] Auf der anderen Seite soll aber auch ein sog. „stillschweigendes Sich-bereit-Zeigen“ zugelassen werden.[87] Es mag sich daher nicht so recht erschließen, ob es im Rahmen von § 332 Abs. 3 StGB einer echten Erklärung bedarf und Unrechtsvereinbarung im Sinne eines Austausches von Erklärungen verstanden werden muss. Andernfalls wäre ein Sich-bereit-Zeigen und damit die Strafbarkeit nach § 332 StGB an einem sonstigen Verhalten des Amtsträgers festzumachen. Hierzu wird in der Beschlussempfehlung des Rechtsausschusses ausgeführt:

> „Andererseits muß das Sichbereitzeigen zu der Vorteilsannahme hinzukommen, wenn die Tathandlung erfüllt sein soll. Das Fordern oder die Annahme des Vorteils oder Vorteilsversprechens in dem Bewußtsein, daß eine Beziehung zu der künftigen Diensthandlung besteht und der Vorteilsgeber eine Pflichtwidrigkeit erwartet, genügt für sich alleine noch nicht. Allerdings wird hierin vielfach nach den Umständen bereits ein stillschweigendes Sichbereitzeigen zur Pflichtwidrigkeit zu finden sein; doch bedarf das jeweils der Tatrichterlichen Feststellung.“

Es wird hier nun zwar mit Nachdruck betont, dass es für § 332 Abs. 3 StGB auf ein selbstständiges Element des Sich-bereit-Zeigens ankommen soll, dieses scheint aber trotzdem regelmäßig bereits mit der Annahme eines Vorteils vorzuliegen. Es wird damit der Verdacht begründet, dass die tatbestandliche Gefahr maßgeblich durch die Annahme des Vorteils begründet wird und letztlich auch hier der entscheidende Ansatzpunkt für eine entsprechende Strafbarkeit liegt. Pönalisiert § 332 Abs. 3 StGB damit die Annahme eines Vorteils, so wird man sich zu überlegen haben, ob überhaupt ein struktureller Unterschied zur Vorteilsannahme nach § 331 StGB besteht, die ja schon auf Grund ihrer mittlerweile amtlichen Überschrift gerade die Annahme eines Vorteils unter Strafe stellt.[88] Dies erscheint umso wahrscheinlicher, als § 331 StGB schon vor seiner Reform durch das EGStGB 1974 im Sinne einer abstrakten Gefahr von Bestechlichkeit verstanden wurde[89] und dies nach der Beschlussempfehlung des Rechtsaus-

86 Dies könnte man im Übrigen auch als Indiz dafür verstehen, dass es tatsächlich nicht um den Schutz des Vertrauens der Allgemeinheit geht. Denn insoweit müsste es ja jedenfalls ausreichen, dass der Amtsträger sich allgemein bzw. gegenüber einem Dritten „bereit zeigt“.

87 BT-Drs. 7/550, S. 274.

88 Vgl. hierzu die soeben zitierte Passage aus BGHSt 15, 88, 99 f.

89 Binding, Bes. Teil II 2, S. 731.

schusses auch der Ansatz von § 332 Abs. 3 StGB sein soll.[90] Man fragt daher zu Recht, ob durch die hier eingeführte Terminologie der Vorteilsannahme und Vorteilsgewährung in Abgrenzung zur Bestechlichkeit und Bestechung ein echter Fortschritt erzielt wurde oder ob dadurch nicht sachlich zusammengehörige und im Wesen vergleichbare Strukturen sprachlich zu sehr voneinander getrennt wurden.[91] Denn die durch die Annahme eines Vorteils bedingte Gefahr, dass sich die Dienstausübung nicht ausschließlich nach Sachgesichtspunkten richtet, scheint den gemeinsamen Unrechtskern der §§ 331 ff. StGB darzustellen.[92]

3. Die §§ 331 ff. StGB in der Fassung der Reform durch das Korruptionsbekämpfungsgesetz von 1997

a) Der Wortlaut

Im Mittelpunkt der Reform der §§ 331 ff. StGB durch das KorrBekG 1997 standen die §§ 331, 333 StGB und hier insbesondere das Verhältnis von Vorteil und Diensthandlung bzw. nunmehr Vorteil und Dienstausübung.

> „**§ 331. Vorteilsannahme.** (1) Ein Amtsträger oder ein für den öffentlichen Dienst besonders Verpflichteter, der für die Dienstausübung einen Vorteil für sich oder einen Dritten fordert, sich versprechen lässt oder annimmt, wird mit Freiheitsstrafe bis zu drei Jahren oder mit Geldstrafe bestraft.
>
> (2) Ein Richter oder Schiedsrichter, der einen Vorteil für sich oder einen Dritten dafür fordert, sich versprechen lässt oder annimmt, dass er eine richterliche Handlung vorgenommen hat oder künftig vornehme, wird mit Freiheitsstrafe bis zu fünf Jahren oder mit Geldstrafe bestraft. Der Versuch ist strafbar.
>
> (3) Die Tat ist nicht nach Absatz 1 strafbar, wenn der Täter einen nicht von ihm geforderten Vorteil sich versprechen lässt oder annimmt und die zuständige Behörde im Rahmen ihrer Befugnisse entweder die Annahme vorhergenehmigt hat oder der Täter unverzüglich bei ihr Anzeige erstattet und sie die Annahme genehmigt.

---

90 Vgl. die soeben zitierte Passage aus der Stellungnahme des Rechtsausschusses, BT-Drs. 7/550, S. 269 f.

91 Dölling, Gutachten C für den 61. Deutschen Juristentag (1996), S. 52; Geerds JR 1996, 309, 310.

92 Dölling, Gutachten C (1996), S. 49, wonach die durch die Annahme eines Vorteils bedingte negative Außenwirkung auf das Vertrauen der Allgemeinheit zwar mittelbar im Rahmen dieses Gefahrzusammenhangs mitgeschützt ist, dieser Gedanke sich aber wegen der damit verbundenen, einer „kriminalpolitischen Zauberformel“ nahe kommenden Weite nicht per se zur Begründung der Strafbarkeit eines Verhaltens heranziehen lässt, vgl. auch Dölling, Gutachten C (1996), S. 51 m.H.a. Haffke, in: Tondorf (Hrsg.), Staatsdienst und Ethik (1995), S. 33; zustimmend Ransiek StV 1996, 446, 450.

§ 332. Bestechlichkeit. (1) Ein Amtsträger oder ein für den öffentlichen Dienst besonders Verpflichteter, der einen Vorteil für sich oder einen Dritten als Gegenleistung dafür fordert, sich versprechen lässt oder annimmt, dass er eine Diensthandlung vorgenommen hat oder künftig vornehme und dadurch seine Dienstpflichten verletzt hat oder verletzen würde, wird mit Freiheitsstrafe von sechs Monaten bis zu fünf Jahren bestraft. In minder schweren Fällen ist die Freiheitsstrafe bis zu drei Jahren oder Geldstrafe. Der Versuch ist strafbar.

(2) Ein Richter oder Schiedsrichter, der einen Vorteil für sich oder einen Dritten als Gegenleistung dafür fordert, sich versprechen lässt oder annimmt, dass er eine richterliche Handlung vorgenommen hat oder künftig vornehme und dadurch seine richterlichen Pflichten verletzt hat oder verletzen würde, wird mit Freiheitsstrafe von einem Jahr bist zu zehn Jahren bestraft. In minder schweren Fällen ist die Strafe Freiheitsstrafe von sechs Monaten bis zu fünf Jahren.

(3) Falls der Täter den Vorteil als Gegenleistung für eine künftige Handlung fordert, sich versprechen lässt oder annimmt, so sind die Absätze 1 und 2 schon dann anzuwenden, wenn er sich dem anderen gegenüber bereit gezeigt hat,

1. bei der Handlung seine Pflichten zu verletzen oder,
2. soweit die Handlung in seinem Ermessen steht, sich bei Ausübung des Ermessens durch den Vorteil beeinflussen zu lassen.

§ 333. Vorteilsgewährung. (1) Wer einem Amtsträger, einem für den öffentlichen Dienst besonders Verpflichteten oder einem Soldaten der Bundeswehr für die Dienstausübung einen Vorteil für diesen oder einen Dritten anbietet, verspricht oder gewährt, wird mit Freiheitsstrafe bis zu drei Jahren oder mit Geldstrafe bestraft.

(2) Wer einem Richter oder Schiedsrichter einen Vorteil für diesen oder einen Dritten als Gegenleistung dafür anbietet, verspricht oder gewährt, dass er eine richterliche Handlung vorgenommen hat oder künftig vornehme, wird mit Freiheitsstrafe bis zu fünf Jahre oder mit Geldstrafe bestraft.

(3) Die Tat ist nicht nach Absatz 1 strafbar, wenn die zuständige Behörde im Rahmen ihrer Befugnisse entweder die Annahme des Vorteils durch den Empfänger vorher genehmigt hat oder sie auf unverzügliche Anzeige des Empfängers genehmigt.

§ 334. Bestechung. (1) Wer einem Amtsträger, einem für den öffentlichen Dienst besonders verpflichteten oder einem Soldaten der Bundeswehr einen Vorteil für diesen oder einen Dritten als Gegenleistung dafür anbietet, verspricht oder gewährt, dass er eine Diensthandlung vorgenommen hat oder künftig vornehme und dadurch seine Dienstpflichten verletzt hat oder verletzen würde, wird mit Freiheitsstrafe von drei Monaten bis zu fünf Jahren bestraft. In minder schweren Fällen ist die Strafe Freiheitsstrafe bis zu zwei Jahren oder Geldstrafe.

(2) Wer einem Richter oder Schiedsrichter einen Vorteil für diesen oder einen Dritten als Gegenleistung dafür anbietet, verspricht oder gewährt, dass er eine richterliche Handlung

1. vorgenommen und dadurch seine richterlichen Pflichten verletzt hat oder
2. künftig vornehme und dadurch seine richterlichen Pflichten verletzen würde,

wird in den Fällen von Nummer 1 mit Freiheitsstrafe von drei Monaten bis zu fünf Jahren, in den Fällen der Nummer 2 mit Freiheitsstrafe von sechs Monaten bis zu fünf Jahren bestraft. Der Versuch ist strafbar.

(3) Falls der Täter den Vorteil als Gegenleistung für eine künftige Handlung anbietet, verspricht oder gewährt, so sind die Absätze 1 und 2 schon dann anzuwenden, wenn er den anderen zu bestimmen versucht, dass dieser

1. bei der Handlung seine Pflichten verletzt oder,

2. soweit die Handlung in seinem Ermessen steht, sich bei der Ausübung des Ermessens durch den Vorteil beeinflussen lässt."

b) Die Lockerung der sog. „Unrechtsvereinbarung"

Das KorrBekG 1997 hat den §§ 331 ff. StGB ihre heutige Gestalt gegeben. Kern der Reform war die „Lockerung" der Vorteil und Diensthandlung verknüpfenden Unrechtsvereinbarung im Rahmen der §§ 331, 333 StGB.[93] Der Vorteil musste sich bis dato auf eine bestimmte Diensthandlung beziehen. Nunmehr reicht ein Bezug zur nicht näher bestimmten Dienstausübung aus. Das Erfordernis der Beziehung zu einer bestimmten Amtshandlung wurde bereits unter der Geltung des EGStGB 1974 angezweifelt[94] und auch die Rechtsprechung folgte hier einer weiten Auslegung. Auf eine bestimmte Diensthandlung oder auf eine Mehrheit bestimmter Diensthandlungen bezog sich der Vorteil danach bereits dann, wenn „der Amtsträger innerhalb eines bestimmten Aufgabenbereiches oder Kreises von Lebensbeziehungen nach einer gewissen Richtung tätig werden soll [...]; die einvernehmlich ins Auge gefasste Diensthandlung muß dabei nach ihrem sachlichen Gehalt zumindest in groben Umrissen erkennbar und festgelegt sein."[95] Der Schritt von der Bezugnahme auf eine so bestimmte Diensthandlung zur Bezugnahme auf die Dienstausübung im Allgemeinen erscheint als nicht besonders weit. Was nach der alten Rechtslage jedenfalls nicht erfasst wurde, waren Konstellationen, in denen mit der Gewährung eines Vorteils lediglich das allgemeine Wohlwollen und die Geneigtheit des Amtsträgers gesichert werden sollten[96] oder der Amtsträger in einer nicht näher konkretisierten Weise dem Vorteilsgeber unter Ausnutzung der dienstlichen Stellung gefällig sein sollte.[97]

Die mit der Formulierung „für die Dienstausübung" erfolgte Lockerung der Unrechtsvereinbarung lässt sich nur schwer konkretisieren. Eine Lockerung soll zumindest nicht so weit gehen, dass jede „im Zusammenhang mit dem Amt" erfolgende Zuwendung erfasst wird. Die Formulierung „im Zusammenhang mit

93 BT-Drs. 13/8079, S. 15.

94 Haffke, in: Tondorf (Hrsg.), Staatsdienst und Ethik (1995), S. 35.

95 BGHSt 32, 290, 291; 39, 45, 46 f.

96 BGHSt 15, 217 f.

97 BGHSt 32, 290, 292.

dem Amt“ entsprach im Rahmen der Reformdiskussion einem Vorschlag des Bundesrates[98], der allerdings ausdrücklich abgelehnt wurde.[99] Im Übrigen bleibt es aber im Dunkeln, welche Fälle genau von der neuen Strafbarkeit nach den §§ 331, 333 StGB nunmehr erfasst sein sollten. In diesem Zusammenhang werden zwar immer wieder gewisse Fallgruppen genannt, wie „Klimapflege“, „Anfüttern des Amtsträgers“, Zuwendungen als „Dankeschön für die gute Zusammenarbeit“ oder für „Wohlverhalten“[100] oder „hohe Zuwendungen“, die keiner konkreten Diensthandlung zugerechnet werden können.[101] Was man sich darunter aber genau vorzustellen hat bzw. wann entsprechende Verhaltensweisen die Schwelle zur Strafbarkeit überschreiten sollen, wird nicht deutlich. Dementsprechend hat der Bundesgerichtshof in der Entscheidung BGHSt 53, 6, 16 zum Übersenden von Fußballtickets an Amtsträger ausdrücklich festgestellt, dass eine Strafbarkeit im Bereich der §§ 331, 333 StGB nicht in dieser Weise pauschalisiert werden dürfe.

c) Unklarheiten bezüglich der konkreten Gestalt der sog. „Unrechtsvereinbarung“ als Kernproblem im Rahmen der §§ 331 ff. StGB

Soll ausschlaggebend für eine Strafbarkeit nach den §§ 331, 333 StGB die als „Unrechtsvereinbarung“ bezeichnete Beziehung von Vorteil und Dienstausübung sein und bleiben[102], stellt sich umso nachdrücklicher die Frage, was man sich genau unter dieser vorzustellen hat. Untersucht werden muss, ob es zu einer echten Absprache zwischen Amtsträger und Vorteilsgeber kommen muss oder ob nicht eine subjektive Zwecksetzung seitens des Gebers ausreicht und wie eine solche Zwecksetzung auszusehen hat, um von einer Unrechtsvereinbarung sprechen zu können. Dem Vorteilsgeber scheint hier gerade auch für die Strafbarkeit des Amtsträgers nach § 331 StGB eine entscheidende Rolle zuzukommen. Dies wird insbesondere dadurch deutlich, dass im Gegensatz zur alleinigen Strafbarkeit des Amtsträgers wegen „Vorteilsannahme“ unter dem Reichsstrafgesetzbuch von 1871 (RStGB 1871) nunmehr dahingehend die vollständige Gleichstellung von Amtsträger und Vorteilsgeber vollzogen wurde, dass zu einem Verhalten i.S.v. § 331 StGB jeweils auch ein Pendant auf der Seite des Vorteilsgebers vorhanden zu sein scheint. Je nachdem von welcher Seite eine entsprechende Initiative ausgeht, wird man sich die Strafbarkeit des Amtsträgers nach § 331 StGB daher vielleicht sinnvoll als Reaktion auf eine Vorteilsgewäh-

98 BR-Drs. 298/95, S. 2.

99 BT-Drs. 13/8079, S. 15.

100 Vgl. insoweit Dölling, Gutachten C (1996), S. 63.

101 BT-Drs. 13/8079, S. 15.

102 BT-Drs. 13/8079, S. 15.

rung i.S.v. § 333 StGB vorstellen können. Dies soll deswegen betont werden, da Erklärungen für Strafbarkeit und Unrecht der §§ 331 ff. StGB stets bei der Person des Amtsträgers ansetzen und im Rahmen der Strafbarkeit des Gebers letztlich mehr oder weniger nur ein Verweis stattfindet.[103] Gerade seine Gleichstellung im Rahmen von § 333 StGB sollte aber Anlass geben, auch seine Rolle gerade in Bezug auf das Rechtsgut der §§ 331 ff. StGB einmal etwas genauer zu beleuchten. Denn bei genauem Hinsehen zeigt sich, dass sich einige Erklärungsansätze zum Unrecht der §§ 331 ff. StGB nicht so ohne weiteres auf den Vorteilsgeber übertragen lassen. So lässt sich seine Strafbarkeit als Nicht-Amtsträger nicht mit dem Gedanken des Eigennutzes bzw. der Unentgeltlichkeit von Amtshandlungen erklären, worauf gerade im Bereich von § 331 StGB rekurriert wird. Ähnliches gilt auch bezüglich des von der herrschenden Meinung favorisierten Ansatzes, dass geschütztes Rechtgut der §§ 331 ff. StGB das Vertrauen der Allgemeinheit in die Lauterkeit des öffentlichen Dienstes sei. Denn erstens kann der Vorteilsgeber nicht den Anschein der Bestechlichkeit oder Unlauterkeit erzeugen, hängt dies alleine vom annehmenden Amtsträger ab und zweitens ist ein Nicht-Amtsträger doch keinesfalls für ein (Nicht-)Vertrauen der Allgemeinheit in den öffentlichen Dienst verantwortlich. Abgesehen davon beschreibt Bestechung im strengen gesetzestechnischen Sinn gerade das Verhalten des Gebers, sodass dieses in Bezug auf das Unrecht der Bestechungsdelikte eigentlich mit im Mittelpunkt stehen muss.

Doch auch ein Blick auf die §§ 331 ff. StGB von der Warte des Gebers aus offenbart nicht unmittelbar, was es genau mit der Unrechtsvereinbarung auf sich hat. Eine Analyse des Wortlauts vermag dabei nur die Erkenntnis vermitteln, dass „für die Dienstausübung" im Sinne von „als Gegenleistung für die Dienstausübung" und nicht „zur Ermöglichung der Dienstausübung" verstanden werden muss.[104] Was genau „als Gegenleistung für" bedeutet, war aber bereits unter dem EGStGB 1974 nicht klar, als der Tatbestand der §§ 331, 333 StGB gerade so lautete. Erschwerend kommt hier hinzu, dass die amtlichen Überschriften der §§ 331, 333 StGB nicht wirklich ein Unrechtsbild oder ein spontanes Unrechtsgefühl vermitteln. Während „Bestechung" und „Bestechlichkeit" spontan und pauschal mit Unrecht in Verbindung gebracht werden können, sind mit „Vorteilsannahme" und „Vorteilsgewährung" höchstens neutrale Verhaltensweisen umschrieben, die man sich zum Teil gar als positiv vorstellen kann. So kann die Gewährung eines Vorteils durchaus als Ausdruck von Freigiebigkeit

103 So findet die Kommentierung der §§ 331 ff. StGB gerade in Bezug auf Rechtsgut und Unrechtsvereinbarung überwiegend im Bereich des § 331 StGB statt, worauf im Rahmen der §§ 333, 334 StGB weitgehend nur noch verwiesen wird.

104 Schünemann, in: Festschrift für Otto (2007), S. 786.

verstanden werden, die angesichts der zunehmenden Kooperation von privatem und öffentlichem Sektor auch gegenüber dem Staat gerne gesehen wird. Wenn dann noch hinzukommt, dass bezüglich der für die Strafbarkeit maßgeblichen „Unrechtsvereinbarung“ keine Vorstellung im Sinne eines handfesten Kriteriums besteht, so verwundert es nicht, dass von den §§ 331, 333 StGB dem Wortlaut nach auch solche Verhaltensweisen erfasst sind, die eigentlich als gewünscht eingestuft werden.[105] Es haben sich daher gewisse Fallgruppen herausgebildet, in denen eine Ausnahme von einer Strafbarkeit nach den §§ 331, 333 StGB gemacht werden soll.[106]

II. Besondere Fallgruppen

1. Sozialadäquanz

Wenn § 331 StGB auch „Vorteilsannahme“ unter Strafe stellt, so herrscht Einigkeit darüber, dass damit nicht jede faktische Annahme eines Vorteils durch einen Amtsträger erfasst sein soll. Nachdem es sich nicht hat durchsetzen können, Vorteile erst ab einer bestimmten Höhe als tatbestandsmäßig einzustufen[107], wird seit jeher diskutiert, nach welchen Kriterien oder unter welchem Aspekt die Annahme geringwertiger Vorteile von einer Strafbarkeit nach § 331 StGB ausgenommen werden kann. In diesem Zusammenhang werden insbesondere kleine Aufmerksamkeiten aus Anlass von Jubiläen oder (persönlichen) Feiertagen, Werbegeschenke, gelegentliche Bewirtungen oder Trinkgelder in angemessener Höhe diskutiert.[108] Solche Verhaltensweisen können an sich als „Vorteilsannahme“ beschrieben werden und sie erscheinen auch grundsätzlich vom Wortlaut des § 331 StGB erfasst.[109] Es zweifelt aber niemand daran, dass die §§ 331, 333 StGB gerade in diesem Bereich einer Einschränkung bedürfen. Der Tatbestand scheint mit Ausnahme der Genehmigungsmöglichkeit nach § 331 Abs. 3

---

105 Knauer/Kaspar GA 2005, 385, 391.

106 Laut Fischer, StGB, 57. Auflage (2010), § 331 Rn. 24 besteht weitgehende Einigkeit darüber, dass es über das Beziehungsverhältnis von Vorteil und Dienstausübung hinaus eines normativen Korrektivs bedarf, um nicht-strafwürdige Fälle ausscheiden zu können.

107 Vgl. zu entsprechenden Vorschlägen Kaiser NJW 1981, 321, 322 und Gribl, Der Vorteilsbegriff bei den Bestechungsdelikten (1993), S. 146.

108 Das gerne zitierte Neujahrstrinkgeld an den Postboten erscheint kein gutes Beispiel mehr zu sein, nachdem im Zuge der Privatisierung der Bote in der Regel kein Amtsträger mehr ist, vgl. Fischer, StGB, 56. Auflage (2009), § 331 Rn. 25.

109 Vgl. hierzu Eser, in: Festschrift für Roxin (2001), S. 200.

StGB für eine solche keinen Anknüpfungspunkt zu liefern.[110] Es wird daher in diesem Bereich gerne auf die Lehre von der sog. „Sozialadäquanz" zurückgegriffen.[111] Diese besagt im Kern, dass Verhaltensweisen, die „sich völlig im Rahmen der normalen, geschichtlich gewordenen sozialen Ordnung des Lebens" bewegen, nicht strafbar sein können.[112] Wohl im Sinne dieses Kerngedankens[113] formuliert der Bundesgerichtshof in diesem Zusammenhang:[114]

> „Nach der Lehre von der ‚Sozialadäquanz' können übliche, von der Allgemeinheit gebilligte und daher in strafrechtlicher Hinsicht im sozialen Leben gänzlich unverdächtige, weil im Rahmen der sozialen Handlungsfreiheit liegende Handlungen nicht tatbestandsmäßig oder zumindest nicht rechtswidrig sein (BGHSt 19, 152, 154). Darin liegt ein allgemeines Prinzip, dessen Bedeutung sich nicht auf das Strafrecht beschränkt, sondern die ganze Rechtsordnung erfaßt."

Auf dieser Linie des Bundesgerichtshofes bewegen sich auch die im Schrifttum zu findenden Ansätze[115] einer Definition von Sozialadäquanz.[116] Es lassen sich jedoch keine konkreteren Beschreibungen finden, womit bereits der Hauptkritikpunkt genannt ist, der gegen die Lehre von der Sozialadäquanz ins Feld geführt wird, nämlich ihre Unbestimmtheit.[117] Denn um wieder zu den hier gegenständlichen Vorteilen für einen Amtsträger zurückzukommen, bleibt es letztlich im Dunkeln, wann das Gewähren oder die Annahme eines Vorteils als üblich und von der Allgemeinheit gebilligt einzustufen ist.[118] Von Unklarheiten abgesehen stellt sich dabei insbesondere die Frage, ob es nicht ausschließlich Sache

110 Zu abweichenden Regelungen anderer Rechtsordnungen vgl. Eser, in: Festschrift für Roxin (2001), S. 200 f.

111 Eser, in: Festschrift für Roxin (2001), S. 203.

112 Vgl. Welzel ZStW 58 (1939), 491, 514, auf den die Lehre von der Sozialadäquanz meist zurückgeführt wird, vgl. Eser, in: Festschrift für Roxin (2001), S. 203.

113 Vgl. hierzu Kargl ZStW 114 (2002), 763, 779.

114 BGHSt 23, 226, 228.

115 Vgl. hierzu die Übersicht bei Eser, in: Festschrift für Roxin (2001), S. 203 f.

116 Zu diesem Befund Kargl ZStW 114 (2002), 763, 779. Beigepflichtet wird dem BGH seitens des Schrifttums insbesondere bezüglich des Erfordernisses eines wertenden Kriteriums – „Billigung der Allgemeinheit" – jenseits von der bloßen Beobachtung verbreiteter Verhaltensweisen, müsste sonst auch Steuerhinterziehung durch Schwarzarbeit qua Üblichkeit und wohl auch sehr weiter gesellschaftlicher Akzeptanz als sozialadäquat eingestuft werden, Thomas, in: Festschrift für Jung (2007), S. 973.

117 Vgl. hierzu die Übersicht bei Eser, in: Festschrift für Roxin (2001), S. 205 ff.; die Rechtsfigur der Sozialadäquanz lehnen ab H. Mayer, Strafrecht, Allgemeiner Teil (1953), S. 108; LK-Hirsch, StGB, 11. Auflage (2003), vor § 32 Rn. 29; Baumann/Weber/Mitsch, Strafrecht, Allgemeiner Teil, 10. Auflage (1995), § 16 Rn. 35.

118 Zu diesen zwei Kernelementen vgl. Eser, in: Festschrift für Roxin (2001), S. 211 und Thomas, in: Festschrift für Jung (2007), S. 973.

des Gesetzgebers sein muss, über die ausnahmsweise Billigung einer tatbestandlichen Verhaltensweise zu befinden.[119] Vor diesem Hintergrund überrascht es nicht, wenn sich einige Stimmen auch ausdrücklich in Bezug auf die Bestechungsdelikte gegen eine Anwendung des Gedankens der Sozialadäquanz wenden.[120] Jedenfalls kein eigenständiger Anwendungsbereich für Sozialadäquanz wird vor dem Hintergrund angenommen, dass im Rahmen der in diesem Bereich diskutierten Fälle schon im Wege der an der ratio legis[121] bzw. am geschützten Rechtgut[122] orientierte Auslegung die nicht strafwürdigen Fälle ausgeschieden würden.[123] Danach würde Sozialadäquanz letztlich nicht mehr als teleologische Auslegung bedeuten[124], was eng mit der umstrittenen, in der Formulierung des Bundesgerichtshofes offen gelassenen Frage zusammenhängt, ob Sozialadäquanz einen Tatbestandsausschließungsgrund darstellt[125], einen Rechtfertigungsgrund[126] oder einen Entschuldigungsgrund.[127] So stellt Roxin fest, dass bei Neujahrsgeschenken für einen Postboten das Vertrauen der Allgemeinheit als Schutzgut schon gar nicht tangiert sei. Bezüglich des Ergebnisses der Straflosigkeit besteht Einigkeit – wie auch für die Annahme von Geschenken im diplomatischen Bereich[128] –; es stellt sich aber die Frage, ob die Orientierung am Rechtsgut im Bereich der §§ 331, 333 StGB dem Anwendungsbereich eine stärkere Konturierung verleiht als der Gedanke der Sozialadäquanz, und ob es letztlich der Schutzzweck ist, der den Anwendungsbereich von Sozialadäquanz bestimmt.[129] Das Schutzgut der §§ 331, 333 StGB wird überwiegend im Vertrauen

119 H. Mayer, Strafrecht, Allgemeiner Teil (1953), S. 108.

120 Merges, Die Strafausschließungsgründe der Bestechungsdelikte (1995), S. 172; Fuhrmann GA 1959, 97, 103; Thiele ZBR 1958, 33, 35.

121 H.J. Hirsch ZStW 74 (1962), 78, 134.

122 Roxin, Strafrecht, Allgemeiner Teil Band I, 4. Auflage (2006), § 10 Rn. 40 ff.

123 In diesem Sinne auch Baumann/Weber/Mitsch, Strafrecht, Allgemeiner Teil, 10. Auflage (1995), S. 291.

124 Zu diesem Befund, Kargl ZStW 114 (2002), 763, 781.

125 So die wohl überwiegende Ansicht, vgl. Kargl ZStW 114 (2002), 763, 779 m.H.a. Jescheck/Weigend, Strafrecht, Allgemeiner Teil, 5. Auflage (1996), S. 251 f.; Jakobs, Strafrecht, Allgemeiner Teil, 2. Auflage (1991), S. 163; Maurach/Zipf, Strafrecht, Allgemeiner Teil Band 1, 7. Auflage (1987), S. 209 f.; Stratenwerth, Strafrecht, Allgemeiner Teil Band 1, 4. Auflage (2000), § 8 Rn. 30; Otto, Grundkurs Strafrecht, Allgemeiner Teil, 6. Auflage (2002), § 6 Rn. 71.

126 Gallas ZStW 67 (1955), 1, 21; Schmidhäuser, Strafrecht, Allgemeiner Teil, 2. Auflage (1975), 9/26.

127 Roeder, Die Einhaltung des sozialadadäquaten Risikos und ihr systematischer Standort im Verbrechensaufbau (1969), S. 77 f.

128 Eser, in: Festschrift für Roxin (2001), S. 205 m.w.N.

129 Kargl ZStW 114 (2002), 763, 781.

der Allgemeinheit in die Lauterkeit des öffentlichen Dienstes gesehen. Dies soll durch den Anschein der Bestechlichkeit gefährdet werden. Ein solcher böser Anschein wird nicht durch „im sozialen Leben gänzlich unverdächtige“ Vorteile begründet, was wiederum von ihrer Üblichkeit und Billigung durch die Allgemeinheit abhängt. Danach wäre man letztlich bei den vom Bundesgerichtshof aufgestellten Kriterien für Sozialadäquanz angelangt.[130] Von dieser Warte ließe sich folglich auch umgekehrt formulieren, dass der Gedanke der Sozialadäquanz die Grenzen der Auslegung bestimmt.[131]

Es muss nun aber gerade überprüft werden, ob der für die Auslegung maßgebliche Unrechtsgedanke tatsächlich in einer Gefährdung des Vertrauens der Allgemeinheit zu sehen ist, wie ein hier gefundenes Ergebnis mit den Konstellationen umgeht, die unter dem Stichwort der Sozialadäquanz als straflos eingestuft werden und ob es insoweit erforderlich ist, eine echte Ausnahmefallgruppe zu bilden.

2. Drittmittel und Sponsoring

Die Forschung an öffentlichen Einrichtungen und Hochschulen hängt mittlerweile zu einem nicht unerheblichen Grad von der finanziellen Unterstützung der Privatwirtschaft ab. Dies ist keine Praxis, die sich unbemerkt eingeschlichen hat, vielmehr entspricht es der Konzeption der Finanzierung von Forschung an Hochschulen, wenn § 25 HRG die Forschung mit Mitteln Dritter ausdrücklich vorsieht und Vorschriften wie § 35 I BBesG die Qualität eines Forschers scheinbar von der Summe der von ihm eingeworbenen Drittmittel abhängig macht.[132] Als Beamte sind Hochschullehrer – zu denen auch Professoren an Universitätskliniken gehören – Amtsträger i.S.v. § 11 Abs. 1 Nr. 2 a StGB. Damit stellt die Annahme oder Gewährung von Drittmitteln oder sonstiger Sponsorengelder eine potentielle Vorteilsannahme oder Vorteilsgewährung dar. Es besteht weitgehend Einigkeit darüber, dass die §§ 331, 333 StGB auch in diesem Bereich grundsätzlich anwendbar sind.[133]

Sponsoring lässt sich im Vergleich zum hochschulrechtlich geprägten Begriff der Drittmittel als Oberbegriff verstehen.[134] Beschrieben wird damit jegliche Finanzierung des öffentlichen Sektors von privater Seite. Die im Bereich der

130 Vgl. S. 52.

131 Zu diesem Ergebnis Thomas, in: Festschrift für Jung (2007), S. 985.

132 Vgl. hierzu Reich, HRG, 10. Auflage (2007), § 25 Rn. 1; Ambos JZ 2003, 345.

133 Vgl. Fischer, StGB, 57. Auflage (2010), § 331 Rn. 27 m.w.N.

134 Zum Begriff des Sponsoring vgl. BMF-Schreiben v. 18.2.1998, BStBl. 1998 I, S. 212.

Drittmittel geltenden Grundsätze lassen sich entsprechend auch auf sonstige Fälle des Sponsoring übertragen.

Nehmen im Falle von Drittmitteln Amtsträger wie Hochschulprofessoren oder (Chef-)Ärzte öffentlicher Krankenhäuser entsprechende Zuwendungen an – meist für die Anstellungskörperschaft[135] – so kommt hier eine Strafbarkeit insbesondere nach § 331 StGB in Betracht. Mit seiner Entscheidung BGHSt 47, 295 ff. hat sich der Bundesgerichtshof diesem Widerspruch zur grundsätzlichen (gesetzlichen) Billigung und Förderung der Einwerbung von Drittmitteln gewidmet und im Ergebnis einen Ausnahmetatbestand geschaffen, dessen systematische Einordnung nicht unproblematisch erscheint. Neben einer Strafbarkeit nach § 331 StGB kommt in diesen Konstellationen oft auch eine Strafbarkeit nach § 266 StGB in Betracht, was hier nicht näher erörtert werden soll.[136]

Der Angeklagte im Falle BGHSt 47, 295 ff., war ärztlicher Direktor einer Klinikabteilung und ordentlicher Professor. Von einer Firma für medizintechnische Produkte, die seine Abteilung belieferte, erhielt er umsatzabhängige Zuwendungen, die er auf das Konto eines auf seine Initiative hin gegründeten Fördervereins für seine Abteilung auszahlen ließ. Die Mittel wurden unter Umgehung der Universitätsverwaltung für Zwecke der Wissenschaft und Forschung sowie zur Gerätebeschaffung und Wartung verwandt. Die Zuwendungen an den Angeklagten wurden als Gegenleistung für dessen Beschaffungsentscheidungen gewertet. So führt der Bundesgerichtshof aus:

> „[...] Insbesondere hat das Landgericht die von Tatbestand vorausgesetzte Beziehung zwischen Vorteil und Diensthandlung zu Recht bejaht.
>
> Allerdings muß der Tatbestand (§ 331 Abs. 1 StGB) im Blick auf die hochschulrechtlich verankerte Dienstaufgabe eines Hochschullehrers zur Einwerbung von Drittmitteln einschränkend ausgelegt werden, um Wertungswidersprüche zu vermeiden. Regelt wie hier das Landeshochschulrecht (§ 8 Abs. 2, § 119 Abs. 2, Abs. 3 Nr. 5 UG BW i.d.F. vom 30. Oktober 1987, GVBl. S. 545) und damit eine spezielle gesetzliche Vorschrift die Einwerbung von zweckbestimmten Mitteln durch einen Amtsträger, die sich i.S.d. § 331 Abs. 1 StGB als Vorteil darstellen und bei denen ein Beziehungsverhältnis zu einer Diensthandlung besteht, so ist das durch das Strafrecht geschützte Rechtsgut, das Vertrauen in die Sachgerechtigkeit und ‚Nicht-Käuflichkeit' dienstlichen Handelns, dann nicht in dem vom Gesetzgeber vorausgesetzten Maße schutzbedürftig, wenn das in jenem Gesetz vorgesehene Verfahren eingehalten, namentlich die Annahme der Mittel angezeigt und genehmigt wird. Auf diese Weise wird die Durchschaubarkeit (Transparenz) des Vorgangs hin-

---

135 Sog. Drittvorteile werden mittlerweile ausdrücklich vom Tatbestand genannt, wurden aber bereits vorher durch eine weite Auslegung des Vorteilsbegriffs – mittelbare Eigenvorteile – weitgehend erfasst, vgl. hierzu Gribl, Der Vorteilsbegriff bei den Bestechungsdelikten (1992), S. 14 ff.

136 Vgl. hierzu Esser, Strafrechtliche Relevanz der Drittmitteleinwerbung (2008), 103 ff.

> reichend sichergestellt, den Kontroll- und Aufsichtsorganen eine Überwachung ermöglicht und so der Notwendigkeit des Schutzes vor dem Anschein der ‚Käuflichkeit' von Entscheidungen des Amtsträgers angemessen Rechnung getragen. Zudem werden Strafrecht und Hochschulrecht so auf der Tatbestandsebene in einen systematischen Einklang gebracht und ein Wertungsbruch vermieden."

Die so formulierte Ausnahme kam dem Angeklagten nicht zugute, da er das entsprechende hochschulrechtliche Verfahren nicht eingehalten hatte. Weiter heißt es:

> „Der Wertungsgleichklang zwischen hochschulrechtlicher Aufgabenstellung und der Strafvorschrift über die Vorteilsannahme ist auf der Tatbestandsebene, nicht auf der Rechtfertigungsebene zu suchen. § 331 Abs. 3 StGB sieht zwar eine Rechtfertigung des Vorteilnehmers durch die Genehmigung des Vorteilsversprechens oder der Vorteilsannahme vor (zur Bewertung dieser Vorschrift als Rechtfertigungsgrund vgl. nur Jescheck in LK 11. Aufl. § 331 Rdn. 16; Tröndle/Fischer, StGB 50. Aufl. § 331 Rdn. 32, jew. m.w.N.). Die Rechtfertigungsbestimmung greift indes dann nicht, wenn die eingeworbenen Mittel gefordert worden sind. Der Senat hält es deshalb für vorzugswürdig, bei der Auslegung des vom Tatbestand vorausgesetzten Beziehungsverhältnisses zwischen Vorteil und Diensthandlung zu berücksichtigen, daß dieses Beziehungsverhältnis auch durch eine vom Dienstherrn an sich erwünschte und grundsätzlich genehmigungsfähige Einwerbung von Drittmitteln beeinflusst und geprägt wird. Im Vordergrund steht nach Maßgabe der spezifischen gesetzgeberischen Wertung für diesen Bereich dann nicht, daß die Fördermittel ‚als Gegenleistung' für eine Diensthandlung (oder nach neuem Recht, ‚für die Dienstausübung') gewährt werden, sondern daß sie zur Förderung von Forschung und Lehre eingeworben, angenommen und eingesetzt werden."

Mit diesen Ausführungen soll zunächst aufgezeigt werden, wie schwer es angesichts der aktuellen Fassung des § 331 StGB ist, selbst gewünschte Verhaltensweisen vor Strafe zu bewahren. Was von der Entscheidung bzw. ihrer Begründung zu halten ist, wird zu erörtern sein, wenn sich ein eigenes Bild von Unrecht und Struktur der §§ 331 ff. StGB gefestigt hat.

3. Parteispenden

Wie man bereits erkennen kann, erfassen die §§ 331, 333 StGB ihrem Wortlaut nach auch Konstellationen, die menschlich oder gesellschaftlich positiv zu bewerten sind. Dies kann auch bei Verhaltensweisen der Fall sein, die gesetzlich ausdrücklich vorgesehen sind und die als entscheidendes Element für das Funktionieren unseres gesellschaftlichen Systems eingestuft werden. Hierzu gehört die Einwerbung oder Annahme von Parteispenden, die nach BGHSt 49, 275 ff. grundsätzlich vom Tatbestand der §§ 331, 333 StGB erfasst sind.[137]

Nach § 25 Abs. 1 S. 1 PartG sind Parteien grundsätzlich berechtigt, Spenden anzunehmen. Dies wird als Spiegelbild des Rechts des Bürgers verstanden, politische Parteien mit Spenden zu unterstützen.[138] Die Annahme von Spenden ist Ausdruck der in Art. 21 Abs. 1 S. 2 GG verbürgten Finanzierungsfreiheit der Parteien und fördert unmittelbar die Unabhängigkeit von der staatlichen Parteienfinanzierung und damit die Staatsfreiheit der Parteien und ihre fortdauernde Verankerung in der Gesellschaft.[139] Sie stellen aber auch, werden sie einem Amtsträger für seine Partei übergeben, die Gewährung bzw. Annahme eines Vorteils für einen Dritten dar, wie es die §§ 331, 333 StGB umschreiben und sind damit prinzipiell von deren Anwendungsbereich erfasst.[140] In seinen Entscheidungen BGHSt 49, 275 ff. und NJW 2007, 3446 ff.[141] hat sich der Bundesgerichtshof mit der Frage auseinandergesetzt, ob und inwieweit Parteispenden im Rahmen der §§ 331, 333 StGB eine besondere Rolle spielen. Es handelte sich dabei um die folgende Fallkonstellation.[142]

Der angeklagte Dr. K. war Oberbürgermeister der Stadt W. Im Rahmen der Kommunalwahl 1999 stellte er sich für die Sozialdemokratische Partei Deutschlands (SPD) zur Wiederwahl. Für den hierfür im Herbst 1998 geführten Wahlkampf benötigte der Unterbezirk W. der SPD erhebliche Geldmittel, weshalb der ebenfalls Angeklagte C., ein Unternehmer im Bau- und Industrieentwicklungsbereich, Mitglied der Christlich Demokratischen Union Deutschlands (CDU), um Hilfe gebeten wurde. Trotz anderweitiger Parteizugehörigkeit zeigte dieser sich hierzu bereit. Hintergrund war das von C. verfolgte Projekt der Errichtung

---

137 BGHSt 32, 290 (291) hatte die Anwendung von § 331 StGB a.F. noch ausgeschlossen, da Drittvorteile nicht vom Tatbestand erfasst waren; insbesondere zur hier ausgeklammerten Frage der Untreue im Zusammenhang mit Parteispenden vgl. Saliger, Parteiengesetz und Strafrecht (2005), S. 68 ff., S. 233 f., S. 261 ff.

138 Ipsen/Jochum, PartG (2008), § 25 Rn. 1.

139 Ipsen/Jochum, PartG (2008), § 25 Rn. 1, m.w.N., insbesondere auf BVerfGE 85, 264, 283.

140 Dies gilt erst seit der tatbestandlichen Erfassung von Drittvorteilen, vgl. BGHSt 32, 290, 291.

141 Dieser Entscheidung liegt der gleiche Sachverhalt wie in BGHSt 49, 275 ff. zu Grunde, handelte es sich insoweit um einen sog. Rückläufer. In der Entscheidung BGHSt 49, 275 ff. wurde ein Urteil des LG Wuppertal (LG Wuppertal NJW 2003, 1405) aufgehoben, ein Teil des Verfahrens abgetrennt und an das zuständige LG Dortmund verwiesen. Gegen dessen Urteil (LG Dortmund, Urt. vom 16.3.2006 – 14 V P 3/05) wurde erneut Revision eingelegt, auf die die Entscheidung BGH NJW 2007, 3446 ff. erging, vgl. BGH NJW 2007, 3446, 3447.

142 Vgl. BGHSt 49, 275, 276 ff.

eines Factoryoutlet Centers (FOC), bei dessen Realisierung C. als Gegenleistung für die Wahlkampfunterstützung auf die Hilfe des Dr. K. spekulierte, dem im Falle seiner Wiederwahl eine entsprechende Einflussnahme auf den Rat der Stadt und die Verwaltung möglich war. Im Rahmen eines Geschäftsessens im Hause des C., bei dem auch Dr. K. anwesend war, sagte C. eine Unterstützung des Wahlkampfes der SPD in Höhe eines „sechsstelligen Betrages" zu und bot die Unterstützung seines Pressesprechers an. Dr. K. verwies darauf, dass die Zahlungen über die Partei abgewickelt werden sollten. Dr. K. war bewusst, dass die SPD ohne die Unterstützung des Unternehmers den Wahlkampf nicht im geplanten Umfang führen können würde. Nicht bewusst war ihm dagegen die Beteiligung von C. an dem geplanten FOC und dessen mit der Wahlkampfunterstützung verknüpfter Erwartung. In der Folgezeit erhielt die SPD in W. von C. ca. 500.000 DM. Die tatsächlichen Hintergründe der Zahlung waren Dr. K. allerdings spätestens im Mai 2000 bekannt. Im September 2000 wurde ein ergebnisoffenes Prüfverfahren für ein FOC in W. beschlossen, im Oktober 2000 zog C. seinen Projektentwurf zurück.

Im Ergebnis hat der Bundesgerichtshof eine Strafbarkeit aus § 331 StGB im vorliegenden Fall verneint. Dies und die hierfür angeführten Gründe werden auf der Grundlage des im Folgenden zu entwickelnden Konzepts für die Strafbarkeit nach §§ 331 ff. StGB zu überprüfen sein.

E. Grundlinien eines Konzepts für die §§ 331 ff. StGB

I. Das Wesen von Amtsträgerbestechung als Preisgabe von Staatsgewalt

1. Der in den §§ 332 Abs. 1, 334 Abs. 1 StGB umschriebene „klassische" Fall von Amtsträgerbestechung als Orientierungspunkt

Die Bestimmung des Unrechts der §§ 331 ff. StGB gilt als schwierig und noch nicht abschließend geklärt.[143] Auf der Suche nach einer Erklärung scheint die Herausforderung vor allem darin zu liegen, auch die §§ 331, 333 StGB als Bestechungsdelikte zu verstehen und systematisch zu integrieren sowie in diesem Zusammenhang eine Erklärung für die Regelung des § 332 Abs. 3 StGB und für die tatbestandliche Erfassung von Vorteilen für vergangene Amtshandlungen zu finden. Von diesen Schwierigkeiten rührt wohl auch die Popularität des Ansatzes her, der das Unrecht der §§ 331 ff. StGB bzw. das Unrecht von Amtsträgerbestechung maßgeblich in der Verletzung oder Gefährdung eines Vertrauens der Allgemeinheit sieht. Von diesem Gedanken ausgehend lassen sich die verschiedenen Verwirklichungsformen der §§ 331 ff. StGB nahezu mühelos erklären. Auffallend ist dabei, dass die Diskussion um das Rechtsgut bzw. Unrecht scheinbar maßgeblich vor dem Hintergrund erfolgt, einen möglichst einheitlichen Ansatz für die verschiedenen Varianten der §§ 331 ff. StGB zu finden. Dabei gibt es an sich keinen zwingenden Grund dafür, dass allen Tatbeständen der §§ 331 ff. StGB bzw. deren einzelnen Varianten ein einheitlicher Gedanke zu Grunde liegen muss.[144]

Als „Bestechungsdelikte" werden die verschiedenen Varianten der §§ 331 ff. StGB eben auf den Gedanken der Bestechung zurückgeführt. Bemerkenswert erscheint dabei, dass man sich über den Gedanken der Bestechung an sich nur wenig Gedanken macht. Hiermit ist zunächst weniger ein Rechtsbegriff bzw. eine juristisch exakt definierte Konstellation gemeint, sondern eher das Phänomen, das man sich spontan und zunächst unabhängig von den §§ 331 ff. StGB unter „echter" oder „klassischer" Bestechung vorstellt, welches aber auch in Bezug auf die verschiedenen Ansätze zur Erklärung der §§ 331 ff. StGB als

143 NK-Kuhlen, StGB, 3. Auflage (2010), § 331 Rn. 9.

144 Vgl. Wagner, Amtsverbrechen (1975), S. 233 f.

Leitbild erscheint. Grob gesagt handelt es sich dabei um die in den §§ 332 Abs. 1, 334 Abs. 1 StGB umschriebene Konstellation:

Um eine Amtshandlung mit einem bestimmten Inhalt durchzusetzen, wird dem Amtsträger ein Vorteil dafür gewährt oder angeboten, dass er diese gerade in der gewünschten Weise vornimmt. Der Amtsträger ist mit diesem Ansinnen einverstanden und kommt wegen des erhaltenen oder versprochenen Vorteils dem Wunsch des Gebers nach, obwohl er eigentlich anders hätte handeln müssen oder innerhalb eines Rahmens von Handlungsmöglichkeiten vielleicht anders gehandelt hätte.

Von einer solchen Grundvorstellung des Beeinflussens der Dienstausübung gehen wohl die meisten Erklärungsansätze zum Unrecht der §§ 331 ff. StGB aus. Spricht man hier von einer (abstrakten) Gefahr für die Lauterkeit des öffentlichen Dienstes, so scheint damit primär die abstrakte Gefahr einer solchen Beeinflussung gemeint zu sein. Wird als zusätzliche Dimension des Unrechts das Vertrauen der Allgemeinheit in die Lauterkeit des öffentlichen Dienstes als Rechtsgut benannt, so besteht die strafrechtlich relevante Gefahr hierfür gerade in dem Anschein, dass es zu solch einer Einflussnahme kommt oder gekommen ist. Auch von der Warte des Vertrauensschutzes lohnt sich daher eine Auseinandersetzung mit dem auf dem Beeinflussungsgedanken beruhenden „klassischen" Bestechungsfall.

2. Der „Kauf" bzw. „Verkauf" von Amtshandlungen

a) Schwerpunkt des Unrechts nicht in der pflichtwidrigen Amtshandlung als Resultat von Bestechung

Niemand zweifelt daran, dass mit diesem „klassischen" Bestechungsfall strafbares Unrecht umschrieben ist. Nicht so einfach erscheint dagegen eine Antwort auf die Frage, worin genau dieses Unrecht zu sehen ist. Wenn im Rahmen der Rechtsgutsdiskussion die Lauterkeit des öffentlichen Dienstes oder die Richtigkeit von Amtshandlungen bzw. die Wahrung des Staatswillens als geschützte Güter definiert werden, muss man das wohl so verstehen, dass der Schwerpunkt des Unrechts in dem durch die Einflussnahme erzielten Resultat, der beeinflussten und damit unlauteren oder gar falschen Amtshandlung liegt. Es geht um das Ergebnis der Einflussnahme und das Unrecht wird in der wegen der Berücksichtigung des Vorteils falschen (gebundene Amtshandlung) oder zumindest unsachlichen (Ermessensentscheidung) Amtshandlung gesehen. Das Unrecht im klassischen Fall der Amtsträgerbestechung liegt von dieser Warte aus in der durch die Einflussnahme bedingten, verminderten inhaltlichen Qualität der Amtshandlung.

Eine solche Amtshandlung erscheint als nicht-lauter oder gar falsch und gerade darin scheint der Schwerpunkt des Unrechts zu liegen, wenn als Rechtsgut die Lauterkeit des öffentlichen Dienstes bzw. als Unrecht die Verfälschung des Staatswillens benannt wird.

Es bestehen aber Zweifel, ob damit wirklich das Unrecht von Amtsträgerbestechung präzise erfasst ist. Nicht bestreiten lässt sich, dass es in vielen, vielleicht sogar in den meisten Fällen von Bestechung zu einer inhaltlich falschen, jedenfalls aber zu einer unsachlichen Amtshandlung kommt. Der Amtsträger, der sich im Rahmen der Dienstausübung von einem erhaltenen Vorteil beeinflussen lässt, verhält sich auch stets nicht lauter. Zu überlegen ist aber, warum die Lauterkeit gerade im Rahmen einer Einflussnahme oder eines Sichbeeinflussenlassens durch einen Vorteil in einem so besonderen Maße leidet, dass nur dieser Zusammenhang unter Strafe steht. Denn alleine vor dem Hintergrund der lauteren oder richtigen Dienstausübung lassen sich im Vergleich zur Beeinflussung durch einen Vorteil sehr viel verwerflicher erscheinende Konstellationen denken, welche die Lauterkeit der Dienstausübung negativ berühren. Als mindestens genauso verwerflich erscheint dabei die auf purer Willkür beruhende vorsätzliche Pflichtwidrigkeit des Amtsträgers. Sogar schlimmer erscheint eine auf rassistischen oder sexistischen Motiven beruhende, pflichtwidrige Amtshandlung bzw. Ermessensentscheidung. Solche Verhaltensweisen sind aber per se – auch außerhalb der §§ 331 ff. StGB – nicht als strafbar eingestuft, obwohl sie in Bezug auf die Lauterkeit der Dienstausübung als mindestens genauso verwerflich erscheinen, wie die Beeinflussung durch einen Vorteil.

Vergleichbare Beobachtungen führten in der Literatur zu dem Schluss, dass Ansatzpunkt und Kern des Bestechungsunrechts nicht die verfälschte bzw. beeinflusste Dienstausübung sein könne, sondern vielmehr die Annahme des Vorteils.[145] Daraus wurde abgeleitet, dass nicht die konkrete Auswirkung auf die Amtshandlung, sondern die abstrakte Gefährdung des Vertrauens in den Staatsapparat Kern des Unrechtsvorwurfs sein müssen.[146] Es bleibt allerdings unklar, ob in dieser Weise tatsächlich auch „klassische“ Bestechung im obigen Sinne verstanden wurde oder ob es nicht vielmehr um eine Begründung ging, warum es für die Strafbarkeit zur tatsächlichen Vornahme der (pflichtwidrigen) Amtshandlung nicht habe kommen müssen und ein geheimer Vorbehalt des Amtsträgers unbeachtlich sei.[147] Abgesehen davon muss man sich fragen, ob damit wirklich das Erfordernis der Beziehung zu einem Vorteil erklärt ist, da sich auch hier anführen lässt, dass das Vertrauen der Allgemeinheit in den Staatsapparat min-

---

145 Schröder GA 1961, 289, 291 f.

146 Schröder GA 1961, 289, 291 f.; Widmaier JuS 1970, 241, 242.

147 Vgl. hierzu LK-Baldus, 9. Auflage (1974), Vor 331 Rn. 19 f.

destens genauso bei ausdrücklich rassistisch motivierten Pflichtverletzungen leidet.

Daneben muss bedacht werden, dass sich in Bezug auf das Erfordernis eines Vorteils vergleichbare Überlegungen auch für den Vorteilsgeber anstellen lassen. Für eine Erklärung seiner Strafbarkeit wird im Rahmen der Diskussion über das Unrecht von Bestechung stets auf die gleiche Begründung zurückgegriffen wie für die Strafbarkeit des Amtsträgers. Zumindest für die Strafbarkeit des Vorteilsgebers kann der Gedanke des Vertrauensschutzes nicht zugreifen, da für einen bösen Anschein und das Vertrauen der Allgemeinheit ausschließlich der Amtsträger verantwortlich ist. Denn zum einen wird das Vertrauen der Allgemeinheit sogar gestärkt, wenn mit einem Bestechungsansinnen an den Amtsträger herangetreten wird, der Amtsträger diesem aber nicht nachkommt und beispielsweise Strafanzeige erstattet. Zum anderen vermag es nicht zu überzeugen, warum eine Privatperson für das Vertrauen der Allgemeinheit in die Lauterkeit des öffentlichen Dienstes verantwortlich sein soll. Auf der anderen Seite scheint es auch von Seiten des Vorteilsgebers nicht um das Resultat von Bestechung im Sinne einer pflichtwidrigen bzw. unsachlichen Amtshandlung zu gehen. Auch hier muss man sagen, dass die Lauterkeit des öffentlichen Dienstes oder das ordnungsgemäße Funktionieren der Verwaltung nicht Sache des Bürgers ist. Gegen ein solches Verständnis spricht darüber hinaus auch, dass neben der Gewährung eines Vorteils andere Verhaltensweisen denkbar sind, denen im gleichen oder gar stärkeren Maße eine (negative) Auswirkung auf die Ordnungsgemäßheit der Amtshandlung zuzuschreiben ist, die verwerflicher als die Gewährung eines Vorteils erscheinen, strafrechtlich aber wiederum nicht erfasst sind. So muss man sich die Frage stellen, warum nicht eine Beeinflussung des Amtsträgers durch Gewalt oder Drohung in besonderer Weise erfasst ist.

b) Das Verhältnis des Vorteils bzw. Vorteilsgebers zur Diensthandlung als entscheidender Anknüpfungspunkt

Warum hängt die Strafbarkeit der Amtsträgerbestechung nun von dieser Wechselwirkung zwischen Vorteil und Dienstausübung ab? Angesichts der Abschnittsüberschrift „Straftaten im Amt“ ist es nachvollziehbar, dass Erklärungen für die §§ 331 ff. StGB und das durch sie verwirklichte Unrecht beim Amtsträger bzw. öffentlichen Dienst ansetzen. Dem entspricht das Bild, welches ein Blick in die Kommentarliteratur ergibt. Der überwiegende Teil der Kommentierung, insbesondere zum Rechtsgut der §§ 331 ff. StGB, aber auch zu ihrer grundsätzlichen tatbestandlichen Struktur, findet im Bereich des § 331 StGB statt. Im Rahmen der übrigen Tatbestände wird weitgehend hierauf verwiesen, letzteres auch im Rahmen der Geberstrafbarkeit. Für die Untersuchung des Unrechts von Bestechung sollte man sich aber auch einmal gesondert Gedanken um die Strafbarkeit des Bestechenden machen und sich fragen, worin genau der ihm zu machende Vorwurf liegt. Denn ein Konzept für das Unrecht von Bestechung im Allgemeinen und die §§ 331 ff. StGB im Besonderen muss auch die Strafbarkeit des Gebers in überzeugender Weise erklären.

Dass sich der dem Geber zu machende Vorwurf grob um die Beeinflussung der Dienstausübung dreht, ist nicht nur eine Annahme auf Grund des eingangs gebildeten klassischen Bestechungsfalls. Dies ergibt vielmehr auch ein Blick auf Bestechung im streng strafrechtlichen Sinn, ein Blick auf § 334 StGB. An der Regelung des § 334 Abs. 3 StGB lässt sich eindeutig ablesen, dass der Gedanke der Einflussnahme eine zentrale Rolle spielt. Damit soll nicht nur auf das „Beeinflussen" im Rahmen von § 334 Abs. 3 Nr. 2 StGB angespielt sein. Der Gedanke der Beeinflussung ergibt sich ebenfalls bei einer Betrachtung von § 334 Abs. 3 Nr. 1 und Nr. 2 StGB unter der Frage, wie es zur Gleichstellung dieser Varianten kommt, da auf den ersten Blick vom Wortlaut her im Begriff der Pflichtwidrigkeit doch ein deutlicher Unterschied zwischen § 334 Abs. 3 Nr. 1 StGB und § 334 Abs. 3 Nr. 2 StGB besteht. Dies ist umso auffallender, weil nach wie vor das Kriterium der Pflichtwidrigkeit als das maßgebende Charakteristikum von § 334 StGB gesehen wird, insbesondere in Abgrenzung zu § 333 StGB.[148] Unter welchem Gesichtspunkt lassen sich nun das Erreichen einer Pflichtwidrigkeit und die Beeinflussung einer Ermessensentscheidung vergleichen und was lässt sich so über den Kern von § 334 StGB – über den Kern von Bestechung – aussagen?

Unter Pflichtverletzung versteht man zunächst hauptsächlich einen Verstoß, die Missachtung einer gesetzlichen Vorgabe. Etwas nüchterner betrachtet, lässt sich Pflichtverletzung auch als schlichtes Abweichen von einer gesetzlichen Vorgabe sehen. Gerade aus Sicht des Gebers ist ein Verständnis im Sinne einer Abweichung von einer gesetzlichen Vorgabe sinnvoller als ein solches im Sinne der Missachtung einer Norm. Denn die Norm, von der im Rahmen einer Pflichtverletzung i.S.v. § 334 Abs. 3 Nr. 1 StGB abgewichen wird, gilt nur für den Amtsträger und nicht für den Geber. Für seine Strafbarkeit erscheint die Pflichtverletzung damit nicht in ihrer wertenden Dimension als Norm-Verstoß oder Norm-Missachtung maßgebend, sondern zunächst als schlichte Abweichung von einer Vorgabe, als Erreichen eines „aliud" im Vergleich zu dem, was rechtlich vorgezeichnet ist.[149] Dies ist dann letztlich nichts anderes als eine Beeinflussung, wie sie eben auch § 334 Abs. 3 Nr. 2 StGB umschreibt, eine Beeinflussung weg von dem, was durch eine Norm vorgesehen ist.

---

148 Vgl. Bock JA 2008, 199, 199.

149 In diese Richtung Loos, in: Festschrift für Welzel (1974), S. 886 f.

c) Der „Kauf“ eines Aktes der Staatsgewalt

Warum soll die Beeinflussung einer Amtshandlung nun strafbares Unrecht darstellen? Auffallend ist, dass nicht jegliche Beeinflussung strafrechtlich erfasst ist, sondern nur eine in zweierlei Hinsicht konkretisierte – zum einen nur eine solche hin zu einer mehr oder weniger bestimmten Amtshandlung. Schon aus dem Wortlaut ergibt sich, dass es nicht ausreicht, irgendeine Beeinflussung in irgendeine Richtung zu erreichen, vielmehr muss es dem Geber darauf ankommen, eine vom Amtsträger vorzunehmende Handlung zu bestimmen, vgl. § 334 Abs. 3 StGB. Von einem solchen Bestimmen lässt sich sinnvoll nur sprechen, wenn der Amtsträger eigentlich in anderer Weise hätte handeln müssen (Pflichtwidrigkeit) oder zumindest können (Ermessensentscheidung). Ein solches Bestimmen beinhaltet und basiert zwar immer auf einer Beeinflussung weg von verbindlichen Vorgaben oder hin zu einer Entscheidungsmöglichkeit; es erweist sich aber als dahingehend präziser und auch näher am Tatbestand, dass sich der Beeinflussungswille nicht auf irgendeine Störung der Amtstätigkeit beschränken darf. Der Amtsträger muss zu einem bestimmten Verhalten veranlasst werden, welches die Verletzung verbindlicher Vorgaben bzw. die Verwerfung alternativer Handlungsmöglichkeiten bedeutet. Es geht damit in erster Linie darum, den Amtsträger zur Vornahme einer bestimmten Amtshandlung zu bestimmen. Insoweit erklärt sich, dass Bestechung in der älteren Literatur auch als „Bestimmungsverbrechen“ eingestuft wurde.[150]

Von einem Bestimmen lässt sich sinnvoll nur dann sprechen, wenn auf das Verhalten des Amtsträgers ein Mindestmaß an Einfluss genommen wurde. Dies ist immer dann gegeben, wenn die Vornahme einer pflichtwidrigen Amtshandlung bewirkt wurde oder werden soll. Dann liegt der Einfluss darin, dass der Amtsträger von verbindlichen Vorgaben abgewichen ist oder abweichen soll. Ebenso pauschal kann man von einer Einflussnahme und dementsprechend von einem Bewirken auch dann sprechen, wenn eine bestimmte Ermessensentscheidung erreicht wurde oder erreicht werden soll. Hier liegt stets eine Beeinflussung hin zum Verwerfen der Entscheidungsalternative vor.[151] Insoweit erklärt sich, dass sich § 334 StGB mit seinem Abs. 3 die Bezugnahme auf eine pflichtwidrige Amtshandlung und auf eine Ermessensentscheidung erfasst und gleichstellt, liegt damit immer eine Einflussnahme und ein Bestimmen vor. Im Falle einer pflichtgemäßen gebundenen Amtshandlung lässt sich das nicht sagen. Sie ist dementsprechend nicht von der gesetzlichen Regelung der „Bestechung“ er-

150 Binding, Bes. Teil II 2, S. 727.

151 Zur Definition von Ermessensentscheidung in diesem Sinne, vgl. Fischer, StGB, 57. Auflage (2010), § 332 Rn. 9.

fasst und mit Blick auf den „klassischen" Bestechungsfall denkt man hier nicht spontan an pflichtgemäße, gebundene Amtshandlungen.

Warum ist ein Bestimmen des Amtsträgers aber alleine dann strafbar, wenn es im Wege der Gewährung eines Vorteils erreicht wird und nicht auf wohl „effektivere" und dementsprechend verwerflichere Weise, durch den Einsatz von Gewalt oder Drohung? Für die Beantwortung dieser Frage erscheint es sinnvoll, sich einmal näher mit einer durch Nötigung erwirkten Amtshandlung zu befassen.

Die verwaltungsrechtliche Beurteilung eines durch Nötigung erwirkten Verwaltungsaktes ist im Detail umstritten.[152] Wenn ein Verwaltungsakt durch unmittelbaren Zwang bzw. vis absoluta herbeigeführt wird, so soll nicht einmal ein Verwaltungsakt vorliegen, da es sich um einen Akt des Zwingenden und nicht der Behörde handele.[153] Von einem solchen Nichtakt wird zum Teil auch im Falle unwiderstehlicher Drohungen ausgegangen[154]; nach überwiegender Ansicht ist im Falle von vis compulsiva bzw. Nötigung jedenfalls Nichtigkeit i.S.v. § 44 VwVfG gegeben.[155] Im Gegensatz dazu gelten Verwaltungsakte infolge von Bestechung als grundsätzlich nicht-nichtig und wirksam.[156] Daraus lässt sich schließen, dass es für das Unrecht von Bestechung nicht unbedeutend ist, dass der durch den Vorteil bestimmten Handlung des Amtsträgers die Qualität einer Amtshandlung im Sinne eines Verwaltungs- bzw. Exekutivaktes zukommt.[157] Die durch Bestechung bestimmte Amtshandlung stellt einen wirksamen und damit verbindlichen Akt der Staatsgewalt dar. Fügt man die bisherigen Erkenntnisse einmal zusammen, so kann man sagen, dass durch Bestechung ein Akt der Staatsgewalt durch einen Nicht-Amtsträger bestimmt wird.

Was ist damit für ein Verständnis für das Unrecht von Bestechung gewonnen? Zunächst könnte man den Schwerpunkt eines Vorwurfs wieder darin sehen, dass die durch einen Nichtamtsträger bestimmte Amtshandlung inhaltlich zu beanstanden ist und das Unrecht damit in der inhaltlichen Qualität der Amtshandlung zu suchen ist. Dagegen haben wir oben bereits eingewandt, dass damit

---

152 Zum Ganzen Alscher NJW 1972, 800 ff.

153 So wohl die herrschende Meinung, vgl. Wolff/Bachof/Stober/Kluth, Verwaltungsrecht Band 1, 12. Auflage (2007), § 49 Rn. 14; Alscher NJW 1972, 800, 803.

154 Wolff/Bachhof/Stober, Verwaltungsrecht Band 2, 6. Auflage (2000) § 49 Rn. 20.

155 Kopp/Ramsauer, VwVfG, 10. Auflage (2008), § 44 Rn. 19; Alscher NJW 1972, 800, 803 m.w.N.

156 Kopp/Ramsauer, VwVfG, 10. Auflage (2008), § 44 Rn. 19

157 Zur Anwendbarkeit der Vorschriften über den Verwaltungsakt auf sonstige „verwaltungsakt-ähnliche" Exekutivmaßnahmen Kopp/Ramsauer, VwVfG, 10. Auflage (2008), § 43 Rn. 2 und § 44 Rn. 6.

jede (vorsätzliche) pflichtwidrige Amtshandlung und jede Art des Erwirkens einer solchen strafbar sein müsste.

Gegen ein solches Verständnis spricht aber wohl auch die Erfassung von Ermessensentscheidungen. Es wird niemand bestreiten, dass die Berücksichtigung eines Vorteils im Rahmen einer Ermessensentscheidung den Abwägungsvorgang fehlerhaft und die Ermessensentscheidung aus verwaltungsrechtlicher Sicht rechtswidrig bzw. pflichtwidrig macht. Insoweit wird man von einem sog. Ermessensfehlgebrauch zu sprechen haben.[158] Abgesehen von ihrem Zustandekommen kann man die Entscheidung inhaltlich, aber dahingehend nicht als vollkommen verfehlt einordnen, wenn sie auch unabhängig vom erhaltenen Vorteil gut in dieser Weise hätte ausfallen können. Solche Konstellationen sind insbesondere in dem als korruptionsanfällig empfundenen Bereich staatlicher Beschaffungsentscheidungen denkbar. Müssen beispielsweise für eine Behörde eine bestimmte Zahl neuer Stühle angeschafft werden und bieten zwei Händler das gewünschte Modell zum gleichen Preis, mit demselben Mengenrabatt an, den man bei einer Aufteilung des Auftrages nicht bekommen könnte, so kann man nicht sagen, dass die Entscheidung für den einen Händler inhaltlich besser oder richtiger ist als die für den anderen. An der inhaltlichen Qualität ändert sich zunächst einmal nichts, wenn die Entscheidung für eines der Angebote durch Bestechung bestimmt wurde. Inhaltlich ist es ja tatsächlich die gleiche Amtshandlung, und jedenfalls in dieser Konstellation lässt sich nicht sagen, dass die Art der Entscheidungsfindung die inhaltliche Qualität negativ beeinflusst hat. Doch gerade auch in einem solchen Fall soll das Unrecht von Bestechung verwirklicht sein. Im Rahmen von Ermessensentscheidungen wird betont, dass Bestechung nicht nur dann verwirklicht ist, wenn das so bewirkte Ergebnis bestehenden Richtlinien zuwiderläuft. Es reicht schon aus, wenn es der Vorteil war, der die Waage zu Gunsten einer von mehreren gleichwertigen Entscheidungsmöglichkeiten gesenkt hat.[159] Wird insoweit von „gleichwertigen Entscheidungsmöglichkeiten" gesprochen, so fällt es schwer, den Inhalt einer solchen Entscheidung als derart mangelhaft einzustufen, dass sich darin der Schwerpunkt des Bestechungsvorwurfs verorten ließe.

Wenn sich das Resultat eines Bestimmens nicht überzeugend als Unrechtskern in den Mittelpunkt stellen lässt, so ist der Fokus wohl stärker auf das Bestimmen an sich zu richten. „Bestimmen" repräsentiert an sich kein Unrecht. Es stellt zwar das wesentliche Element einer Anstiftungsstrafbarkeit nach § 26 StGB dar, deren Unrecht ergibt sich aber erst in Verbindung mit der strafbaren Handlung, zu der bestimmt wird. Dieser Ansatz lässt sich für unsere Belange

---

158 Obermayer, VwVfG, 3. Auflage (1999), § 40 Rn. 31.

159 BGHSt 15, 239, 246 f.

zunächst nicht heranziehen, da wir ja gesehen haben, dass weder die Vornahme einer pflichtwidrigen Amtshandlung noch eine bestimmte Ermessensentscheidung strafbares Unrecht darstellen, an dem durch ein „Bestimmen" teilgenommen werden könnte. Vielleicht stellt aber das Bestimmen zu einer solchen Amtshandlung selbst einen selbstständigen Unrechtsgedanken dar. Es wurde bereits festgestellt, dass die durch Bestechung erwirkte Amtshandlung nach wie vor einen Akt der Staatsgewalt darstellt und Amtsträgerbestechung damit als ein Bestimmen eines Aktes der Staatsgewalt einzuordnen ist. Dies erscheint insbesondere dann als Unrecht, wenn man sich verdeutlicht, dass damit ein Nicht-Amtsträger und damit jemand, der der Staatsgewalt unterworfen ist, diese bestimmt.

Im Falle „klassischer" Amtsträgerbestechung übt damit ein Nicht-Amtsträger Staatsgewalt aus. Staatsgewalt gelangt in die Hand eines Gewaltunterworfenen. Gerade vor diesem Hintergrund scheint es treffend, wenn im Zusammenhang mit Bestechung von „Kauf" oder der „Käuflichkeit" von Amtshandlungen gesprochen wird. Der Amtsträger „verkauft den Staatswillen an den Käufer, der ihn zur Rechtswidrigkeit erhandeln will: gegen Geld verspricht er, für einen bestimmten Akt den Willen des Bestechenden dem des Gesetzes zu substituieren".[160] Durch den Begriff des Kaufes wird so verdeutlicht, dass etwas in die Hände des Bestechenden gelangt. Für den Vorteil erhält er die Entscheidung über den Inhalt einer Amtshandlung und damit eines Aktes der Staatsgewalt. Man kann damit sagen, dass der Bestechende als Gegenleistung für den Vorteil Staatsgewalt erwirbt, was treffend mit dem Begriff des Kaufes umschrieben wird. Das Unrecht von Bestechung lässt sich damit treffend als Kauf bzw. Verkauf von Staatsgewalt beschreiben.

Bedeutet Kauf begrifflich die Existenz einer Gegenleistung, so lässt sich hieraus leicht das bestechungstypische Erfordernis der Verbindung der Diensthandlung mit einem Vorteil ableiten. Wird an verschiedenen Stellen der Begriff des Kaufes von Staatsgewalt herangezogen, so scheint es aber, dass dies alleine deswegen erfolgt, da sich damit die tatbestandlichen Gegebenheiten treffend beschreiben lassen und weniger, weil die oben beschriebene Idee des Kaufes als Grundlage des Tatbestands und damit des Unrechts verstanden wird. Denn es wird gerne „Käuflichkeit" und „Entgeltlichkeit" als einheitlicher Gedanke zusammengefasst[161] und meist geht es am Ende letztlich doch um die Sachlichkeit bzw. Lauterkeit des öffentlichen Dienstes[162], welche durch einen Kauf negativ tangiert wird. Nach dem hiesigen Verständnis stellt aber der Kauf an sich das

---

160 Binding, Bes. Teil II 2, S. 715.

161 Gribl, Der Vorteilsbegriff bei den Bestechungsdelikten (1993), S. 70.

162 Dölling, Gutachten C zum 61. Deutschen Juristentag (1996), S. 49.

Unrecht dar und nicht die dadurch bedingte Wirkung auf den Inhalt der Amtshandlung. Der Kauf bzw. Verkauf steht insoweit nicht nur für unlautere Amtsführung. Denn dass Kern der Bestechung nicht ihr Resultat im Sinne einer unsachlichen Amtshandlung oder unlauteren Verhaltens sein kann, wurde oben bereits deutlich gemacht. Daneben lässt sich der Gedanke des Kaufes auch nicht auf den Unwert der „(Un-)Entgeltlichkeit“ reduzieren, da dieser schon nicht für den Geber gelten kann. Mit dem Gedanken der Unentgeltlichkeit wird auch nicht der hier gemeinte Kerngedanke des Kaufes bzw. Verkaufs im Sinne eines Legens der Staatsgewalt in die Hände eines Nichtamtsträgers getroffen. Vor diesem Hintergrund scheint es angebracht, den wesentlichen, mit dem Kauf verbundenen Unrechtsgedanken noch etwas deutlicher herauszuarbeiten und begrifflich individueller zu fassen.

3. Amtsträgerbestechung als Preisgabe von Staatsgewalt und Teilnahme an dieser

Ist mit „Kauf“ und „Verkauf“ der Staatsgewalt das Bestimmen bzw. Beeinflussen der Staatsgewalt durch den Nicht-Amtsträger gemeint, so gilt es sich zu verdeutlichen, dass darin nicht lediglich eine Verletzung von Zuständigkeitsregeln zu sehen ist. Hiermit wird vielmehr wesentlichen Bedingungen unseres gesellschaftlichen Zusammenlebens widersprochen, insbesondere wesentlichen Prinzipien einer Demokratie. So heißt es bei Krüger:[163]

> „Eine Mitbestimmung in dem Sinne, daß auch nur in einem Punkte die Entscheidung eines Dritten an die Stelle der Entscheidung eines Staatsrepräsentanten träte, läuft der Grundkonzeption des Modernen Staates im allgemeinen, dem Grundgedanken der Modernen Demokratie im besonderen schnurstracks zuwider. Von der Unzulässigkeit der Mitbestimmung von Untergebenen an den Entscheidungen der Vorgesetzten ist bereits an anderer Stelle die Rede gewesen. Jetzt handelt es sich um die Mitbestimmung durch dritte, außerhalb der Ämterhierarchie stehende Personen. Auch eine solche Mitbestimmung durch Dritte kommt von Staats und Demokratie wegen nicht in Betracht: Denn solche Mitbestimmende sind nicht Repräsentanten, sondern natürliche Personen“.

Überträgt man dies auf unser bisheriges Verständnis von Bestechung, so lässt sich sagen, dass in der Bestimmung der Staatsgewalt durch den Vorteil an sich ein Verstoß gegen Grundbedingungen unseres Zusammenlebens in einer Demokratie und damit an sich Unrecht zu sehen ist. Als Grundprinzip oder Grundwert lässt sich insoweit formulieren, dass es nicht der einzelne ist, der Macht oder Herrschaft in dem Sinne ausübt, dass er in Fällen widerstreitender Interessen

163 Krüger, Allgemeine Staatslehre, 2. Auflage (1966), S. 883 f.

verbindlich über einen Ausgleich und damit verbindlich über die Interessen seiner Mitbürger und der Allgemeinheit entscheidet. Dies hat alleine durch das nach demokratischen Grundsätzen gebildete Recht und die auf dieser Grundlage handelnden und legitimierten Träger der Staatsgewalt zu erfolgen. Hierin liegt die Verwirklichung von Demokratie als Herrschaft des Volkes. Dem steht die Herrschaft des einzelnen Bürgers entgegen und genau von einer solchen muss man sprechen, wenn ein Bürger Amtshandlungen bestimmt, die eine Entscheidung[164] über (grund-)rechtlich relevante Interessen seiner Mitbürger oder der Allgemeinheit darstellt.[165]

Wenn man von Herrschaft- oder Machtausübung des Einzelnen spricht, so stellt sich der vom Tatbestand geforderte Vorteil als Machtmittel dar. Denn von Machtausübung lässt sich im Falle eines bloßen Überredens oder Täuschens und einer damit verbundenen Beeinflussung nicht sprechen. Verstehen wir die Gewährung eines Vorteils als Ausfluss der Möglichkeit, einen Vorteil zu gewähren, so ließe sich Bestechung auch als Herrschaft des Einzelnen in Abhängigkeit individueller Mächtigkeit verstehen. Damit würde Bestechung stark ins Licht des Gleichheitsgrundsatzes gerückt werden.[166] Fraglich erscheint aber, ob es dabei schwerpunktmäßig um das Vermeiden einer Bevorteilung derer geht, die die entsprechenden Mittel haben, sich günstige Amtshandlungen zu erkaufen und dem daraus resultierenden Neid derer, die sich dies eben nicht leisten können.[167] Dieser Gedanke ist im Rahmen von Amtsträgerbestechung sicher richtig, allerdings wird man sich nicht auf ihn beschränken können. Denn prinzipiell kann auch durch immaterielle Vorteile bestochen werden[168] und Bestechung ist wohl auch dann als Unrecht einzustufen, wenn allen Mitgliedern einer Gesellschaft hinreichend Bestechungsmittel zur Verfügung stünden. Der Vorteil erscheint damit weniger als Ausfluss (materieller) Ungleichheit, sondern vielmehr als das Erfordernis eines Macht oder Herrschaftsmittels. Danach ließe sich Bestechung als Herrschaft des Einzelnen durch Verführung der Staatsgewalt bezeichnen.

164 Gemeint ist hier neben einer Ermessensentscheidung auch die Ausführung einer durch das Gesetz vorgegebenen „Entscheidung“.

165 Dies ist dann nicht gegeben, wenn das Bestimmen ausschließlich in einer Abweichung von binnenrechtlichen Verwaltungsvorschriften liegt, die beispielsweise alleine der Organisation dienen und nicht Ausdruck eines Ausgleichs von Interessen der Bürger bzw. der Allgemeinheit sind, vgl. BGHSt 15, 350, 351 f.

166 Vgl. hierzu Dölling, Gutachten C zum 61. Deutschen Juristentag (1996), S. 27; Heinrich, Der Amtsträgerbegriff im Strafrecht (2001), S. 283.

167 In diese Richtung Rüdiger, Schutzinteresse und Deliktsstruktur der „Bestechungsdelikte“ (2007), S. 241.

168 BT-Drs. 7/550, S. 271.

Lassen sich nur Menschen verführen, so lässt sich noch treffender von der Verführung des Amtsträgers zur Preisgabe von Staatsgewalt sprechen.

Preisgabe von Staatsgewalt scheint treffend den Unrechtskern von Bestechung zu beschreiben. Dies gilt insbesondere in Bezug auf den dem Amtsträger zu machenden Vorwurf. Dessen Schwerpunkt liegt gerade im Aus-den-Händen-Geben von Staatsgewalt. Es erscheint insoweit nicht ganz exakt von der Preisgabe der Amtspflicht oder Amtstreue zu sprechen.[169] Gemeint ist vielmehr das in der Preisgabe von Staatsgewalt liegende unmittelbare Aufgeben des Macht- bzw. Herrschaftsmonopols des Staates. Die Aufgabe dieses Monopols bedeutet Herrschaft des Einzelnen und dies ist unabhängig von der inhaltlichen Qualität einer solchen Machtausübung als unvereinbar mit einem demokratischen Prinzipien folgenden Zusammenleben[170] und damit an sich als Unrecht einzustufen. Unrecht an sich soll dabei heißen, dass dieses nicht erst in bestimmten, weiter konkretisierbaren negativen Folgen einer Preisgabe von Staatsgewalt an den Bürger liegt, sondern vielmehr in all den fassbaren wie nicht-fassbaren negativen Auswirkungen bzw. der Nichtverwirklichung all der Ziele und Werte, die mit der Monopolisierung von Herrschaft beim Staat verbunden sind.

Damit ist nicht gesagt, dass durch Bestechung nicht das Gemeinwohl, individuelle Entwicklungsinteressen[171], die Funktionsfähigkeit der Verwaltung, deren Lauterkeit oder ein Vertrauen der Allgemeinheit in diese negativ tangiert werden und dass das Bestechungsverbot nicht auch davor schützen will. Ein so definierter Schutzbereich erscheint aber stets als verkürzt, sind es gerade die vielfältigen negativen Aspekte der Preisgabe von Staatsgewalt, die in ihrer Komplexität wahrscheinlich nie erschöpfend zu fassen sein werden, die vermieden werden sollen, sodass ein Verständnis im Sinne bestimmter Auswirkungen letztlich immer zu kurz greifen muss.[172] Denn einzubeziehen ist in jedem Fall auch die Nichtverwirklichung all der Ziele, die wir mit Demokratie und dem

---

169 Binding, Bes. Teil II 2, S. 715.

170 Vgl. hierzu nochmals die auf S. 68 zitierten Ausführungen von Krüger.

171 Vgl. hierzu Rüdiger, Schutzinteresse und Deliktsstruktur der „Bestechungsdelikte" (2007), S. 239 ff.

172 In diesem Sinne wird Binding hier verstanden, wenn er schreibt: „In viel weiterer Entfernung von dem geschützten Gute sucht endlich die dritte Klasse von Verboten die Tätigkeit des Menschen zu halten: sie verbietet Handlungen ohne jegliche Rücksichtnahme auf ihre wirklichen Erfolge lediglich aus Sorge vor ihren unbestimmt vielen und mannigfaltigen möglichen; sie verbietet den Ungehorsam nicht, weil und sofern er Ursache eines dem Rechte widerstreitenden Zustandes sein würde, sondern den Ungehorsam schlechthin", vgl. Binding, Die Normen und ihre Übertretung, Band 1, Nachdruck der 4. Auflage Leipzig 1922 (1965), § 48, S. 326.

Herrschaftsmonopol in Verbindung bringen[173], mit der Unterwerfung ausschließlich unter eine demokratisch legitimierte Instanz und dem damit verbundenen Ausschluss der Herrschaft des Einzelnen. Das Bedürfnis, dass niemand anderes als die demokratisch legitimierte Instanz über die eigenen Interessen bestimmt, ist dabei wohl insbesondere mehr als die Angst vor Missbrauch und damit die Angst um die eigenen Interessen. Es basiert wohl auch nicht alleine auf der Einschätzung, dass die Herrschaft einer solchen Instanz grundsätzlich qualitativ besser ist als die Herrschaft eines einzelnen Menschen.[174] Staatsgewalt soll darüber hinaus auch deswegen nicht an den Einzelnen preisgegeben werden, da man schlicht nicht von seinem Mitmenschen bzw. Mitbürger beherrscht werden will, egal ob das gut oder schlecht für einen wäre. Insoweit wird formuliert:

> „Hat man sich dem Gedanken der Gleichheit aller Menschen verschrieben, so wird die nicht demokratisch legitimierte Herrschaft von Menschen über Menschen an sich (seelisch) unerträglich."[175]

Gerade eine solche Herrschaft von Menschen über Menschen oder von Bürgern über Bürger findet aber im Rahmen der Preisgabe von Staatsgewalt und damit im Rahmen von Amtsträgerbestechung statt.

4. Versuch der Formulierung eines Rechtsgutes

Wollte man vor diesem Hintergrund nun ein Rechtsgut formulieren, so kann man als solches sinnvoll nur das Macht- oder Herrschaftsmonopol des Staates benennen. Dies wird man wahrscheinlich als zu weit oder zu abstrakt für die Anerkennung als Rechtsgut eines einzelnen Tatbestands oder einer Deliktsgruppe einstufen.[176] Eine Entscheidung hierüber hängt wohl maßgeblich davon ab, welche Vorstellung vom Begriff „Rechtsgut" besteht und insbesondere welche Funktion man der Konzeption des „Rechtsgüterschutzes" zuschreibt. Insoweit muss es der jeweiligen Überzeugung überlassen bleiben, ob das staatliche Herrschaftsmonopol zum strafrechtlichen Rechtsgut taugt oder ob man darauf abstellt, dass die Preisgabe von Staatsgewalt insoweit nicht sinnvoll als Angriff auf ein Herrschaftsmonopol verstanden werden kann, dass das Herrschaftsmo-

---

173 Überhofen, Korruptions- und Bestechungsdelikte im staatlichen Bereich (1999), S. 7 f. m.H.a. Dölling, Gutachten C zum 61. Deutschen Juristentag (1996), S. 27.

174 Gerade dies stellt wohl Krüger in den Mittelpunkt, wenn er einer eher „ökonomischen" Anschauung folgend den Hauptgrund für die „Ersetzung der Herrschaft von Menschen durch die Herrschaft von Gesetzen" in einer „Verbesserung der Herrschaft nach Gestalt und Gehalt" sieht, Krüger, Allgemeine Staatslehre, 2. Auflage (1966), S. 279.

175 Siehe hierzu Krüger, Allgemeine Staatslehre, 2. Auflage (1966), S. 278 m.w.N.

176 Siehe hierzu Heinrich, Der Amtsträgerbegriff im Strafrecht (2001), S. 283.

nopol allein in der Nicht-Preisgabe existent wird, vorher schlicht nichts angegriffen werden kann und der Vorwurf damit im Nichtherstellen eines Gutes, im Nichtherstellen einer „intakten Funktionseinheit", gesehen werden muss.[177] Lässt sich mit der Heranziehung des Monopolbegriffs der Unwert von Bestechung sicher noch verständlicher machen, so kommt ihm aber letztlich jenseits des Verbots der Preisgabe von Staatsgewalt kein eigenständiger Inhalt zu und erschöpft sich damit in diesem Gedanken.[178]

Um den Bogen von einem allgemeinen Bestechungsgedanken zur Wirklichkeit der §§ 331 ff. StGB zurückzuschlagen, bleibt an dieser Stelle zu überlegen, ob die Formulierung „Preisgabe von Staatsgewalt" nicht nur auf die §§ 331, 332 StGB zu beziehen ist, ist es ja letztlich nur der Amtsträger, der die Staatsgewalt preisgibt. Insoweit wurde zu Beginn dieses Abschnitts, als das durch den Vorteilsgeber verwirklichte Unrecht im Mittelpunkt stand, von einer Verführung zur Preisgabe von Staatsgewalt gesprochen. Man wird sich insoweit überlegen müssen, ob sich Bestechung und Bestechlichkeit im Sinne der gesetzlichen Begrifflichkeit als die beiden (gleichwertigen) Seiten desselben Verbrechens darstellen oder ob dies eigentlich in der Bestechlichkeit zu sehen ist und Bestechung lediglich als Bestimmen zu dieser und damit im Sinne einer Art Anstiftung zu verstehen ist.[179] Für letzteres könnte die Überschrift des 30. Abschnitts des Strafgesetzbuches „Straftaten im Amt" oder der Umstand sprechen, dass § 332 StGB von einer höheren Mindeststrafe ausgeht als § 334 StGB. Gegen ein Verständnis von § 334 StGB als Anstiftung zur Bestechlichkeit spricht aber, dass der Anstifter grundsätzlich gerade gleich dem Täter bestraft wird (vgl. § 26 StGB). Gerade wenn die §§ 332, 334 StGB die zwei Seiten derselben Unrechtsmedaille darstellen, macht es Sinn, die Bestechung in unmittelbaren Zusammenhang mit der Be-

177 So Jakobs gerade in Bezug auf § 332 StGB und seine Einordnung als eine nicht auf ein Rechtgut bezogene Norm, vgl. Jakobs, Allgemeiner Teil, 2. Auflage (1991), 1. Buch 1. Kapitel, 2. Abschnitt Rn. 17, S. 42.

178 Im Gegensatz dazu erschöpft sich ein „klassisches" Rechtsgut wie das Eigentum nicht in der „Nicht-Wegnahme", beschreibt es doch im ersten Moment vor allem die positive Möglichkeit, mit einem Gegenstand zu so zu verfahren, wie man es wünscht. Mit dem Begriff des Herrschaftsmonopols ist aber alleine die Nicht-Übertragung einer Entscheidung über Interessen auf den gewaltunterworfenen Nicht-Amtsträger gemeint; es wird hier bewusst nicht der Begriff des Gewaltmonopols verwendet, ist dieser zu eng mit der Anwendung unmittelbaren Zwangs verbunden, was nicht den Kern der §§ 331 ff. StGB darstellt.

179 In diese Richtung wohl Binding, Bes. Teil II 2, S. 707 und S. 715, wenn er Bestechung als Bestimmen zur Bestechlichkeit einordnet; allerdings will er die Bestechung ausdrücklich nicht als Anstiftung zu einem Amtsdelikt verstanden wissen, S. 719, wobei man zu überlegen hat, ob ein „Angriff auf die Amtstreue" durch ein Bestimmen zur Pflichtwidrigkeit anders verstanden werden kann.

stechlichkeit zu regeln, auch wenn es sich bei ersterer nicht um ein Amtsdelikt im eigentlichen Sinn handelt. Insoweit sollte man Bestechung nicht als Anstiftung zur Bestechlichkeit, sondern eher als Anstiftung zu einer bestimmten Amtshandlung verstehen.[180] Das Unrecht der Bestechung als Gegenstück zur Bestechlichkeit könnte dann treffend als (erkaufte) Teilnahme an Staatsgewalt bezeichnet werden.

II. Die Unrechtsvereinbarung als tatbestandliche Umsetzung des Gedankens der Preisgabe von Staatsgewalt

Wenn man noch einmal am Verständnis von Bestechung als Teilnahme an Staatsgewalt anknüpft, so erscheint der Begriff der Teilnahme auch insoweit als treffend, dass sich von einem Bestimmen der Dienstausübung oder einem „Anstiften" zu einer bestimmten Diensthandlung sprechen lässt.[181] Eine Parallele zur Anstiftung wurde bereits angedeutet, wobei noch einmal darauf hinzuweisen ist, dass es nicht um eine Anstiftung zur Bestechlichkeit geht und die Strafbarkeit wegen Bestechung nicht in einem Verhältnis der Akzessorietät zur Strafbarkeit der Bestechlichkeit steht. Anstiftung ist hier weniger im Sinne einer Unrechtsbegründung zu verstehen. Es geht vielmehr darum, die Gestalt der Beziehung zwischen Vorteilsgeber und Amtsträger bzw. zwischen Vorteil und Amtshandlung zu erfassen. Dass der Gedanke der Anstiftung und damit der Teilnahme gar nicht so fern liegt, macht ein Blick auf § 334 Abs. 3 StGB deutlich, wenn dort gefordert wird, dass der Geber den Amtsträger zu bestimmen versuchen muss, womit doch eine nur schwer abzuweisende Parallele zur versuchten Anstiftung nach § 30 Abs. 1 StGB besteht. Es soll sich nun aber nicht zu sehr auf den Begriff der Anstiftung versteift werden. Er soll an dieser Stelle unter zwei Gesichtspunkten eher als Inspiration dienen.

Zum einen lässt sich auf diesem Wege von der Ausübung von Staatsgewalt durch den Nichtamtsträger sprechen. Ein Nicht-Amtsträger kann an sich keine Staatsgewalt ausüben, da er keine Amtshandlungen, keinen Akt der Exekutive vornehmen kann. Denn er ist nicht Teil von dieser. Insoweit wäre auch die Aus-

180 Insoweit scheint Binding, der den Vorwurf der Bestechlichkeit in der Preisgabe der Amtspflicht oder Amtstreue sieht, von einer „falschen Fassung der passiven Bestechung in unseren Strafgesetzbüchern" zu sprechen, Binding, Bes. Teil II 2, S. 707 und S. 715.

181 Im Rahmen von § 48 a.F. StGB, dem Vorläufer des heutigen § 26 StGB, waren „Geschenke" und „Versprechen" ausdrücklich als Anstiftungsmittel aufgeführt, vgl. Ameling, in: Festschrift für Schroeder (2006), S. 155.

sage irreführend, dass im Wege der Bestechung mittelbar Staatsgewalt ausgeübt wird, da der Nicht-Amtsträger in Bezug auf die Vornahme der Amtshandlung nicht als Täter in Betracht kommt.[182] Soll gerade auch durch (aktive) Bestechung das Herrschaftsmonopol des Staates verletzt werden, wozu der Vorteilsgeber eben auch Herrschaft und nicht „nur" Gewalt ausüben muss, so ist dies insoweit nur als Teilnahme an Herrschaft, als Teilnahme an Staatsgewalt denkbar.

Interessant ist der Gedanke der Anstiftung aber auch im Hinblick auf die Frage, wie die Beziehung von Bestechendem und Amtsträger auszusehen hat, um von einer strafbaren Teilnahme an Staatsgewalt oder ihrer Preisgabe ausgehen zu können. Insoweit wird in Bezug auf die §§ 331 ff. StGB stets auf das Erfordernis einer sog. „Unrechtsvereinbarung" abgestellt. Es bleibt allerdings meist im Dunkeln, was genau man sich hierunter vorzustellen hat und was der Hintergrund einer solchen sein soll. Der Gedanke der Anstiftung bietet hier nun einen Anknüpfungspunkt. Auch wenn im Einzelnen gestritten wird, was Voraussetzung eines „Bestimmens" im Rahmen der Anstiftung ist, so wird zum Teil ein sog. „Unrechtspakt" gefordert, womit vielleicht eine begriffliche Verbindung zur im Rahmen der §§ 331 ff. StGB geforderten Unrechtsvereinbarung hergestellt ist.[183]

Was eine tatbestandliche Verankerung anbelangt, so wird das Element der Unrechtsvereinbarung wohl ihren Ansatzpunkt in der Formulierung „für die Dienstausübung" bzw. „als Gegenleistung dafür [...], dass er eine Diensthandlung [...] vornehme" haben. Dass die Amtshandlung oder Dienstausübung Gegenleistung für den Vorteil sein soll, lässt sich insoweit auch aus dem Begriff der Preisgabe ablesen. Dieser kann dahingehend doppeldeutig verstanden werden, dass es sich um die Hingabe für einen bestimmten Preis handelt, womit auch das Erfordernis des Vorteils mit umschrieben ist. Die Verbindung zwischen Vorteil und Dienstausübung hat damit etwas mit einer Vereinbarung zu tun und es hat sich bereits herausgestellt, dass gerade im Zusammenhang mit der Strafbarkeit nach § 332 Abs. 3 StGB bzw. § 334 Abs. 3 StGB die Rechtsprechung stets bemüht war zu betonen, dass es für eine Strafbarkeit alleine auf den Abschluss einer Unrechtsvereinbarung ankommen soll.[184] Es wurde dabei aber bereits festgestellt, dass es hier insbesondere darum ging, dass der Wille des Amtsträgers zur Vornahme einer bestimmten Amtshandlung oder die tatsächliche Berücksichtigung eines Vorteils gerade im Rahmen einer Ermessensent-

182 Siehe hierzu auch Lüderssen, Zum Strafgrund der Teilnahme (1967), S. 134 f., wonach die durch die Amtsdelikte geschützten Güter durch den Beamten nicht nur besonders leicht erreicht werden können, sondern eine Verletzung ohne den Amtsträger auch gar nicht denkbar ist.

183 Puppe GA 1984, 101, 112 f.

184 Vgl. hierzu BGHSt 15, 239, 249.

scheidung nicht nachzuweisen sein sollte. Auch scheint es sich bei dieser Unrechtsvereinbarung nicht um einen echten Vertragsschluss im engeren Sinn zu handeln, soll eine Unrechtsvereinbarung auch in einer stillschweigenden Übereinkunft über die Verknüpfung von Vorteil und Dienstausübung oder Diensthandlung liegen.[185] Die Vereinbarung beschränkt sich damit wohl darauf, dass beide Seiten davon ausgehen, dass es sich um einen Vorteil „für die Dienstausübung" oder „als Gegenleistung" für eine Diensthandlung dreht.

Welchen Hintergrund hat nun aber diese „Wissensübereinstimmung" – mehr bleibt von einer (Unrechts-)Vereinbarung nicht übrig – und was genau heißt „für" und „als Gegenleistung für" die Dienstausübung bzw. Diensthandlung, damit von einer Strafe begründenden Unrechtsvereinbarung gesprochen werden kann? Ohne an dieser Stelle bereits Details und Unterschiede der einzelnen Tatbestände und ihrer Varianten erforschen zu wollen, gilt es zunächst einmal grundsätzlich zu überlegen, was der Gedanke der Preisgabe von Staatsgewalt bzw. der Teilnahme an dieser in den Grundzügen für ein Verständnis der Unrechtsvereinbarung bedeutet.

Sowohl Teilnahme als auch Preisgabe erfordern von der Idee her, dass der Vorteilsgeber die Amtshandlung jedenfalls teilweise bestimmt. In Bezug auf die Teilnahme und damit die §§ 333, 334 StGB bedeutet das, dass der Geber zumindest ein Stück weit auf die Amtshandlung Einfluss nehmen will, erscheint sie nur dann als „aus seiner Hand", wenn er ihren Inhalt zumindest mitbestimmt hat. Auch von einer Preisgabe ist im hiesigen Sinn nur dann zu sprechen, wenn nicht der Amtsträger alleine über den Inhalt entscheidet, sondern diesen dahingehend in die Hände des Vorteilsgebers legt, dass er dies entsprechend dem Willen des Vorteilsgebers tut und sich insoweit beeinflussen lässt. Für ein Bestimmen in diesem Sinne erscheint es allerdings nicht erforderlich, dass es sich um eine bestimmte Amtshandlung dreht.[186] Ein solches Erfordernis wurde bereits vor Inkrafttreten des KorrBekG 1997 angezweifelt[187], welches diese Zweifel mit der Reform der §§ 331, 333 StGB bestätigt hat. Denn Hintergrund der Formulierung „für die Dienstausübung" war gerade, dass es nicht mehr auf die Beziehung zu einer bestimmten Amtshandlung ankommen sollte.[188] Insoweit erscheint es daher ausreichend, aber auch erforderlich, dass der Vorteilsgeber auf die Dienstausübung im Allgemeinen Einfluss nehmen will, dass er den Amtsträger beispielsweise dazu bestimmen will, in Zukunft grundsätzlich zu seinen Gunsten oder entsprechend seiner Anträge zu entscheiden.

185 BGHSt 31, 254, 280; BGH NJW 2007, 3446, 3448.

186 So Binding, Bes. Teil II 2, S. 732, gerade mit Blick auf § 331 StGB a.F.

187 Haffke, in: Tondorf (Hrsg.), Staatsdienst und Ethik (1995), S. 35.

188 BT-Drs. 13/8079, S. 15.

Die Formulierung „für die Dienstausübung“ oder „als Gegenleistung für die Dienstausübung“ ist folglich im Sinne eines Beeinflussungszusammenhangs zu verstehen. Ein solcher erscheint auch dahingehend „nötig“, da sich sonst von einer Unrechtsvereinbarung nicht sinnvoll sprechen lässt. Eine Verbindung von Vorteil und Dienstausübung erscheint nämlich vor dem Hintergrund einer Strafbarkeit des Gebers nur dann als Unrecht, wenn es in irgendeiner Form um die Beeinflussung der Dienstausübung geht. Von Seiten des Gebers ist im Rahmen einer Unrechtsvereinbarung daher mindestens ein in diese Richtung zielender Vorsatz erforderlich. Ausreichend erscheint es insoweit nicht, dass die Dienstausübung „nur“ tatsächlich durch den Vorteil beeinflusst wird oder die abstrakte Gefahr einer solchen Beeinflussung besteht, ohne dass der Geber dies in irgendeiner, im Folgenden noch näher zu bestimmenden Weise in seinen Vorsatz aufgenommen hat. Denn eine zufällige oder fahrlässige Teilnahme an Staatsgewalt ist nicht denkbar.[189]

Auf Seiten der Preisgabe von Staatsgewalt lässt sich mit Blick auf die Unrechtsvereinbarung an dieser Stelle damit bereits festhalten, dass der soeben beschriebene Vorsatz des Vorteilsgebers auch Voraussetzung für die Strafbarkeit des Amtsträgers ist. Eine Preisgabe von Staatsgewalt liegt nur dann vor, wenn der Amtsträger einem Vorteil Raum im Rahmen einer Entscheidung gibt oder auf Grund eines Vorteils eine pflichtwidrige Amtshandlung vornimmt und der Vorteilsgeber dies so auch tatsächlich will. Denn nur dann legt der Amtsträger die Staatsgewalt in dessen Hände, nur dann gibt er sie und mit ihr das Herrschaftsmonopol preis. Liegt ein solcher Vorsatz nicht vor und lässt sich der Amtsträger trotzdem von dem Vorteil beeinflussen, so kann man ihm alleine den Vorwurf einer pflichtwidrigen Amtshandlung machen, was an sich nicht strafbar ist. Eine Bestrafung wegen der Aufgabe des Herrschaftsmonopols käme insoweit nur unter dem Gesichtspunkt des Versuchs in Betracht, der nicht nach jeder Variante der §§ 331, 332 StGB strafbar ist.

Was auf Seiten des Amtsträgers aus dem Vorsatz des Gebers die zur Strafbarkeit führende Unrechtsvereinbarung macht, wird im Detail noch zu untersuchen sein. Dass es hierfür nicht zwingend auf einen entsprechenden Willen des Amtsträgers ankommt, hat sich an verschiedenen Stellen bereits abgezeichnet. Es lässt sich aber bereits an dieser Stelle ablesen, dass man mit Ausnahme der Variante des Forderns zumindest Kenntnis bzw. Bewusstsein in Bezug auf einen solchen Vorsatz fordern muss, ließe sich sonst nicht einmal von der bereits er-

189 Die Betonung eines solchen Vorsatzerfordernisses rührt daher, dass bisweilen der Eindruck entsteht, die Strafbarkeit der §§ 331, 333 StGB hänge alleine im Sinne einer abstrakten Gefahr von der objektiven Eignung des Vorteils ab, die Dienstausübung beeinflussen zu können.

wähnten „Wissensübereinstimmung“ sprechen. Mit dem Bundesgerichtshof ließe sich hier zusammenfassend sagen, dass „Voraussetzung [...] für die Anwendung von § 332 StGB“ ist, „daß die Zuwendung in der von dem Beamten erkannten Absicht gemacht [...] wird, er werde sich in seinem Ermessen zugunsten des anderen Teils von unsachlichen Erwägungen mitbestimmen lassen.“[190]

Für die einzelnen Varianten der §§ 331 ff. StGB werden diese Grundlinien im Folgenden zu konkretisieren sein.

190 BGHSt 15, 239, 248 m.H.a. BGH 4 StR 409/53.

F. Präzisierung des Konzepts und Folgerungen für die Auslegung

I. Grundsätzliches

Ausgehend vom sog. „klassischen" Bestechungsfall wurde das Unrecht von Bestechung als Preisgabe von Staatsgewalt und erkaufter Teilnahme an dieser bestimmt. Bereits die Einführung in die Problematik um das Unrecht der Bestechungsdelikte hat nun gezeigt, dass von den §§ 331 ff. StGB nicht nur dieser „klassische" Bestechungsfall erfasst sein soll. Dies ergibt schon ein Blick auf die gesetzliche Regelung und die darin umschriebenen verschiedenen Verwirklichungsformen. Diese sollen nun vor dem Hintergrund der bisherigen Erkenntnisse mit dem Ziel erörtert werden, die maßgebenden Kriterien für ihre Auslegung zu definieren und damit die Grenzen ihres Anwendungsbereichs zu bestimmen. Es erscheint dabei nicht als zwingend, dass sich die §§ 331 ff. StGB in all ihren Varianten auf den von uns konkretisierten Bestechungsgedanken zurückführen lassen und einzelne Konstellationen mögen einem eigenständigen Unrechtsgedanken folgen. Das häufige gemeinsame Firmieren als „Bestechungsdelikte" und die Parallelität im Wortlaut, die insbesondere vor dem Korruptionsbekämpfungsgesetz – welches die grundsätzliche Struktur der §§ 331 ff. StGB nicht antasten wollte – noch viel offensichtlicher war, stellen aber doch eine starke Vermutung für einen weitgehend gemeinsamen Grundgedanken dar. Eine Ausnahme drängt sich alleine im Bereich des Forderns eines Vorteils für eine gebundene, pflichtgemäße Amtshandlung i.S.v. § 331 StGB auf. Denn hier wird dem Bürger gerade nicht angeboten, an der Staatsgewalt teilzunehmen und diese inhaltlich zu bestimmen und er erscheint weniger als potentieller Beteiligter, sondern vielmehr als Opfer. Im Übrigen wird man sich aber vom Bestechungsgedanken leiten lassen und sich überlegen können, wie sich dieser auf die verschiedenen Varianten der §§ 331 ff. StGB „aufteilen" lässt.

In der Diskussion um die §§ 331 ff. StGB finden sich hier zwei Ansätze. Soweit nicht ein Fall „klassischer" Bestechung vorliegt, kommt für die Varianten der §§ 331 ff. StGB eine Erklärung entweder als abstrakte Gefahr oder als Anschein von Bestechung in Betracht. Muss es für eine Strafbarkeit nicht zu einer tatsächlichen Preisgabe von Staatsgewalt kommen, so lässt sich entweder an die potentiellen (negativen) Wirkungen des im Raum stehenden Vorteils „nach innen" auf die Dienstausübung des annehmenden Amtsträgers anknüpfen oder an Wirkungen „nach außen" im Sinne eines Anscheins von Bestechlichkeit. Letzteres entspricht dem Ansatz der herrschenden Meinung, die als Ansatzpunkt für eine Strafbarkeit die Gefährdung des Vertrauens der Allgemeinheit in die

Unbestechlichkeit in den Mittelpunkt rückt.[191] Alternativ kann man im Sinne einer Wirkung des Vorteils „nach innen“ darauf abstellen, dass prinzipiell bereits durch die Annahme des Vorteils die abstrakte Gefahr der Preisgabe von Staatsgewalt durch den annehmenden Amtsträger in einem nicht näher konkretisierten Zusammenhang begründet wird.[192] Der Wortlaut lässt beide Ansätze gleichermaßen zu[193], sodass es nicht überrascht, wenn parallel auf beide Ansätze im Rahmen eines komplexen Rechtsgutes abgestellt wird.[194] Es lassen sich von Seiten des vorgefundenen Rechtsstoffs letztlich auch keine zwingenden Gründe dafür anführen, dass im Rahmen der folgenden Erörterung und Erklärung der §§ 331 ff. StGB nicht auf den Gedanken des Anscheins von Bestechlichkeit, sondern entsprechend der Linie der Gesetzesmaterialien auf die abstrakte Gefahr einer Preisgabe seitens des annehmenden Amtsträgers abgestellt wird. Diese Entscheidung erscheint auch ein Stück weit zweitrangig, denn letztlich lassen sich weder vom Gedanken der abstrakten Gefahr noch dem des Anscheins von Bestechung konkrete Kriterien insbesondere für die Grenze bzw. den Unterschied zwischen den §§ 331, 333 StGB und den §§ 332, 334 StGB deduzieren.[195] Birgt jeder Vorteil an sich im Sinne einer abstrakten Gefahr das Potential, den Anschein von Bestechlichkeit zu erwecken oder den annehmenden Amtsträger zu beeinflussen, so lässt sich von dieser Warte letztlich nichts dazu sagen, was mit den Kriterien „für die Dienstausübung“ oder „als Gegenleistung für eine Diensthandlung“ umschrieben sein soll. Die Gefahr bzw. der „Angriff“ erscheint insoweit bereits durch den Vorteil an sich begründet. Darüber hinaus lässt sich insbesondere in Bezug auf die Abgrenzung von § 331 StGB und § 332 (Abs. 3)

---

191 Vgl. nur die Nachweise bei NK-Kuhlen, StGB, 3. Auflage (2010), § 331 Rn. 9; keinen Unterschied macht es in diesem Zusammenhang, wenn ein Vertrauen der Allgemeinheit „nur“ als Zwischenrechtsgut akzeptiert und maßgeblich auf mögliche Folgen eines Vertrauensverlustes abgestellt wird, z.B. bezüglich der Abnahmebereitschaft staatlicher Entscheidungen, vgl. Loos, in: Festschrift für Welzel (1974), S. 890; in Betracht kommt auch die Gefahr der „Nachahmung“ im Sinne von Bestechungshandlungen Dritter und die hiermit wiederum verbundene abstrakte Gefahr einer Preisgabe von Staatsgewalt, vgl. hierzu Hardtung, Erlaubte Vorteilsannahme (1994), S. 44.

192 In diese Richtung die Gesetzesbegründung und Dölling, Gutachten C für den 61. Deutschen Juristentag (1996), S. 49 und Gribl, Der Vorteilsbegriff bei den Bestechungsdelikten (1993), S. 74, wonach das Vertrauen der Allgemeinheit im Rahmen der §§ 331 ff. StGB höchsten an zweiter Stelle mitgeschützt wird und sich die Frage der Strafbarkeit im Zweifelsfall alleine am Gedanken der abstrakten Gefahr für die lautere Dienstausübung des annehmenden Beamten orientiert.

193 Vgl. das Ergebnis von Rüdiger, Schutzinteresse und Deliktsstruktur der „Bestechungsdelikte“ (2007), S. 258.

194 Vgl. NK-Kuhlen, StGB, 3. Auflage (2010), § 331 Rn. 12.

195 In diesem Sinne Loos, in: Festschrift für Welzel (1974), S. 881 und S. 894.

StGB kaum sinnvoll zwischen einer größeren und einer kleineren abstrakten Gefahr bzw. einem stärkeren oder schwächeren Anschein differenzieren. Für die Ermittlung der Abgrenzungsmerkmale und die damit verbundenen konkreten Voraussetzungen für eine tatbestandliche Verwirklichung wird man folglich jedenfalls auf weitere Kriterien zurückzugreifen haben. Im Rahmen der Einführung in die Problematik um die §§ 331 ff. StGB hat sich bereits gezeigt, dass in Bezug auf Verständnis und gesetzliche Entwicklung der §§ 331 ff. StGB Beweisschwierigkeiten und der Aspekt der Beweiserleichterung eine entscheidende Rolle gespielt haben. Dies wird man im Rahmen eines Ansatzes de lege lata nicht unberücksichtigt lassen dürfen, will man exakte Kriterien für Anwendung und Auslegung ermitteln.[196] Soweit man die „Vorausschau auf Beweisprobleme" im Rahmen von Verständnis und Auslegung einer Norm nicht als prinzipiell legitim erachtet[197], wird man gegen eine Heranziehung solcher Aspekte im Rahmen der Interpretation der §§ 331 ff. StGB so lange nichts einwenden können, wie sich das auf diesem Wege gefundene Ergebnis als abstrakte Gefahr oder Anschein von Bestechlichkeit deuten lässt und man mit der herrschenden Ansicht eine solche Gefährdung in Bezug auf die Dienstausübung des Amtsträgers bzw. das Vertrauen der Allgemeinheit als maßgeblichen Kern der Strafbarkeit nach den §§ 331 ff. StGB anerkennt.

II. Zur Strafbarkeit des Vorteilsgebers nach §§ 333, 334 StGB

Zunächst soll die Strafbarkeit des Vorteilsgebers nach den §§ 333, 334 StGB näher untersucht werden. Der Grund für eine solche Herangehensweise liegt in der Vermutung, dass sich die §§ 331, 332 StGB über weite Teile gut als Reaktion auf ein Verhalten nach den §§ 333, 334 StGB verstehen lassen, geht die Initiative zur Amtsträgerbestechung in einer Vielzahl der Fälle gerade vom Geber aus. Es geht also nicht primär darum, mit der beobachteten Gewohnheit zu brechen, die §§ 331 ff. StGB vom Amtsträger her zu verstehen und zu erklären.[198]

Weiterhin haben die bisherigen Erörterungen gezeigt, dass die mittlerweile ausdrückliche Erfassung vergangener Diensthandlungen mit dem Bestechungsgedanken nicht ohne weiteres erklärt werden kann und dass in diesem Zusam-

196 Loos, in: Festschrift für Welzel (1974), S. 895;

197 So Arzt, BGH-Festgabe, Band IV (2000), S. 755; vgl. hierzu aber Feigen, Die Beweislastumkehr im Strafrecht (1998), S. 120 ff.

198 Vgl. hierzu die bereits erwähnte überwiegende Kommentierung der §§ 331 ff. StGB im Rahmen von § 331 StGB.

menhang der Gedanke der Beweisbarkeit schon seit jeher eine entscheidende Rolle gespielt hat. Es erscheint daher sinnvoll, Vorteile für die vergangene Dienstausübung einer gesonderten Betrachtung zu unterziehen.

1. Der Vorteil für die zukünftige Dienstausübung

a) Das Unrecht der Vorteilsgewährung nach § 333 StGB

Geht man davon aus, dass § 333 StGB trotz seiner anders lautenden amtlichen Überschrift der Bestechungsgedanke zu Grunde liegt, so geht es auch hier nach dem bisherigen Stand dieses Konzepts um Teilnahme an Staatsgewalt. Als Mindestbedingung für eine solche wurde gefordert, dass der Vorteilsgeber in irgendeiner Form Einfluss auf die Dienstausübung des Amtsträgers nehmen wollen muss.[199] Dies hat nun auch der Bundesgerichtshof in seiner bereits in der Einleitung angeführten Entscheidung bezüglich des Versendens von WM-Tickets an Politiker deutlich gemacht. Darin heißt es:[200]

> „Zwischen dem Vorteil und der Dienstausübung muss ein „Gegenseitigkeitsverhältnis“ in dem Sinne bestehen, dass der Vorteil nach dem (angestrebten) ausdrücklichen oder stillschweigenden Einverständnis der Beteiligten seinen Grund gerade in der Dienstausübung hat (vgl. BGH NJW 2005, 3011, 3012 m.w.N.). Dies erfordert, dass Ziel der Vorteilszuwendung ist, auf die künftige Dienstausübung Einfluss zu nehmen (vgl. BGH NStZ-RR 2007, 309, 310f.) und/oder die vergangene Dienstausübung zu honorieren. In diesem allgemeinen Sinne muss der Vorteil somit nach wie vor Gegenleistungscharakter haben.“

Danach muss der Geber auf die künftige Dienstausübung Einfluss nehmen wollen. Dies entspricht den grundsätzlichen Erkenntnissen in Bezug auf das Unrecht der §§ 331 ff. StGB. Auch vor dem Hintergrund der sog. Unrechtsvereinbarung bzw. der Hinwirkung auf eine solche, erscheint das Element der Einflussnahme sinnvoll und erforderlich, kann eine entsprechende Vereinbarung nur dann als Unrecht eingestuft werden, wenn sie eine Lenkung bzw. Beeinflussung der Staatsgewalt zum Gegenstand hat.

Mag die Entscheidung des Bundesgerichtshofes damit im Ergebnis auch nach dem hier gefundenen Ansatz überzeugen, liefert sie doch nicht die letzte Klarheit über Wesen und Gestalt von § 333 StGB. Es stellt sich nämlich die Frage, worin angesichts des Erfordernisses eines Beeinflussungswillens der Unterschied zu § 334 (Abs. 3) StGB und damit der Anwendungsbereich von § 333 StGB zu sehen ist. Diese Überlegung ergibt sich insbesondere, wenn man noch

---

199 Vgl. S. 63.

200 BGHSt 53, 6, 16.

einmal einen Blick auf die Entstehungsgeschichte von § 333 StGB wirft, der zusammen mit der Regelung des § 334 Abs. 3 StGB durch das EGStGB 1974 eingeführt wurde.

In seiner Urfassung war in § 333 StGB die Gewährung eines Vorteils als Gegenleistung für eine zukünftige Ermessensentscheidung unter Strafe gestellt. Daneben sah § 334 Abs. 3 StGB entsprechend seiner heutigen Fassung unter Nr. 2 die Strafbarkeit des Versuchs der Beeinflussung einer Ermessensentscheidung vor. Das auch vom Bundesgerichtshof angenommene Erfordernis eines Beeinflussungswillens überrascht nun insbesondere vor dem Hintergrund der zum EGStGB 1974 vorliegenden Gesetzesmaterialien. Darin heißt es, dass § 333 StGB insbesondere dann zur Anwendung kommen sollte, wenn bei Bezugnahme auf eine Ermessensentscheidung ein Beeinflussungswille i.S.d. § 334 Abs. 3 Nr. 2 StGB nicht nachgewiesen werden kann.[201] Für eine Strafbarkeit nach § 333 StGB a.F. sollte damit gerade kein Wille zur Beeinflussung erforderlich sein.

Ob damit nun tatsächlich das maßgebende Unterscheidungsmerkmal zwischen § 333 StGB und § 334 StGB benannt war, erscheint nicht erst seit der angeführten Rechtsprechung des Bundesgerichtshofes und vor dem Hintergrund des hiesigen Ansatzes zweifelhaft. Will der Vorteilsgeber nämlich eine bestimmte Ermessensentscheidung mit dem Vorteil erreichen, so bedeutet das stets, dass er eine Verwerfung der alternativen Entscheidungsmöglichkeit zumindest billigend in Kauf nimmt.[202] Dies stellt nichts anderes als den Willen zur bzw. den Versuch der Beeinflussung dar, was so gerade in § 334 Abs. 3 Nr. 2 StGB umschrieben war und ist. Vor diesem Hintergrund wurde bereits vor Inkrafttreten des EGStGB 1974 angemerkt, dass der alleinige Anwendungsbereich von § 333 StGB a.F. in den Konstellationen gesehen werden kann, in denen ein Vorteil als Gegenleistung für eine Ermessensentscheidung gewährt wird, um damit gerade die Sachlichkeit und Unbeeinflusstheit der Amtshandlung zu gewährleisten.[203] Solche Konstellationen wurden zu Recht als im besonderen Maße unrealistisch eingestuft.[204] Zudem muss man die Frage stellen, ob man im Falle des tatsächlichen Bestehens eines solchen Zusammenhangs überhaupt in irgendeiner Weise von Unrecht sprechen kann. Vor diesem Hintergrund vermag auch das in den Gesetzesmaterialien angedeutete Verständnis von § 333 StGB als Auffangtatbestand im Verhältnis zu § 334 StGB keine Erklärung zu lie-

201 BT-Drs. 7/550, 274 f.

202 Zur Definition der Ermessensentscheidung in diesem Sinne vgl. Fischer, StGB, 57. Auflage (2010), § 332 Rn. 9.

203 Dornseifer JZ 1973, 267, 270.

204 Dornseifer JZ 1973, 267, 270.

fern[205], sodass man sich in jedem Fall einmal genauer mit dem Verhältnis von § 333 StGB und § 334 (Abs. 3) StGB auseinandersetzen muss.

aa) Das Verhältnis von § 333 StGB und § 334 StGB

Wenn sowohl § 333 StGB als auch § 334 StGB auf einem echten Willen zur Beeinflussung beruht, vermag spätestens jetzt die griffige Formel nicht mehr zu überzeugen, dass sich die §§ 332, 334 StGB auf pflichtwidrige, die §§ 331, 333 StGB auf nicht pflichtwidrige Amtshandlungen beziehen.[206] Erfordert auch § 333 StGB, dass mit einem Vorteil Einfluss auf die Dienstausübung genommen werden soll, so wird man das angestrebte Resultat kaum mehr als pflichtgemäße Dienstausübung einordnen können. Es wurde bereits festgestellt, dass Beeinflussen entweder Abweichen von verbindlichen rechtlichen Vorgaben bedeutet oder die Berücksichtigung des Vorteils im Rahmen einer Ermessensentscheidung. Beide Varianten sind nicht als pflichtgemäß zu beschreiben, sodass man im Rahmen von § 333 StGB nicht überzeugend von der Bezugnahme auf die pflichtgemäße Dienstausübung sprechen kann. Auf der anderen Seite hat sich ebenfalls herausgestellt, dass Pflichtwidrigkeit an sich auch das Wesen und den Anwendungsbereich von § 334 StGB nicht so recht zu beschreiben vermag. Mag man auch eine Ermessensentscheidung, die auf Grund der Berücksichtigung eines Vorteils ergangen ist, als (verwaltungsrechtlich) pflichtwidrig einstufen, so scheint entsprechend der bisherigen Erwägungen auch hier das Element der Beeinflussung den Schwerpunkt und Mittelpunkt darzustellen.

(1) Bestimmtheit der zu beeinflussenden Amtshandlung

Die Reform der §§ 331 ff. StGB durch das KorrBekG 1997 hat zu einer stärkeren Unterscheidung im Wortlaut von § 333 StGB und § 334 StGB geführt. Im Rahmen von § 333 StGB muss der Vorteil „für die Dienstausübung" gewährt werden, im Rahmen von § 334 StGB „als Gegenleistung für eine Diensthandlung". Ausführliche Untersuchungen des Wortlauts haben gezeigt, dass „für" letztlich im Sinne von „als Gegenleistung für" gelesen werden muss.[207] Danach kann es letztlich nur noch um den Unterschied zwischen „Dienstausübung" und „Diensthandlung" gehen. Nach der Absicht des Gesetzgebers kommt es mit der Neuformulierung von § 333 StGB nicht mehr auf den Nachweis der Bezugnahme auf eine bestimmte Amtshandlung an.[208] Der Unterschied zwischen § 333

205 BT-Drs. 7/550, 274 f.

206 Für ein Überdenken dieses Verhältnisses bereits Haffke JuS 1973, 402, 406.

207 Schünemann, in: Festschrift für Otto (2007), S. 786; BGHSt 53, 6, 16.

208 BT-Drs. 13/8079, S. 15.

StGB und § 334 StGB müsste damit dahingehend formuliert werden, dass Bestechung nach § 334 StGB die Beeinflussung einer bestimmten Diensthandlung unter Strafe stellt, wohingegen Vorteilsgewährung nach § 333 StGB die Beeinflussung der Dienstausübung im Allgemeinen erfasst.

Bei genauem Hinsehen kommen nun aber erhebliche Zweifel daran auf, ob damit der entscheidende Unterschied zwischen § 333 StGB und § 334 StGB ausgemacht ist. Immerhin soll sich daraus nicht nur die unterschiedliche Deliktsbezeichnung erklären, sondern auch der enorme Sprung im Strafmaß von § 333 StGB zu § 334 StGB. Denn wird Vorteilsgewährung nach § 333 StGB mit Freiheitsstrafe bis zu drei Jahren oder mit Geldstrafe bestraft, ist für Bestechung nach § 334 StGB eine Mindestfreiheitsstrafe von drei Monaten bis zu fünf Jahren vorgesehen. Man kann nun bereits kritisch hinterfragen, warum das Unrecht von Bestechung überhaupt an eine bestimmte Amtshandlung geknüpft sein soll.[209] Die Anforderungen für eine solche Bestimmtheit lassen den Unterschied zur Beeinflussung der Dienstausübung im Allgemeinen jedenfalls nicht als übermäßig bedeutend erscheinen. Denn nach ständiger Rechtsprechung soll eine bestimmte Amtshandlung schon dann vom Vorteilsgeber in den Blick genommen sein, wenn „der Amtsträger innerhalb eines bestimmten Aufgabenkreises oder Kreises von Lebensbeziehungen in eine gewisse Richtung tätig werden soll und die Diensthandlung in ihrem sachlichen Gehalt zumindest in groben Umrissen erkennbar und festgelegt ist.“[210] Auch bei einer Beeinflussung der Dienstausübung im Allgemeinen ist regelmäßig klar, in welchem Rahmen der Amtsträger dem Geber nützlich sein kann und wie für den Geber nützliche Amtshandlungen in diesem Zusammenhang aussehen. Hier gibt es angesichts des definierten Zuständigkeitsbereichs eines Amtsträgers nicht so viele denkbare Möglichkeiten und als „gewisse Richtung“ steht hier stets eine Entscheidung „zu Gunsten“ des Vorteilsgebers fest.[211] Einen echten Unterschied wird man hier oft nicht ausmachen können.

(2) Kommunikation des Beeinflussungswillens

Wenn man sich einmal der als umständlich empfundenen[212] Deliktsbezeichnung „Vorteilsgewährung“ zuwendet, so erscheint eine Differenzierung auch unter einem anderen Gesichtspunkt möglich. Geht man davon aus, dass mit der amtlichen Überschrift eines Delikts das strafbare Verhalten beschrieben werden soll, so muss man in Bezug auf § 333 StGB sagen, dass das Gewähren eines Vorteils

---

209 Haffke, in: Tondorf (Hrsg.), Staatsdienst und Ethik (1995), S. 35.

210 Vgl. die Nachweise bei Fischer, StGB, 57. Auflage (2010), § 332 Rn. 5.

211 Vgl. hierzu Haffke, in: Tondorf (Hrsg.), Staatsdienst und Ethik (1995), S. 34 f.

212 Dölling, Gutachten C für den 61. Deutschen Juristentag (1996), S. 52.

unter Strafe gestellt werden soll. Diese banal anmutende Aussage erscheint in etwas bedeutungsvollerem Licht, wenn man § 333 StGB als die Strafbarkeit der bloßen Gewährung eines Vorteils versteht. Da sich bereits gezeigt hat, dass § 333 StGB auch eines Beeinflussungswillens bedarf, kann mit dem „bloßen" Gewähren nicht gemeint sein, dass jede Hingabe eines Vorteils strafbar sein soll. Es geht vielmehr darum, dass in objektiver Hinsicht alleine das Gewähren eines Vorteils stattfindet, dass nach außen nur dieses sichtbar wird und sich so das strafbare Verhalten als bloße Vorteilsgewährung darstellt. Bloße Vorteilsgewährung im Vergleich wozu, wird man sich fragen. Lässt man sich noch einmal von einer spontanen Vorstellung von Bestechung und dem Begriff der Unrechtsvereinbarung leiten, so trifft im „klassischen" Fall von Bestechung der Vorteilsgeber eine echte Absprache mit dem Amtsträger. Man einigt sich darüber, dass als Gegenleistung für den Vorteil eine Amtshandlung inhaltlich im Sinne bzw. nach dem Wunsch des Vorteilsgebers vorgenommen werden soll. Es kommt im Rahmen „echter" Bestechung damit zu einer äußerlich wahrnehmbaren Abmachung bzw. seitens des Gebers zu einer wahrnehmbaren Kundgabe seiner mit dem Vorteil verbundenen Ziele. Das Verhalten des Amtsträgers stellt sich insoweit nicht als „bloße" Vorteilsgewährung dar, bei der der Beeinflussungswille als rein subjektive Komponente nicht zu Tage tritt. In Abgrenzung dazu würde Bestechung i.S.v. § 334 StGB bedeuten, dass der Geber seinen Beeinflussungswillen nach außen deutlich macht, dass er diesen dem Amtsträger gegenüber kommuniziert.

Ein solcher Akt der Kommunikation lässt sich auch im Tatbestand von § 334 StGB verankern. Angespielt ist dabei weniger auf § 334 Abs. 1 StGB, der eine sehr ähnliche, vor dem KorrBekG 1997 fast identische Struktur zum Tatbestand des § 333 StGB aufweist bzw. aufgewiesen hat, sondern auf § 334 Abs. 3 StGB.[213] Darin heißt es, dass der Geber sich in Bezug auf künftige Amtshandlungen dann der Bestechung strafbar macht, „wenn er den anderen zu bestimmen versucht, dass dieser bei der Handlung seine Pflichten verletzt oder sich bei der Ausübung des Ermessens durch den Vorteil beeinflussen lässt".[214] Mit der Formulierung „zu bestimmen versuchen" besteht eine offensichtliche Parallele zu § 30 Abs. 1 S. 1 StGB[215], sodass man Bestechung vielleicht nicht zwingend als Sonderfall der Anstiftung bezeichnen muss[216], ein Blick auf deren Grundsätze aber durchaus vielversprechend erscheint. Es soll hier nun nicht die Anstif-

---

213 Vgl. hierzu Schönke/Schröder-Heine, StGB, 27. Auflage (2006), § 334 Rn. 7.

214 Zum „Bestimmen" als „Korrumpierende Aufforderung" Amelung, in: Festschrift für Schroeder (2006), S. 163 ff.

215 Schönke/Schröder-Heine, StGB, 27. Auflage (2006), § 334 Rn. 6; Rengier, Strafrecht, Besonderer Teil Band 2, 10. Auflage (2009), S. 512 Rn. 34; a.A. wohl NK-Kuhlen, StGB, 3. Auflage (2010), § 334 Rn. 7.

216 So Amelung, in: Festschrift für Schroeder (2006), S. 166.

tungsdogmatik erörtert werden, auch nicht in ihren Grundzügen. Interessant und ausreichend erscheint hier, dass nach der wohl überwiegenden Ansicht für ein „Bestimmen" nach § 26 StGB bzw. ein „Zu-bestimmen-Versuchen" nach § 30 StGB ein kommunikativer Akt erforderlich ist.[217] Damit bestünde auch von dieser Seite ein erhebliches Indiz dafür, dass sich Bestechung angesichts der Formulierung in § 334 Abs. 3 StGB um einen kommunikativen Akt dreht. Wenn damit der entscheidende Unterschied zu § 333 StGB ausgemacht ist, so wäre dieser gerade in § 334 Abs. 3 StGB verankert, was insofern überzeugt, dass sich die §§ 333, 334 StGB vom Wortlaut her tatsächlich gerade durch § 334 Abs. 3 StGB unterscheiden, da im Rahmen von § 333 StGB eine entsprechende Formulierung fehlt. Ist darin nun gerade das Erfordernis der Kommunikation des Beeinflussungswillens verankert, so ergibt sich auch aus dem Tatbestand, dass es im Rahmen von § 333 StGB auf eine solche nicht ankommt.

Nach dieser Abgrenzung kommt § 333 StGB dann doch in entscheidendem Maße eine Auffangfunktion zu, wie es in den Gesetzesmaterialien zum EGStGB 1974 bereits grundsätzlich angedeutet war.[218] Zwar kommt § 333 StGB nicht dann zur Anwendung, wenn ein Beeinflussungswille nach § 334 StGB nicht nachgewiesen werden kann, wohl aber dann, wenn dessen Offenbarung gegenüber dem Geber und damit das Hinwirken auf eine Unrechtsvereinbarung im engeren Sinn bzw. im Sinne einer „echten" Bestechung nicht nachgewiesen werden kann. Entsprechend der grundsätzlich Eingangserwägungen kommt hier dem Thema „Beweiserleichterung" bzw. der im Rahmen der §§ 331 ff. StGB bestehenden Problematik schwerer Beweisbarkeit eine entscheidende Rolle zu. Denn die für eine „klassische" Bestechung erforderliche Absprache zwischen Vorteilsgeber und Amtsträger lässt sich im Regelfall tatsächlich nur schwer nachweisen, da ein entsprechender kommunikativer Akt meist nur vom Amtsträger wahrnehmbar ist und dieser regelmäßig nicht als „Zeuge" auftreten wird, da ihm selbst Strafe droht.[219] § 333 StGB steht damit insbesondere dann offen, wenn die Absprache oder eben Kommunikation der Erwartung einer bestimmten pflichtwidrigen oder im Ermessen des Amtsträgers stehenden Diensthandlung als Gegenleistung für den Vorteil nicht nachgewiesen werden kann, das Gericht aber überzeugt ist, dass mit dem Vorteil, der letztlich immer sichtbar oder erkennbar ist, Einfluss auf die Dienstausübung des Amtsträgers genommen wer-

217 Zum Erfordernis der Kommunikation für ein „Bestimmen" siehe Ergebnis und Nachweise bei Krüger JA 2008, 492 ff.

218 BT-Drs. 7/550, S. 274 f.

219 „Zeugen" der (objektiven) Kommunikation sind regelmäßig nur der Geber und der Amtsträger, denen beiden Strafe droht, vgl. Köhler, Die Reform der Bestechungsdelikte (2005), S. 2.

den sollte.[220] Für eine Strafbarkeit nach § 333 StGB muss der Geber diese Erwartung dem Amtsträger nicht offengelegt haben und es reicht im Gegensatz zu § 334 StGB der bloße Wille zur Beeinflussung der Dienstausübung.

Es bleibt an dieser Stelle noch zu überlegen, wie es um das Erfordernis der Kommunikation als Abgrenzungskriterium von § 333 StGB und § 334 StGB vor dem Hintergrund bestellt ist, dass in diesem Zusammenhang nicht nur ausdrückliche, sondern auch konkludente Erklärungen ausreichen sollen.[221] Konkludente Erklärungen lassen sich prinzipiell auch in die „bloße" Vorteilsgewährung hineinlesen. Vor dem Hintergrund des Bestimmtheitsgrundsatzes wird man im Strafrecht allerdings zurückhaltender mit der Annahme konkludenter Erklärungen umgehen müssen. Insoweit wird man in Anlehnung an die zitierte Entscheidung des Bundesgerichtshofes zwischen einer stillschweigenden und einer schlüssigen bzw. konkludenten Erklärung zu unterscheiden haben. Von einer stillschweigenden Erklärung kann man im Rahmen von § 333 StGB sprechen, soweit man dem Vorteil an sich eine gewisse kommunikative Wirkung zuschreibt. Dagegen ist für eine schlüssige oder konkludente Erklärung i.S.v. § 334 Abs. 3 StGB entscheidend, dass jenseits der bloßen Gewährung eines Vorteils noch ein weiterer, objektiv wahrnehmbarer Akt stattfindet.[222] Es wird noch zu erörtern sein, wann dieser objektive Akt die (konkludente) Kommunikation eines Beeinflussungswillens im Sinne der Erwartung einer bestimmen pflichtwidrigen Amtshandlung oder einer bestimmten Ermessensentscheidung i.S.v. § 334 StGB darstellt. An dieser Stelle soll zunächst festgestellt werden, dass für eine Strafbarkeit nach § 333 StGB grundsätzlich die „bloße" Gewährung eines Vorteils in Verbindung mit dem „bloßen" Willen zur Einflussnahme ausreicht.

bb) Konkretisierung des Beeinflussungswillens nach § 333 StGB

Es kann also festgehalten werden, dass für eine Strafbarkeit nach § 333 StGB der Wille des Vorteilsgebers bestehen muss, Einfluss auf die Dienstausübung des Amtsträgers zu nehmen. Nun gilt es zu überlegen, ob damit bereits das Kriterium konkretisiert ist, nach dem die Auslegung von § 333 StGB erfolgen soll. Diese Frage stellt sich insbesondere vor dem Hintergrund, dass der Tatbestand von einem „Beeinflussen" nicht spricht. Ist der bisherige Befund richtig, so muss sich das Gewähren eines Vorteils „für die Dienstausübung" als Beeinflussungszusammenhang interpretieren lassen. Zu einem solchen gelangt man, wenn

220 BGHSt 53, 6, 16.

221 Schönke/Schröder-Heine, StGB, 27. Auflage (2006), § 334 Rn. 6.

222 Ambos/Ziehn NStZ 2008, 498, 499.

entsprechend dem möglichen Wortsinn „für die Dienstausübung“ im Sinne von „als Gegenleistung für die Dienstausübung“ verstanden wird.[223]

Von einem Vorteil als Gegenleistung für die Dienstausübung lässt sich aus Sicht des Vorteilsgebers dann sprechen, wenn die Dienstausübung für ihn eine Gegenleistung darstellt. Von einer solchen kann man sinnvoll nur dann sprechen, wenn diese für ihn einen gewissen Gegenwert hat und dem Mehraufwand durch die Gewährung des Vorteils auch ein Mehrwert im Rahmen der Dienstausübung gegenübersteht. Daher kann die für einen Vorteil erwartete Dienstausübung nicht eine solche sein, die auch ohne den Vorteil in identischer Weise stattfinden müsste, auf die damit ein Anspruch besteht. Dies ist im Falle gebundener Entscheidungen der Fall oder wenn im Rahmen einer Ermessensentscheidung auf Grund der Umstände ausnahmsweise eine sog. „Ermessensreduzierung auf Null“ vorliegt und die angepeilte Art und Weise der Dienstausübung die einzig rechtmäßige wäre.[224] In diesen Fällen stellt sich die Dienstausübung für den Vorteilsgeber nicht als Mehrwert dar und lässt sich damit auch nicht sinnvoll als Gegenleistung verstehen.[225] Eine Gegenleistung in diesem Sinne lässt sich letztlich nur dann annehmen, wenn sich die Dienstausübung als Entgegenkommen seitens des Amtsträgers einstufen lässt und insoweit gerade kein Anspruch besteht. Ein solches Entgegenkommen stellt insbesondere eine günstige Ermessensentscheidung dar, die eben auch anders ausfallen könnte oder die Abweichung von verbindlichen Vorgaben im Rahmen einer gebundenen Amtshandlung.[226] Wie ein Entgegenkommen konkret aussieht, ist im Rahmen von § 333 StGB dabei nicht von Relevanz, da eine Gelegenheit für eine solche noch nicht einmal im Raum stehen muss.[227] Es reicht somit, wenn es dem Geber allgemein um ein generelles Entgegenkommen im Rahmen der zukünftigen

---

223 BGHSt 53, 6, 16; so bereits Schünemann, Festschrift für Otto (2007), S. 786.

224 Mangels einer rechtmäßigen Entscheidungsalternative ist hier schon nicht von einer Ermessensentscheidung i.S.d. §§ 331 ff. StGB zu sprechen, vgl. zu dieser Definition z.B. Schönke/Schröder-Heine, 27. Auflage (2006), § 332 Rn. 10 m.w.N.

225 Solche Konstellationen müssen nicht vollumfänglich vom Anwendungsbereich des § 333 StGB ausgeschlossen sein, wie es § 333 StGB a.F. eigentlich vorsah, der sich ausdrücklich nur auf Ermessensentscheidungen bezogen hat. Denn sollte sich der Vorteilsgeber ausdrücklich auf gebundene Amtshandlungen beziehen, so ist zu hinterfragen, ob dies die tatsächliche Absicht ist oder ob damit nicht eigentlich auf die Dienstausübung in anderen Bereichen Einfluss genommen werden soll. Muss sich ein solcher Wille nach den bisherigen Erkenntnissen nicht nach außen gezeigt haben, so ist hier eine Strafbarkeit nach § 333 StGB möglich, wenn das Gericht von einer solchen Verschleierung überzeugt ist.

226 Eine gebundene, rechtmäßige Entscheidung lässt sich kaum als Gegenleistung einstufen; § 333 StGB a.F. hat diese gerade nicht erfasst.

227 BGHSt 53, 6, 16.

Dienstausübung geht. Der Beeinflussungswille ist mit Blick auf den Wortlaut „für die Dienstausübung“ daher dahingehend zu konkretisieren, dass der Geber als Gegenleistung für den Vorteil ein Entgegenkommen im Rahmen der zukünftigen Dienstausübung erwartet.

Was hat ein solches Ergebnis nun aber noch mit einer (angestrebten) Unrechtsvereinbarung zu tun? Diese soll den Kern der §§ 331 ff. StGB bilden, was im Grundsatz auch im Rahmen des hiesigen Konzepts bestätigt wurde. Auch der Bundesgerichtshof will den Willen zur Einflussnahme auf die Dienstausübung als Teil von einem „(angestrebten) ausdrücklichen oder stillschweigenden Einverständnis“ verstanden wissen.[228] Ist nach den bisherigen Erkenntnissen im Rahmen von § 333 StGB kein Akt der Kommunikation erforderlich, was wohl auch der Bundesgerichtshof mit dem Merkmal „stillschweigend“ anerkennt, so kann es nur auf ein (angestrebtes) tatsächliches Einigsein in Bezug auf den Zweck des Vorteils ankommen und nicht auf eine formelle Einigung im Sinne einer echten Vereinbarung.[229] Als unabdingbare Voraussetzung für ein solches Einigsein muss der Amtsträger den Zweck des Vorteils zumindest erkennen. Mehr kann der Geber letztlich auch nicht sicherstellen, hängt es dann alleine vom Amtsträger ab, ob er mit den an den Vorteil geknüpften Erwartungen einverstanden ist. Im Sinne einer Unrechtsvereinbarung muss der Geber ein solches Einverstandensein aber anstreben[230] und damit wollen, dass der Amtsträger seine Erwartungen zumindest erkennt.[231] Insoweit führt dann auch der Bundesgerichtshof in seinem ebenfalls angesprochenen Urteil zur Strafbarkeit von Parteispenden nach § 333 StGB aus:[232]

> „Indes fehlt es an einer anderen Voraussetzung für die Strafbarkeit: Das Anbieten eines Vorteils ist das Angebot zum Abschluss einer Unrechtsvereinbarung. Der Anbietende muss daher nicht nur wollen, dass der Amtsträger sein Angebot zur Kenntnis nimmt; sein Vorsatz muss auch darauf gerichtet sein, dass der Amtsträger versteht, dass der angebotene Vorteil für die Dienstausübung [...] gedacht ist, dieser also den Zusammenhang zwischen dem Vorteil und der Dienstausübung erkennt (vgl. BGHSt 15, 88 (102) = NJW 1960, 2154).“

Unter dem Gesichtspunkt der (angestrebten) Unrechtsvereinbarung und vor dem Hintergrund der sonstigen Erkenntnisse lässt sich als Auslegungskriterium für das Merkmal „für die Dienstausübung“ zusammenfassend formulieren:

228 BGHSt 53, 6, 16.
229 BGHSt 49, 275, 282 f.
230 BGHSt 53, 6, 16.
231 SK-Rudolphi-Stein, StGB, 6. Auflage, 58. Lieferung (2003), § 333 Rn. 11.
232 BGH NJW 2007, 3446, 3449.

Für die Dienstausübung wird ein Vorteil dann angeboten, versprochen oder gewährt, wenn der Amtsträger erkennen soll, dass für den Vorteil eine Gegenleistung im Rahmen der Dienstausübung erwartet wird.

Das so verstandene Merkmal „für die Dienstausübung" macht dabei nicht nur zusammen mit einem gesonderten Akt der Kommunikation Sinn. Auch dem „bloßen" Gewähren oder Anbieten eines Vorteils kommt eine gewisse kommunikative Wirkung zu. Denn wer einen Vorteil erhält oder angeboten bekommt, macht sich von sich aus darüber Gedanken, was der Hintergrund dieses Vorteils ist. Im Zweifel geht man nicht von der Unentgeltlichkeit eines solchen aus. Ein gewährter Vorteil muss damit nicht zwingend erklärt werden, damit der Empfänger sich die richtigen Gedanken macht und ihn versteht. Dessen ist sich grundsätzlich auch derjenige bewusst, der einen solchen Vorteil gewährt, sodass er insbesondere bei hohen Zuwendungen und prinzipieller Bedeutung von Entscheidungen des Amtsträgers für sein Belange nicht überzeugend darlegen kann, dass er ein entsprechendes Verständnis des Amtsträgers nicht zumindest billigend in Kauf genommen hat.[233]

Vor diesem Hintergrund erscheint dann auch die Feststellung des Bundesgerichtshofes zutreffend, dass sich das nach § 333 StGB strafbare Verhalten nicht adäquat mit „Klimapflege" oder „Anfüttern" beschreiben lässt.[234] Gerade „Klimapflege" im Sinne der Schaffung „generellen Wohlwollens des Amtsträgers" wird dabei oft als Paradebeispiel für die 1997 reformierte Strafbarkeit nach den §§ 331, 333 StGB eingestuft.[235] Soll nun seitens des Vorteilsgebers ein gutes zwischenmenschliches Verhältnis zum Amtsträger – ein gutes „Klima" – aufgebaut werden oder die Sympathie bzw. das „allgemeine Wohlwollen" des Amtsträgers erreicht werden, so bedeutet das nicht zwingend, dass der Amtsträger sich bewusst werden soll, dass von ihm als Gegenleistung für den Vorteil ein Entgegenkommen im Rahmen der Dienstausübung erwartet wird. Letzteres gilt es zumindest im konkreten Fall nachzuweisen bzw. festzustellen. Gelingt dies nicht, so sind un- bzw. unterbewusste Auswirkungen von guter Stimmung oder Sympathie auf das Entscheidungsverhalten des Amtsträgers bzw. die „Gefahr" von solchen nicht von § 333 StGB erfasst. Dies gilt auch vor dem Hintergrund, dass solche unterbewussten Wirkungen letztlich nicht kontrolliert werden kön-

233 Dies entspricht dann auch den in BGHSt 53, 6, 16 f. als maßgeblich herausgestellten Indizien für einen „Beeinflussungswillen" i.S.v. § 333 StGB; zu diesen bereits Schlösser/Nagel Wistra 2007, 211, 213 f.; Paster/Sättele NStZ 2008, 366, 373 f.

234 BGHSt 53, 6, 16.

235 So insbesondere NK-Kuhlen, 3. Auflage (2010), § 331 Rn. 75 a ff.; Fischer, StGB, 57. Auflage (2010), § 331 Rn. 24; LK-Bauer/Gmel, StGB, Nachtrag §§ 331-338 (2000) Rn. 12.

nen und man insoweit nicht von einem Bestimmen des Amtsträgers im Sinne einer Teilnahme von Staatsgewalt sprechen kann. Unter der Voraussetzung, dass der Amtsträger den Vorteil nicht in der Weise verstehen soll, dass hierfür eine Gegenleistung von ihm erwartet wird, darf man auch im Rahmen der Gewährung eines Vorteils auf ein gutes Klima und allgemeines Wohlwollen seitens des Amtsträgers hoffen, sowie auch auf eine günstige Entscheidung in diesem Zusammenhang. Ob bzw. wann die Schwelle zur Strafbarkeit überschritten ist, stellt sich also ausschließlich als Frage und Problem der Beweisbarkeit dar, wobei hier keine besonderen Kriterien heranzuziehen sind und vor allem der Höhe des Vorteils eine entscheidende Rolle zukommt.[236] Gleiches gilt auch im Falle des sog. „Anfütterns"[237], womit das Gewöhnen des Amtsträgers an Vorteile umschrieben wird, um ihn bei Bedarf leichter zu einem Entgegenkommen bewegen zu können, sowie für sonstige Verhaltensweisen, die nicht durch Rechtsbegriffe beschrieben werden.[238]

Mit dem hier konkretisierten Beeinflussungswillen schließt sich dann auch der Kreis zum grundsätzlichen Unrechtsverständnis von Bestechung. Soll der Amtsträger erkennen, dass für den Vorteil eine Gegenleistung im Rahmen der Dienstausübung erwartet wird, so unternimmt es der Vorteilsgeber, die Staatsgewalt zu erkaufen und damit an dieser teilzunehmen. Es kommt dabei nicht auf ein tatsächliches „Mitspielen" des Amtsträgers an. Es reicht diesbezüglich die Gefahr einer Preisgabe von Staatsgewalt. Dies lässt sich so auch für § 334 StGB sagen, was durch § 334 Abs. 3 StGB noch einmal deutlich wird. Dabei zeigt sich aber, dass im Nichterfordernis der Vornahme der angestrebten Amtshandlung nicht die entscheidende Funktion von § 334 Abs. 3 StGB liegen kann[239], müsste es sonst ja auch eine vergleichbare Vorschrift in § 333 StGB geben, um den tatsächlichen Erfolg einer Beeinflussung entbehrlich zu machen.[240] Da nun gerade

---

236 Vgl. hierzu die besondere Erwähnung hoher Zuwendungen in den Gesetzesmaterialien, BT-Drs. 13/8079, S. 15

237 Zur Frage, ob dies überhaupt eine eigenständige Fallgruppe neben „Kliamapflege" darstellt, Krey/Heinrich, Strafrecht, Besonderer Teil, Band 1, 13. Auflage (2005), § 9 Rn. 669a, S. 295.

238 NK-Kuhlen, StGB, 3. Auflage (2010), § 331 Rn. 75; LK-Bauer/Gmel, StGB, Nachtrag §§ 331-338 (2000), § 331 Rn. 13 m.H.a. Wolters JuS 1998, 1100, 1105 und König JR 1997, 397, 399.

239 So aber NK-Kuhlen, StGB, 3. Auflage (2010), § 334 Rn. 6; Lackner/Kühl, StGB, 26. Auflage (2007), § 334 Rn. 3; SK-Rudolphi-Stein, StGB, 6. Auflage, 58. Lieferung (2003), § 334 Rn. 6; dass zwischen § 334 Abs. 3 StGB und § 332 Abs. 3 StGB ein wesensmäßiger Unterschied besteht, vgl. Schönke/Schröder-Heine, StGB, 27. Auflage (2006), § 334 Rn. 7.

240 Zur strukturellen Vergleichbarkeit von § 333 Abs. 1 StGB und § 334 Abs. 1 StGB vgl. nochmals ihre Fassung vor dem KorrBekG 1997, mit dem – abgesehen von der Locke-

die Regelung des § 334 Abs. 3 StGB einen markanten Unterschied zwischen § 333 StGB und § 334 StGB darstellt, so wurde schon an anderer Stelle die Vermutung ausgesprochen, dass sich hier auch der Unterschied im Unrecht manifestiert. Dieser wurde bereits mit der Kommunikation der Erwartung einer Gegenleistung für den Vorteil benannt. Mag dies formal auch ein griffiges Abgrenzungskriterium sein, so zeichnet sich aber bereits ab, dass sich das durch § 333 StGB verwirklichte Unrecht gar nicht so sehr von dem des § 334 StGB unterscheidet, sodass noch bezüglich der Frage Erläuterungsbedarf besteht, inwieweit durch das Merkmal der Kommunikation des Beeinflussungswillens auch ein Unterschied im Unrecht zwischen § 333 StGB und § 334 StGB begründet wird. Hiermit soll sich im Rahmen der nun folgenden Erörterung von § 334 StGB beschäftigt werden.

b) Das Unrecht der Bestechung nach § 334 StGB

Die Gestalt der Strafbarkeit nach § 334 StGB ist nach den bisherigen Erörterungen bereits weitgehend vorgezeichnet. Das Unrecht von Bestechung i.S.v. § 334 StGB liegt in der (versuchten) Teilnahme an Staatsgewalt.[241] Von einer solchen ist zu sprechen, wenn der Geber den Amtsträger zu bestimmen versucht, eine bestimmte Amtshandlung vorzunehmen, die per se entweder eine Abweichung von verbindlichen Vorgaben (§ 334 Abs. 3 Nr. 1 StGB) oder die Verwerfung einer Entscheidungsalternative (§ 334 Abs. 3 Nr. 2 StGB) bedeutet. Denn nur im Rahmen einer solchen inhaltlichen Einflussnahme auf eine Diensthandlung kann man von einem „Bestimmen" und damit von einer Teilnahme an Staatsgewalt sprechen. Ist von einer prinzipiellen strukturellen Vergleichbarkeit des Wortlauts von § 333 Abs. 1 StGB und § 334 Abs. 1 StGB auszugehen, so lässt sich entsprechend der im vorangegangenen Abschnitt gewonnenen Erkenntnisse wie folgt formulieren:

> *Als Gegenleistung* im Sinne von § 334 StGB wird ein Vorteil dann angeboten, versprochen oder gewährt, wenn der Amtsträger erkennen soll, dass als Gegenleistung für den Vorteil eine bestimmte Amtshandlung erwartet wird, die entweder pflichtwidrig ist oder eine Ermessensentscheidung darstellt.

Es hat sich bereits gezeigt, dass der Unterschied zu einem erwarteten Entgegenkommen im Rahmen der allgemeinen Dienstausübung nicht besonders groß ist.

---

rung der Unrechtsvereinbarung – die Struktur von § 333 StGB a.F. nicht verändert werden sollte.

241 Vgl. zum Gedanken der Teilnahme in diesem Zusammenhang bereits Maurach, Deutsches Strafrecht, Besonderer Teil, 2. Auflage (1956), S. 624.

Als entscheidenden Unterschied zu § 333 StGB wurde daher die Kommunikation der mit dem Vorteil verbundenen Erwartung ausgemacht, dessen Erfordernis sich im Rahmen von § 334 StGB insbesondere aus Abs. 3 ergibt. Mit der sich darin findenden Terminologie des Bestimmungsversuchs wird nämlich nicht nur ausgedrückt, dass es für eine Strafbarkeit nicht erst zur Vornahme der entsprechenden Amtshandlung seitens des Amtsträgers kommen muss[242]; vielmehr wird durch die Anlehnung an die Struktur einer Anstiftung gerade auch auf dieses Kommunikationserfordernis hingewiesen.[243]

Der Realität von Amtsträgerbestechung würde es wohl nicht gerecht, wenn man für § 334 StGB eine ausdrückliche Kommunikation der mit dem Vorteil verbundenen Erwartungen fordern würde. Insoweit wird auch nicht bestritten, dass eine Bestechungsabrede auch konkludent getroffen werden kann bzw. der Vorteilsgeber seine Erwartungen auch durch schlüssiges Verhalten vermitteln kann.[244] Soll hierin nun aber der entscheidende Schritt von § 333 StGB zu § 334 StGB liegen, so muss das Kommunikationsmerkmal über das Erfordernis einer „konkludenten" oder „schlüssigen" Erklärung hinaus bestimmt werden, da man eine solche unter Umständen auch in einem „bloßen" Vorteil i.S.v. § 333 StGB erblicken könnte.

Auf der Grundlage dieser Überlegungen wurde bereits festgestellt, dass es neben dem Anbieten, Versprechen oder Gewähren des Vorteils eines zusätzlichen, objektiv wahrnehmbaren Aktes bedarf, mit dem die mit dem Vorteil verbundene Erwartung (verschleiert) vermittelt wird.[245] Hierbei handelt es sich wohl meist um blumige Umschreibungen oder vorsichtige Andeutungen.[246] Wann diese i.S.v. § 334 StGB als konkludente oder schlüssige Kommunikation der mit dem Vorteil verbundenen Erwartung gewertet werden können, lässt sich mit Kriterien der objektiven Erkennbarkeit oder Verstehbarkeit nicht hinreichend bestimmen.[247] Man wird daher alleine darauf abzustellen haben, dass aus Sicht des Gebers sichergestellt ist, dass der Amtsträger mit diesem Akt die mit dem Vorteil verknüpften Erwartungen richtig versteht.[248]

---

242 Aus § 334 Abs. 1 StGB ergibt sich insbesondere nichts Gegenteiliges, müsste sonst auch der insoweit von seiner Struktur her vergleichbare § 333 Abs. 1 StGB die tatsächliche Vornahme einer entsprechenden Amtshandlung verlangen.

243 Vgl. S. 85 ff.

244 Vgl. BT-Drs. 7/550, S. 276.

245 Ambos/Ziehn NStZ 2008, 498, 499.

246 Vgl. hierzu Fischer, StGB, 56. Auflage (2009), § 332 Rn. 15.

247 Vgl. Schönke/Schröder-Cramer, 26. Auflage (2001), § 331 Rn. 29d; Geerds JR 1993, 211, 212.

248 Insoweit besteht eine Ähnlichkeit mit dem Grundgedanken des untauglichen Versuches.

Was bislang noch nicht aufgezeigt wurde, ist der qualitative Unterschied im Unrecht zwischen § 333 StGB und § 334 StGB. Vielleicht lässt sich dies gerade an Hand des subjektiven Maßstabs für das Vorliegen von Kommunikation i.S.v. § 334 StGB bewerkstelligen. Sowohl bei § 333 StGB als auch bei § 334 StGB geht es darum, die Dienstausübung des Amtsträgers zu beeinflussen. Ebenfalls in beiden Fällen soll der Amtsträger hierzu entsprechende, an einen Vorteil geknüpfte Erwartungen erkennen. Inwieweit bedeutet das zusätzliche Element der Kommunikation nun einen Unterschied im Unrecht?

Für eine Strafbarkeit kommt es nicht darauf an, dass es tatsächlich zu einer Beeinflussung gekommen ist. Ansatzpunkt kann damit nur das Unternehmen einer Teilnahme und die damit begründete Gefahr der Preisgabe von Staatsgewalt sein. Dies erscheint dahingehend nachvollziehbar, dass der „Erfolg" stets vom Verhalten bzw. der Reaktion des Amtsträgers abhängt, welche der Geber in letzter Konsequenz nicht bestimmen kann. In Anlehnung an die Struktur des Versuchs kann er nur die Gefahr begründen, dass der Amtsträger sich im Sinne seines Ansinnens verhält und es dadurch zur Teilnahme an Staatsgewalt kommt. Diesbezüglich lassen sich folgende Abstufungen vornehmen.

Zum einen ist es im Sinne der Teilnahme zunächst erforderlich, dass der Amtsträger die mit dem Vorteil verbundenen Erwartungen erkennt. Wird dies im Rahmen von § 334 StGB aus Sicht des Gebers sichergestellt, ist hiermit im Rahmen von § 333 StGB nicht mit derselben Gewissheit zu rechnen, der Erfolg damit weniger gewiss. Von der Warte der Wahrscheinlichkeit eines Erfolgs kann man insoweit im Rahmen von § 334 StGB von einer höheren Gefahr als im Rahmen von § 333 StGB sprechen.

Die Qualität der Gefahr eines Mitspielens des Amtsträgers ist aber nicht nur vor dem Hintergrund der Wahrscheinlichkeit eines Erkennens der Geberabsichten eine andere. Hat der Geber seine Absichten offenbart, so erklärt sich der Amtsträger mit der Annahme automatisch mit diesen einverstanden. Mag er tatsächlich hierzu auch nicht bereit sein, so vermittelt er dem Geber aber trotzdem eine entsprechende Bereitschaft. Denn dieser geht davon aus, dass der Amtsträger seine an den Vorteil geknüpften Erwartungen erkannt hat, sodass sich die Annahme als Einverständnis mit den an den Vorteil geknüpften Erwartungen darstellt. Auf diese Weise nimmt der Geber dem Amtsträger folglich das Versprechen ab, als Gegenleistung für den Vorteil die gewünschte Amtshandlung bzw. die Amtshandlung in der gewünschten Art und Weise vorzunehmen. Dadurch entsteht für den Amtsträger in besonderer Weise ein inneres Gefühl der Verpflichtung, dem Willen des Gebers auch tatsächlich zu entsprechen, was in besonderer Weise die Gefahr begründet bzw. die Wahrscheinlichkeit erhöht, dass er dem Ansinnen auch tatsächlich nachkommt. Eine ähnliche Gefahr begründet der Geber zwar auch im Falle von § 333 StGB, wenn dem Geber bewusst wird, dass von ihm für den Vorteil eine Gegenleistung im Rahmen der Dienstausübung erwartet wird. Nimmt er dem Amtsträger durch die Offenbarung seiner Absichten und die Gewährung des Vorteils auch ein entsprechendes Versprechen ab, ist es für den Amtsträger schon argumentativ kaum noch möglich, sich aus dieser Verstrickung zu lösen.[249] Insbesondere lässt sich die Erwartung des Gebers nunmehr nicht mehr einfach mit der Begründung übergehen, dass man den erhaltenen Vorteil nicht als Gegenleistung für die (entgegenkommende) Dienstausübung verstanden habe, dass man sich insbesondere zu so etwas nie bereit erklärt habe. Mit der Offenbarung seiner mit dem Vorteil verfolgten Absichten wirkt der Geber damit auf eine stärkere Verstrickung des Amtsträgers hin.[250] Er bewerkstelligt insbesondere das ihm maximal Mögliche, was er zum Gelingen einer Teilnahme an der Staatsgewalt beitragen kann. Will er im Rahmen von § 333 StGB auch erreichen, dass der Amtsträger seine mit dem Vorteil verbundenen Erwartungen erkennt, so ist damit zwar auch bereits so viel getan, dass es aus seiner Sicht auch ohne weitere wesentliche Zwischenschritte zur Erfüllung seiner Erwartungen kommen kann.[251] Indem er dem Amtsträger aber nicht eine entsprechende Zusage abnimmt, hat er in Bezug auf das Gelingen einer Teilnahme aber noch nicht alles ihm Mögliche unternommen und insoweit eine letzte (Hemm-)Schwelle noch nicht überschritten.

Auf diese Weise lässt sich zwischen § 333 StGB und § 334 StGB im Sinne unterschiedlicher „Versuchsstadien" oder Gefahren einer Teilnahme an Staatsgewalt durchaus differenzieren und damit letztlich auch zwischen verschiedenen Graden von Unrecht. Man muss sich aber fragen, ob dieser Unterschied gerade mit Blick auf das Unrecht so bedeutend ist, dass damit die Existenz zweier Tatbestände überzeugend begründet wird. Es sind jedenfalls auch andere Erklärungen dafür denkbar, dass die §§ 333, 334 StGB Bestechungsunrecht in dieser Differenziertheit behandeln. Insbesondere besteht auf diese Weise ein Ausweg aus dem Dilemma, dass sich Bestechungsabreden oft nicht nachweisen lassen, wenn nicht einer der Beteiligten ein Geständnis ablegt. Was sich dagegen regelmäßig nach außen manifestiert und wodurch meist der Gedanke von Bestechung aufkommt, ist der Vorteil, den der Amtsträger auf die eine oder andere Weise vom Geber erhält. Wenn eine Bestechungsabrede gerade bei hohen Zuwendungen nicht nachgewiesen werden kann, so steht zumindest eine Strafbarkeit nach

249 Vgl. hierzu Loos, in: Festschrift für Welzel (1974), S. 883.

250 Vgl. hierzu Puppe GA 1984, 101, 112 und Amelung, in: Festschrift für Schroeder (2006), S. 177.

251 Insoweit kann man sagen, dass in das Versuchsstadium bereits eingetreten wurde; es bedarf insbesondere nicht zwingend einer weiteren Konkretisierung oder Aktivierung der allgemeinen Erwartung eines Entgegenkommens, ergeben sich entsprechende Gelegenheiten auch ohne weiteres Zutun.

§ 333 StGB offen, da hier lediglich der Beeinflussungswille im Sinne der hiesigen Konkretisierung nachgewiesen werden muss, was sicher nicht leicht ist, aber doch auch nicht schwerer als der Nachweis eines sonstigen Vorsatzes.[252] Von dieser Warte aus erscheint § 333 StGB dann doch auch als Auffangtatbestand zu § 334 StGB, wie es laut den Gesetzesmaterialien zum EGStGB 1974, mit dem § 333 StGB eingeführt wurde, angedacht war.[253]

2. Der Vorteil für die vergangene Dienstausübung

Was ist nun von einer Teilnahme an vergangenen Akten der Staatsgewalt zu halten? Dass das hier entwickelte Verständnis von Bestechung mit der nunmehr gesetzlich fixierten Erfassung vergangener Diensthandlungen eigentlich im Widerspruch steht, bedarf keiner näheren Erläuterung. Es bleibt aber zu untersuchen, ob deshalb von dem hier entwickelten Verständnis abzurücken ist. Diese Frage stellt sich insbesondere vor dem bereits angesprochenen Umstand, dass die Befürworter einer Erfassung vergangener Amtshandlungen vor deren gesetzlicher Regelung als maßgeblich ins Feld geführt haben, dass sich Bestechung kaum nachweisen lasse, wenn entsprechend einer vorherigen Absprache der Vorteil erst nach Erbringen der abgemachten Diensthandlung gewährt werde.[254] Es wird daher insbesondere zu überlegen sein, ob die Erfassung von Vorteilen für die vergangene Dienstausübung Ausfluss einer bestimmten Überzeugung vom Unrecht der §§ 333, 334 StGB ist oder Aspekte der Beweiserleichterung hier entscheidend waren.

a) Die Strafbarkeit der Vorteilsgewährung nach § 333 StGB

Dass § 333 StGB seit seiner Reform durch das KorrBekG 1997 auch Vorteile für die vergangene Dienstausübung erfasst, hat der Bundesgerichtshof in der hier zitierten WM-Ticket-Entscheidung erstmalig[255] ausdrücklich festgestellt.[256] Das Merkmal „für die Dienstausübung" wird danach sowohl dann erfüllt, wenn auf die zukünftige Dienstausübung Einfluss genommen werden soll, als auch wenn die vergangene Dienstausübung honoriert werden soll.[257] Diese Alternativen muten auf den ersten Blick derart unterschiedlich an, dass man sich dahinter

252 Eine Zusammenschau der maßgeblichen Indizien findet sich bei BGHSt 53, 6 ff.
253 BT-Drs. 7/550, S. 275.
254 Siehe oben S. 41.
255 Schlösser Wistra 2009, 155, 156.
256 BGHSt 53, 6, 16.
257 BGHSt 53, 6, 16.

kaum ein vergleichbares, unter einen gemeinsamen Tatbestand subsumierbares Unrecht vorzustellen vermag. Denn beeinflusst werden kann die vergangene Dienstausübung nicht mehr und was ohne das Element der Einflussnahme unter einer Unrechtsvereinbarung verstanden werden soll, wie sie sich als tatbestandliches Grundelement von Bestechung herausgestellt hat, erschließt sich jedenfalls nicht auf den ersten Blick.

Hier liegt nun der Verdacht nahe, dass mit dem Honorieren der vergangenen Dienstausübung vor allem solche Fälle in den strafbaren Bereich von § 333 StGB mit einbezogen werden sollten, in denen vermutet wird, dass der Vorteil entsprechend einer vorangehende Unrechtsvereinbarung gewährt wird, was allerdings nicht nachgewiesen werden kann.[258] Es handelt sich dabei insbesondere um Fälle des Honorierens vergangener Ermessensentscheidungen, da nur hier eine abgesprochene, nicht sichtbare Einflussnahme denkbar ist und ein Honorieren einer objektiv pflichtwidrigen Dienstausübung dem Anwendungsbereich von § 334 StGB zuzuordnen ist. Wenn diese Fallgruppe nicht allein mit der Vermutung einer vorangehenden Unrechtsvereinbarung erklärt werden soll, so muss man sich überlegen, was hinter einem Honorieren stecken könnte, wenn gerade keine vorherige Absprache stattgefunden hat.

Hinter einem Vorteil für die vergangene Dienstausübung könnte folgendes Kalkül stecken: Wenn der Amtsträger den Vorteil als Ausdruck einer grundsätzlichen Bereitschaft des Gebers zur Honorierung (günstiger) Amtshandlungen versteht, so wird ihn dies möglicherweise dazu verleiten, von sich aus auch in Zukunft für den Geber günstige Entscheidungen zu treffen, um sich so wieder ein entsprechendes Honorar zu „verdienen“.[259] Das Honorieren der vergangenen Dienstausübung erscheint so als intendierte mittelbare Beeinflussung der zukünftigen Dienstausübung. Da es seit dem Korruptionsbekämpfungsgesetz ausreicht, dass der Geber auf die (noch) nicht näher konkretisierte Dienstausübung Einfluss nehmen will, so wird nach einem solchen Verständnis in vergleichbarer Weise die Gefahr einer Teilnahme an Staatsgewalt durch den Vorteilsgeber umschrieben wie im Rahmen der bereits konkretisierten Bezugnahme auf die künftige Dienstausübung. Auch in Bezug auf das Element einer angestrebten Unrechtsvereinbarung besteht eine gewisse Vergleichbarkeit. Denn in Bezug auf eine solche muss der Geber zumindest wollen, dass beim Amtsträger das Bewusstsein oder der Eindruck entsteht, dass er günstige Amtshandlungen generell honoriere. Insoweit bedeutet „Unrechtsvereinbarung“ auch hier, dass es nicht ausreicht, wenn der Geber alleine auf unterbewusste, nicht zu kalkulierende Wirkungen eines Vorteils hofft, sondern es ihm auf ein bestimmtes Bewusst-

258 Siehe hierzu auch Köhler, Die Reform der Bestechungsdelikte (2005), S. 206.

259 In diese Richtung Hardtung, Erlaubte Vorteilsannahme (1994), S. 43 Fn. 33.

Werden, auf einen bestimmten Eindruck beim Amtsträger ankommt.[260] Auf diese Weise ist auch gewährleistet, dass Fälle echter Dankbarkeit oder Freude – was durchaus der Hintergrund für ein Honorieren der vergangenen Dienstausübung sein kann[261] – nicht vom Tatbestand des § 333 StGB erfasst werden. Es lässt sich also formulieren:

> *Für die Dienstausübung* wird ein Vorteil auch dann angeboten, versprochen oder gewährt, wenn der Geber dem Amtsträger den Eindruck vermitteln will, dass entgegenkommende Amtshandlungen honoriert werden.

Hier wird es meist auch zu einer kommunizierten Bezugnahme auf die vergangene Dienstausübung kommen, da sich diese Fälle sonst kaum von der „bloßen" Erwartung eines Entgegenkommens im Rahmen der zukünftigen Dienstausübung unterscheiden. Denn die Kriterien bzw. Indizien, auf die im Rahmen des Beweises eines entsprechenden Willens abzustellen ist, scheinen weitgehend identisch zu sein. Auch hier wird man sich maßgeblich auf die Höhe des Vorteils, auf Berührungspunkte zwischen dem Zuständigkeitsbereich des Amtsträgers und den Interessen des Vorteilsgebers sowie auf das Fehlen überzeugender, alternativer Erklärungen für den Vorteil orientieren müssen.[262] Als alternative, plausible Erklärung für eine Bezugnahme auf die vergangene Dienstausübung kommt bei verdächtigen Vorteilszuwendungen meistens nur eine vorherige Absprache mit dem Amtsträger in Betracht, die kein effektives Verteidigungsvorbringen darstellt. So scheint mit dem Erfordernis des Vorsatzes hinsichtlich des Eindrucks beim Amtsträger die Strafbarkeits- und Beweisschwelle nicht als zu hoch angesetzt. Abgrenzungsschwierigkeiten zu § 334 StGB bestehen im Übrigen nicht, da dort nur das Honorieren pflichtwidriger Amtshandlungen erfasst wird.

Ein so verstandenes Honorieren der vergangen Dienstausübung lässt diese Fallgruppe plausibel als Bestechungsunrecht erscheinen. „Überzeugend" erscheint die gesonderte Erfassung dieser Konstellation aber auch hier letztlich erst vor dem Hintergrund, dass auf diesem Wege auch die Fälle erfasst werden können, in denen Bestechung dadurch verschleiert bzw. eine Strafbarkeit dadurch vermieden werden soll, dass ein für die günstige Dienstausübung versprochener Vorteil erst im Nachhinein gewährt wird. Insoweit kann es eigentlich allein um das Honorieren vergangener Ermessensentscheidungen gehen. Dies lässt sich auch vor dem Hintergrund des hier beschriebenen Gefahrzusammenhangs

260 Vgl. BGHSt 53, 6, 16, wonach auch das Honorieren der vergangenen Dienstausübung als Teil einer Unrechtsvereinbarung verstanden werden soll.

261 Fischer StGB, 57. Auflage (2010), § 331 Rn. 25a.

262 BGHSt 53, 6, 16.

schlussfolgern. Denn Honorieren lassen sich begrifflich nur echte Leistungen und von solchen kann aus Sicht des Gebers dann nicht gesprochen werden, wenn der Amtsträger in Bezug auf die vergangene Dienstausübung gar nicht hätte anders handeln können und in dieser somit kein Entgegenkommen – keine Gegenleistung – gesehen werden kann. Abgesehen davon kann der Vorteilsgeber nur durch das Honorieren einer (günstigen) Entscheidung, welche alleine im Falle einer Ermessenshandlung vorliegt, den Eindruck erwecken, dass er grundsätzlich bereit sei, günstige Entscheidungen zu honorieren.

b) Die Strafbarkeit der Bestechung nach § 334 StGB

Die Vermutung einer vorangegangenen Unrechtsvereinbarung drängt sich noch stärker in den Fällen auf, in denen ein Vorteil als Gegenleistung für eine vollzogene, objektiv pflichtwidrige Amtshandlung gewährt wird. Der Gedanke der Bestechung scheint hier auf der Hand zu liegen, vermag man sich ein solches Verhalten auf andere Weise kaum zu erklären. Der Gedanke der Beweiserleichterung spielt damit auch hier eine entscheidende Rolle. Wenn der in dieser Variante deutliche Wortlaut im Hinblick auf Fragen der Anwendbarkeit und Auslegung auch nicht unbedingt einer weiteren Erläuterung bedarf[263], so verlangt man aber auch hier nach einer von Beweisschwierigkeiten losgelösten Erklärung. Es soll zumindest Sicherheit dahingehend bestehen, dass mit der pauschalen Erfassung von Vorteilen für eine vergangene pflichtwidrige Amtshandlung i.S.v. § 334 Abs. 1 StGB ausnahmslos solche Konstellationen erfasst werden, durch die tatsächlich Bestechungsunrecht verwirklicht wird.

Es lassen sich durchaus plausible Fälle denken, in denen ein Vorteil für eine vergangene pflichtwidrige Diensthandlung gewährt wird, ohne dass dieser eine Unrechtsvereinbarung vorangegangen sein muss. So findet sich in der Literatur beispielsweise die Konstellation, dass ein Amtsträger von sich aus in pflichtwidriger Weise einen Parteifreund bevorzugt und hierfür im Nachhinein einen Vorteil fordert, den er dann auch bekommt oder der Bevorzugte nach Erkennen der Begünstigung sich entsprechend „bedankt".[264] Dass auch eine solche Konstellation erfasst ist, ergibt sich bereits in eindeutiger Weise aus dem Wortlaut und wird auch nicht angezweifelt. Ohne es im ersten Moment konkret fassen zu können, erscheint in dieser Konstellation auch Bestechungsunrecht vorzuliegen, hat sich letztlich ja nur die typische Reihenfolge verändert. Der Amtsträger ist lediglich in Vorleistung getreten. Eine Unrechtsvereinbarung wird gleichsam

263 Vgl. NK-Kuhlen, StGB, 3. Auflage (2010), § 331 Rn. 11.

264 Schönke/Schröder-Heine, StGB, 27. Auflage (2006), § 334 Rn. 3; § 332 Rn. 6 m.H.a. NK-Kuhlen, StGB, 2. Auflage (2005), § 332 Rn. 19; SK-Rudolphi/Stein, 6. Auflage, 58. Lieferung (2003), § 332 Rn. 13.

„nur“ nachgeholt. Es gelingt aber trotzdem nicht ohne weiteres, ein § 334 Abs. 3 StGB vergleichbares Bestimmen des Amtsträgers auszumachen, ohne dass sich eine Teilnahme an Staatsgewalt nur schwer denken lässt. Mit der bereits erfolgten Vornahme der Amtshandlung ist vielmehr alles bereits „bestimmt“.

Vielleicht bleibt in Bezug auf eine vergangene, pflichtwidrige Amtshandlung aber doch noch ein gewisser Raum für eine Einflussnahme des Gebers. Wurde die Amtshandlung zwar bereits vorgenommen, so kann sie im Falle der Pflichtwidrigkeit noch nicht als endgültig eingestuft werden. Denn gemäß § 48 VwVfG können rechtswidrige Verwaltungsakte – § 48 VwVfG ist analog anzuwenden auf Maßnahmen ohne die Qualität eines Verwaltungsaktes[265] – grundsätzlich zurückgenommen werden. Dies ohne weiteres dann, wenn gemäß § 48 Abs. 2 S. 3 Nr. 3 StGB der Adressat des Verwaltungsaktes die Rechtswidrigkeit infolge grober Fahrlässigkeit nicht oder sie gar positiv kannte. Ist im Rahmen von § 334 StGB stets zumindest bedingter Vorsatz bezüglich der Rechtswidrigkeit einer Amtshandlung erforderlich[266], so muss man sagen, dass pflichtwidrige Amtshandlungen im Rahmen von § 334 StGB dahingehend nicht endgültig und damit nicht vollumfänglich bestimmt sind, dass sie stets noch zurückgenommen werden können.

Im Sinne der Teilnahme an Staatsgewalt könnte ein Ansatz folglich darin liegen, dass der Geber mit dem Vorteil die Rücknahme der pflichtwidrigen Amtshandlung vermeiden und die erfolgte Amtshandlung damit zementieren will. Ein solcher Vorsatz kann im Falle eines Vorteils für eine vergangene pflichtwidrige Amtshandlung wohl immer angenommen werden. Denn das Gewähren eines Vorteils für eine vergangene Amtshandlung heißt immer auch, dass an dieser gerade nichts verändert werden soll. Wenn der Geber hier immer Vorsatz bezüglich des Erhalts der pflichtwidrigen Amtshandlung hat, kann man sagen, dass auch in dem Fall, in dem der Geber einen Vorteil als Gegenleistung für eine vergangene, pflichtwidrige Amtshandlung gewährt oder anbietet, er die Amtsführung dahingehend bestimmen will, dass der Amtsträger die pflichtwidrige Amtshandlung nicht zurücknimmt.[267] Vor diesem Hintergrund erklärt sich

265 Kopp/Ramsauer, VwVfG, 10. Auflage (2008), § 48 Rn. 23.

266 Schönke/Schröder-Heine, StGB, 27. Auflage, § 334 Rn. 9 m.H.a. RGSt 77, 75, 77; Lackner/Kühl, StGB, 26. Auflage (2007), § 334 Rn. 4.

267 Die Frage, ob der Amtsträger, der eine pflichtwidrige Amtshandlung vorgenommen hat, stets auch für eine Rücknahme nach § 48 VwVfG zuständig ist, ist nicht unumstritten, vgl. Kopp/Ramsauer, VwVfG, 10. Auflage (2008), § 48 Rn. 162 ff.; für das hiesige Verständnis der Strafbarkeit des Gebers in dieser Konstellation kommt es dabei allerdings nur auf die grundsätzliche Rücknahmemöglichkeit an, die entscheidend von dem Amtsträger betrieben wird, der die pflichtwidrige Amtshandlung vorgenommen hat und von dieser meist als einziger weiß.

auch der Umstand, dass nur vergangene, (objektiv) pflichtwidrige Amtshandlungen erfasst sind und keine § 334 Abs. 3 StGB vergleichbare pauschale Einbeziehung von Ermessensentscheidungen stattfindet. Denn nur insoweit ist die Rücknahme nach § 48 VwVfG möglich und nur insoweit ist stets der Raum für ein Bestimmen des Amtsträgers und damit für die Teilnahme an Staatsgewalt eröffnet. Hier erscheint es auch unerheblich, wenn der Amtsträger die pflichtwidrige Amtshandlung keinesfalls hätte zurücknehmen wollen, da im Zweifel sichergestellt werden soll, dass er diese Meinung auch nicht ändert.

Unabhängig von der grundsätzlichen oder auf den konkreten Einzelfall bezogenen Überzeugungskraft einer solchen Erklärung wird man im Rahmen von Vorteilen für vergangene pflichtwidrige Amtshandlungen immer auch auf die Erwägungen abstellen können, die im Bereich des Honorierens der vergangenen Dienstausübung bei § 333 StGB angestellt wurden. Insoweit wird auch hier stets die Gefahr einer zukünftigen Teilnahme an Staatsgewalt vor dem Hintergrund begründet, dass sich der Amtsträger auch in Zukunft mit einer pflichtwidrigen Amtshandlung einen Vorteil zu verdienen versucht. Dass insoweit „nur" Unrecht i.S.v. § 333 StGB verwirklicht würde, hat der Gesetzgeber vielleicht im Rahmen von § 334 Abs. 2 StGB im Blick gehabt, wonach für das nachträgliche Gewähren eines Vorteils an Richter ein niedrigerer Strafrahmen angesetzt ist als im Falle von Vorteilen für zukünftige pflichtwidrige, richterliche Handlungen. Versteht man das Honorieren vergangener, pflichtwidriger Amtshandlungen strukturell als Unrecht i.S.v. § 333 StGB, so kann die Gleichsetzung mit Fällen „echter" Bestechung im Rahmen von § 334 Abs. 1 StGB nur vor dem Hintergrund überzeugend erklärt werden, dass in diesen Fällen der Amtshandlung meist eine Unrechtsvereinbarung vorangegangen ist.

III. Zur Strafbarkeit des Amtsträgers nach §§ 331, 332 StGB

Wenn nun erst an zweiter Stelle die Strafbarkeit des Amtsträgers genauer untersucht wird, so ist Grund für diesen Aufbau die Vermutung, dass sich die §§ 331, 332 StGB über weite Teile gut als Reaktion des Amtsträgers auf das bereits konkretisierte Verhalten des Gebers nach den §§ 333, 334 StGB verstehen lassen. Der Aufbau folgt daher grundsätzlich dem der Erörterung der §§ 333, 334 StGB, ergänzt um eine Grobgliederung danach, ob die Initiative vom Geber ausgeht und der Amtsträger hierauf reagiert oder der Amtsträger von sich aus einen Vorteil fordert und damit der Initiator ist. Ihren tieferen Grund hat letztere Differenzierung in der Vermutung, dass insbesondere im Rahmen von § 331

StGB die Fälle des Forderns einem besonderen Erklärungsansatz folgen, der sich nicht unmittelbar auf den Bestechungsgedanken zurückführen lässt und Hintergrund dafür ist, dass § 331 Abs. 3 StGB das Fordern von der Möglichkeit einer Genehmigung ausnimmt.

1. Die vom Geber initiierte Vorteilszuwendung

a) Der Vorteil für die zukünftige Dienstausübung

aa) Das Unrecht der Vorteilsannahme nach § 331 StGB

Nach der eingangs aufgestellten Vermutung ist § 331 Abs. 1 StGB wie folgt zu verstehen:

> Der Amtsträger nimmt einen Vorteil *für die Dienstausübung* an bzw. lässt sich einen Vorteil *für die Dienstausübung* versprechen, wenn der Vorteilsgeber für den gewährten bzw. versprochenen Vorteil eine Gegenleistung im Rahmen der Dienstausübung erwartet und der Amtsträger dies erkennt und dennoch den Vorteil annimmt oder sich versprechen lässt.

Dieses Ergebnis ergibt sich zunächst aus dem Ansatz, Vorteilsannahme als Reaktion auf eine Vorteilsgewährung nach § 333 StGB zu definieren. Es bedarf allerdings noch der weiteren Erläuterung. Das Unrecht von Bestechung bzw. Bestechlichkeit wurde in der Preisgabe von Staatsgewalt verortet. Von einer solchen ist zu sprechen, wenn sich der Amtsträger im Rahmen seiner Dienstausübung von einem angenommenen Vorteil beeinflussen lässt oder hierzu tatsächlich bereit ist. Im Rahmen der Einführung in die Problematik der §§ 331 ff. StGB hat sich im Bereich von *§ 332 Abs. 3 StGB* abgezeichnet, dass eine Bestrafung wegen Bestechlichkeit auch ohne eine solche tatsächliche Bereitschaft zur Berücksichtigung des Vorteils möglich ist. Für § 331 StGB kann eine solche echte Bereitschaft erst recht nicht erforderlich sein, was auch nicht angenommen wird.

Soweit eine tatsächliche Bereitschaft zur Berücksichtigung des Vorteils nicht erforderlich ist, ranken sich die Erklärungsansätze – auf das hiesige Grundverständnis zugeschnitten – um die abstrakte Gefahr bzw. den Anschein der Preisgabe von Staatsgewalt. Dass mehr oder weniger jeder Vorteil unabhängig von einem Merkmal „für die Dienstausübung“ das Potential hat, die Amtsführung des annehmenden Amtsträgers zu beeinträchtigen und bei Außenstehenden den Anschein unlauterer Dienstausübung zu erwecken, zeigt bereits die Regelung des § 71 BBG. Denn aus diesem Grund ist bereits das Annehmen eines Geschenks in Bezug auf das Amt verboten.[268] „In Bezug auf das Amt“ wird ein Geschenk bereits dann gewährt, wenn der Geber sich davon leiten lässt, dass der Beamte Inhaber des betreffenden Amtes ist oder war.[269] Dies kann wohl nur ausnahmsweise bei freundschaftlicher oder sonstiger persönlicher Beziehung zu dem Beamten verneint werden. Die potentiellen negativen Auswirkungen werden dabei bereits durch die Annahme des Vorteils an sich begründet. Dies gilt auch für § 331 StGB, der sich laut den Gesetzesmaterialien als zum kriminellen Unrecht erhobene Disziplinarwidrigkeit versteht.[270] Daraus lässt sich nun zweierlei ableiten. Zum einen begründet § 331 StGB entsprechend § 71 BBG grundsätzlich sowohl die Gefahr einer gewissen Innenwirkung des Vorteils auf den annehmenden Amtsträger als auch die Gefahr einer Außenwirkung in Richtung eines Vertrauens der Allgemeinheit. Zum anderen wird gerade diese Gefahr bereits durch eine Geschenkannahme i.S.d. § 71 BBG begründet, sodass eine echte Schwelle zur Strafbarkeit nach § 331 StGB damit noch nicht beschrieben ist. Differenzierungen innerhalb solcher (abstrakter) Gefahrzusammenhänge im Hinblick auf eine qualitative Unterscheidung erscheinen kaum möglich. Nimmt der Amtsträger entsprechend der Deliktsbezeichnung auch im Falle des § 331 StGB den Vorteil nur an, so liefert das Merkmal „für die Dienstausübung“ von dieser Warte aus keine Verständnismöglichkeit, die eine Gefahr nach § 331 StGB „größer“ erscheinen lässt als die i.S.v. § 71 BBG.

Der entscheidende Unterschied könnte nun darin liegen, dass § 331 StGB auf Grundlage des gleichen Gefahrzusammenhangs alleine die Gefahr der Bestechung bzw. der Preisgabe von Staatsgewalt erfassen will. Während § 71 BBG neben einer negativen Außenwirkung die Gefahr umschreibt, dass der angenommene Vorteil die Dienstausübung des annehmenden Beamten beeinflusst, würde § 331 StGB die Gefahr beschreiben, dass der Vorteil die Dienstausübung des Amtsträgers entsprechend dem tatsächlichen Willen des Vorteilsgebers beeinflusst. Dies würde nicht nur eine beeinflusste, unlautere Amtshandlung bedeuten, sondern auch ihre Lenkung und damit die Teilnahme an bzw. Preisgabe von Staatsgewalt in Durchbrechung des Herrschaftsmonopols des Staates. Hiervon kann man nur sprechen, wenn die durch die Annahme bedingte Gefahr mit einem tatsächlichen Lenkungswillen des Gebers zusammentrifft. Umschreibt § 333 StGB gerade einen solchen, so handelt es sich bei § 331 StGB um die Annahme eines i.S.d. § 333 StGB angebotenen Vorteils. Dem entspricht die eingangs gemacht Definition des Merkmals „für die Dienstausübung“ im Rahmen von § 331 StGB.

---

268 Battis, BBG, 4. Auflage (2009), § 71 Rn. 7.

269 BVerwGE 100, 172, 172.

270 BT-Drs. 7/550, S. 270.

Der Unterschied zwischen § 331 StGB und § 71 BBG liegt somit weder im objektiven Geschehen bzw. Verhalten des Amtsträgers noch in der Struktur der umschriebenen Gefahr, sodass sich § 331 StGB gut als zum Kriminalunrecht erhobene Disziplinarwidrigkeit einstufen lässt. Das Unrecht von § 331 StGB grenzt sich vielmehr dadurch ab, dass zu den möglichen, negativen Wirkungen der Annahme eines Vorteils der Wille des Gebers zur Beeinflussung des Amtsträgers hinzutritt. Dadurch wird die nicht näher konkretisierbare Gefahr der Berücksichtigung des Vorteils zur Gefahr einer Preisgabe von Staatsgewalt. Denn eine dadurch bedingte Teilnahme an Staatsgewalt in Durchbrechung des Herrschaftsmonopols lässt sich nur im Falle eines entsprechenden Beeinflussungsvorsatzes des Gebers annehmen. Der Aspekt des Anscheins und eine damit verbundene Gefahr für das Vertrauen der Allgemeinheit erfährt durch den an sich nicht zu Tage tretenden Beeinflussungswillen des Gebers keine Modifikation oder Konkretisierung im Vergleich zu § 71 BBG, sodass sich dieser Gedanke für die Beschreibung des Wesens von § 331 StGB und damit für dessen Verständnis und Auslegung gerade in Abgrenzung zu § 71 BBG nur bedingt heranziehen lässt.[271] § 331 StGB mag das Vertrauen der Allgemeinheit stets „mitgefährden" oder „mitschützen"; der zur Strafbarkeit führende Kern erweist sich aber als hiervon unabhängig, sodass sich strukturell der Ansatz bestätigt, dass es für die Strafbarkeit alleine auf den Gedanken der abstrakten Gefahr für die Dienstausübung des annehmenden Amtsträgers bzw. entsprechend unserer Erkenntnisse auf die abstrakte Gefahr der Preisgabe von Staatsgewalt ankommt. Ein Vertrauen der Allgemeinheit wird in diesem Umfang mitgeschützt, als maßgebender Kerngedanke liegt der Vertrauensschutz aber alleine dem Disziplinarrecht zu Grunde.[272]

Kommt es für die Strafbarkeit des Amtsträgers nach § 331 StGB damit auf den tatsächlichen Beeinflussungswillen des Vorteilsgebers an, so kann hier auch der Gedanke der Unrechtsvereinbarung fruchtbar gemacht werden, an dem auch der Gesetzgeber im Rahmen der Reform von 1997 festhalten wollte.[273] Eine echte Vereinbarung im Sinne eines tatsächlichen Einverstandenseins kann aber nicht erforderlich sein, wie bereits an anderer Stelle festgestellt wurde. Es bleibt eine Wissensübereinstimmung hinsichtlich Sinn und Zweck des Vorteils. Der Amtsträger muss die mit dem Vorteil verknüpften Erwartungen erkennen. Das Merkmal „für die Dienstausübung" wird im Rahmen von § 331 StGB damit als eine Art Attribut des Vorteils im Sinne einer mit dem Vorteil verknüpfte Erwar-

271 Zum Erfordernis eines Verständnisses, dass das besondere, strafrechtlich zu verfolgende Unrecht gegenüber dem Disziplinarunrecht herausstellt, Wagner, Verhandlungen des 61. Deutschen Juristentages (1996), II 2, L 118.

272 Vgl. Hamm, Verhandlungen des 61. Deutschen Juristentages (1996), II 2, L 139/140.

273 BT-Drs. 13/8079, S. 15.

tung des Gebers verstanden. Diesbezüglich muss der Amtsträger Vorsatz haben, womit eine Unrechtsvereinbarung, wie wir sie soeben definiert haben, auch im Wortlaut bzw. Tatbestand verankert wäre. Dass es für ein solches Erkennen der Absichten nicht zwingend der Kommunikation bedarf, wurde bereits im Rahmen von § 333 StGB herausgestellt. Dies gilt umso mehr, als das erwartete Entgegenkommen seit der Reform von 1997 noch in keiner Weise bestimmt sein muss und damit letztlich die Erkenntnis ausreicht, dass der Vorteil nicht „umsonst" ist und als erwartete Gegenleistung allein ein Entgegenkommen im Rahmen der Dienstausübung plausibel erscheint.

Zusammenfassend lässt sich sagen, dass sich § 331 StGB entsprechend des vorangestellten Ergebnisses als Reaktion des Amtsträgers auf ein Verhalten i.S.d. § 333 StGB verstehen lässt. Durch die in diesem Zusammenhang erfolgte Annahme eines Vorteils wird die abstrakte Gefahr der Preisgabe von Staatsgewalt begründet. Diese bestimmt und definiert sich durch die Annahme eines Vorteils in Kenntnis der Erwartung einer Gegenleistung. Eine darüber hinausgehende, weiterführende Beschreibung dieser abstrakten Gefahr erscheint dabei kaum möglich[274], aber auch nicht zwingend nötig. Denn definiert wird diese Gefahr durch das sie auslösende Verhalten und so stellt die Bestimmung dieses Verhaltens die Bestimmung der Gefahr dar. Es ist damit gerade im Hinblick auf Art. 103 Abs. 2 GG erforderlich und ausreichend, dass das gefährliche Verhalten hinreichend bestimmt und damit hinreichend vorhersehbar ist. Die Gefahr i.S.v. § 331 StGB ist damit die, die gerade dadurch begründet wird, dass der Amtsträger einen Vorteil annimmt, obwohl er weiß, dass der Vorteilsgeber hierfür eine Gegenleistung im Rahmen der Dienstausübung erwartet. Wie genau die dadurch begründete abstrakte Gefahr der Preisgabe von Staatsgewalt aussieht, insbesondere welche inneren Vorgänge ein tatsächliches Entgegenkommen des Amtsträgers bewirken könnten, lässt sich gewinnbringend nicht näher beschreiben, was angesichts der genauen Kenntnis des diese Gefahr auslösenden und damit definierenden Verhaltens wie gesagt auch nicht nötig ist.

Es lässt sich nicht feststellen, ob es alleine die Überzeugung von der Strafwürdigkeit und Strafbedürftigkeit einer solchen Gefahr war, die den Gesetzgeber zu ihrer Pönalisierung veranlasst hat. Man kann jedenfalls davon ausgehen, dass § 331 StGB sehr häufig in Fällen zur Anwendung kommt, in denen in tatsächlicher Hinsicht nicht nur eine solche Gefahr, sondern auch ein Fall „echter Bestechung" vorliegt, sich eine „echte Bestechungsvereinbarung" im Sinne einer tat-

---

274 Dieser Aspekt wird später im Rahmen von § 334 Abs. 3 StGB unter dem Stichwort der „Unbefangenheit" des Amtsträgers und einem „Sich-verpflichtet-Fühlen" noch einmal aufgegriffen; vorweggenommen sei aber schon hier, dass dies nicht zu einer exakteren Bestimmung der strafbaren Gefahr führt und ihre Definition alleine durch die exakte Bestimmung des sie auslösenden Verhaltens erfolgt.

sächlichen Bereitschaft des Amtsträgers oder eines tatsächlichen Entgegenkommens aber nicht nachweisen lässt.[275]

bb) Das Unrecht der Bestechlichkeit nach § 332 Abs. 1 StGB

Wenn untechnisch von „echter“ Bestechung gesprochen wird, so ist hiermit auf den Bereich der §§ 332, 334 StGB angespielt. Entsprechend seiner amtlichen Überschrift ist nach § 332 StGB „Bestechlichkeit“ strafbar. Anknüpfungspunkt ist hier natürlich nicht die Eigenschaft der „Bestechlichkeit“, sondern die Tat der (schweren) passiven Bestechung.

Das Unrecht von Bestechlichkeit liegt nach den bisherigen Erkenntnissen in der Preisgabe von Staatsgewalt. Zu diesem Ergebnis hat eine Analyse der als „klassisch“ bezeichneten Bestechungskonstellation geführt, nach der ein Amtsträger sich durch einen Vorteil im Rahmen einer Diensthandlung beeinflussen lässt, indem er diese entsprechend dem Willen des Vorteilsgebers vornimmt, obwohl er hätte anders handeln müssen oder zumindest hätte anders entscheiden können. Auf diesen Sachverhalt scheint § 332 Abs. 1 StGB seinem Wortlaut nach ziemlich genau zu passen. Nimmt der Amtsträger hiernach einen Vorteil als Gegenleistung dafür an, dass er künftig eine Diensthandlung vornehmen werde, durch die er eine Dienstpflicht verletzen würde, so ist damit insbesondere umschrieben, dass der Amtsträger auch wirklich bereit ist, diese Diensthandlung vorzunehmen. Darauf weist nicht nur die im Vergleich zu § 331 StGB unterschiedliche Syntax hin, gerade auch die bereits angesprochene Deliktsbezeichnung macht deutlich, dass es hier im Kern von Seiten des Amtsträgers nicht um „bloße“ Vorteilsannahme geht. Von „Bestechlichkeit“ lässt sich sinnvoll nur dann sprechen, wenn der Amtsträger zumindest bereit ist, in entsprechender Weise zu handeln. Da es zur tatsächlichen Vornahme einer pflichtwidrigen Amtshandlung nicht gekommen sein muss, bliebe ohne eine echte Bereitschaft faktisch nur noch eine Vorteilsannahme übrig. Der im Vergleich zu § 331 StGB deutlich erhöhte Strafrahmen ließe sich so nicht erklären.

Ist der Amtsträger nun bereit, als Gegenleistung für einen Vorteil eine pflichtwidrige Amtshandlung vorzunehmen, so hat er vor, Staatsgewalt preiszugeben. Denn hier entscheidet dann nicht der Staat über den Inhalt eines Hoheitsaktes, sondern der Vorteilsgeber. Die grundsätzlichen Überlegungen zum Unrecht von Bestechung haben gezeigt, dass gerade darin der Unrechtskern liegt und nicht im Resultat der Pflichtwidrigkeit. Ohne dass es zwingend eines Rückgriffs auf die verwaltungsrechtliche Ermessensfehlerlehre bedürfte, ergibt sich bereits aus diesem Unrechtsgedanken, dass auch die Fälle erfasst sein müssen, in

275 Im Sinne einer solchen Auffangfunktion vgl. bereits Binding, Bes. Teil II 2, S. 731.

denen der Amtsträger bereit ist, eine Ermessensentscheidung in eine bestimmte Richtung zu fällen, auch wenn diese unabhängig von dem gewährten Vorteil gut hätte so ausfallen können.[276] Eine Preisgabe von Staatsgewalt liegt nämlich auch hier vor, da es der Vorteilsgeber ist, der über den Inhalt einer Amtshandlung entscheidet. Dies ist aber auch hier nur dann der Fall, wenn der Vorteilsgeber vom Amtsträger tatsächlich eine Amtshandlung entsprechenden Inhalts erwartet. Stellt diese Erwartung eine Ermessensentscheidung oder eine objektiv pflichtwidrige Amtshandlung dar, so macht sich der Amtsträger gemäß § 332 Abs. 1 StGB strafbar, wenn er bereit ist, als Gegenleistung für den Vorteil genau diese Amtshandlung vorzunehmen bzw. diese als Gegenleistung tatsächlich vornimmt. Angesichts eines so umschriebenen Beeinflussungswillens des Gebers und der erforderlichen Bereitschaft des Amtsträgers, diesem zu entsprechen, lässt sich auch ohne weitere Erläuterung treffend von einer Unrechtsvereinbarung als Kern der Strafbarkeit nach § 332 Abs. 1 StGB sprechen.

cc) Das Unrecht der Bestechlichkeit nach § 332 Abs. 3 StGB

Ob es entsprechend der soeben gemachten Ausführungen im Rahmen von § 332 Abs. 1 StGB aber wirklich auf die tatsächliche Bereitschaft des Amtsträgers ankommen kann, dem Willen des Gebers zu entsprechen, stellt § 332 Abs. 3 StGB zunächst in Frage. Danach soll § 332 Abs. 1 StGB schon dann anwendbar sein, wenn sich der Amtsträger „bereit gezeigt hat" die pflichtwidrige Amtshandlung vorzunehmen (§ 332 Abs. 3 Nr. 1 StGB) oder sich bei der Ausübung seines Ermessens von dem Vorteil beeinflussen zu lassen (§ 332 Abs. 3 Nr. 2 StGB). Es bleibt zwar im Dunkeln, was man sich unter einem solchen „Sich-bereit-Zeigen" genau vorzustellen hat; sicher ist aber, dass es auf den Nachweis eines entsprechenden tatsächlichen Willens des Amtsträgers hier nicht ankommen soll.

(1) Konkretisierung des von § 332 Abs. 3 StGB umschriebenen Geschehens

Bevor man sich der Frage widmet, ob § 332 Abs. 3 StGB als eine eigenständige Fallgruppe neben § 332 Abs. 1 StGB einzuordnen ist oder § 332 StGB insgesamt nur im Sinne seines Abs. 3 zu verstehen ist, gilt es sich eine genauere Vorstellung von letzterem zu machen.

Eines der Grundprobleme der §§ 331 ff. StGB bzw. von Bestechung im Allgemeinen ist die schwere Nachweisbarkeit ihrer charakteristischen Elemente. Dies gilt insbesondere für die Frage, ob der Amtsträger tatsächlich bereit ist, sich von dem Vorteil beeinflussen zu lassen oder ob er im Rahmen einer objek-

276 BGHSt 15, 238, 247, wonach es ausreicht, dass der Amtsträger bei „gleichen Gewichten die Waagschale wegen des Vorteils zu Gunsten des Gebers sinken" lässt.

tiv nicht zu beanstandenden Ermessensentscheidungen einen erhaltenen Vorteil berücksichtigt hat. Die Schwierigkeit ergibt sich dabei insbesondere daraus, dass sich weder die Bereitschaft zur Berücksichtigung des Vorteils objektiv wahrnehmen lässt noch eine tatsächliche Berücksichtigung an sich. Gerade im Rahmen von Ermessensentscheidungen lässt sich eine Beeinflussung der Entscheidung durch den Vorteil daher nur schwer aufdecken, kann die Entscheidung an sich meist nicht beanstandet werden und besteht damit oft schon kein Indiz, von dem man auf eine unlautere Berücksichtigung des Vorteils im Rahmen der Entscheidung schließen könnte. Dem hilft § 332 Abs. 3 StGB jedenfalls ab, wenn danach die tatsächliche Berücksichtigung des Vorteils oder der Wille hierzu nicht nachgewiesen werden muss. Akzeptiert man zunächst einmal das schnöde Ziel einer Beweiserleichterung in diesem Sinne, so zeigt sich überraschend schnell die Gestalt, des hier umschriebenen, im ersten Moment noch nebulös wirkenden „Sich-bereit-Zeigens“. Hierfür muss man weniger danach fragen, was ein „Sich-bereit-Zeigen“ i.S.v. § 332 Abs. 3 StGB bedeutet, sondern vielmehr, wie sich Bestechlichkeit darstellt, wenn man schlicht auf das als so schwer nachweisbar empfundene Element der tatsächlichen Bereitschaft zur Vornahme der angesonnenen Amtshandlung verzichtet. § 332 StGB nimmt dann auch im Falle seines Abs. 3 deutlichere Formen an. Auf den Punkt gebracht lässt sich sagen, dass 332 Abs. 3 StGB bereits dann erfüllt ist, wenn der Amtsträger einen ihm i.S.v. § 334 Abs. 3 StGB angebotenen Vorteil annimmt.

Dies gilt es zu erläutern. Als Charakteristikum von § 334 StGB wurde festgemacht, dass der Geber dem Amtsträger durch einen Akt der Kommunikation verständlich machen muss, was er als Gegenleistung für den Vorteil erwartet. Die Annahme eines solchen Vorteils stellt sich dem Geber gegenüber dann stets als Einverständnis mit dem erklärten Ansinnen dar. Denn wie soll er das Verhalten sonst verstehen? Jeder, der davon ausgeht, seinem Gegenüber die Bedingungen für einen gewährten bzw. angebotenen Vorteil verständlich gemacht zu haben[277], sieht in der Annahme des Vorteils ein Akzeptieren dieser Bedingungen. Wenn der Geber dem Amtsträger also seine Erwartungen i.S.v. § 334 Abs. 3 StGB mitgeteilt hat, so zeigt sich der Amtsträger diesem gegenüber immer bereit, die erwartete Amtshandlung vorzunehmen und damit eine Pflicht zu verletzen (§§ 332 Abs. 3 Nr. 1, 334 Abs. 3 Nr. 1 StGB) oder sich von dem Vorteil beeinflussen zu lassen (§§ 332 Abs. 3 Nr. 1, 334 Abs. 3 Nr. 1 StGB). Damit erklärt sich dann auch der Wortlaut von § 332 Abs. 3 StGB in seiner konkreten Gestalt, der nicht ein allgemeines Sich-bereit-Zeigen, sondern ein Sich-dem-Geber-

277 Hier taucht wieder der Maßstab auf, der für die verschleierte oder konkludente Kommunikation der Absichten ausgemacht wurde, nämlich die Vorstellung des Gebers, sein Ansinnen dem Amtsträger verständlich gemacht zu haben.

gegenüber-bereit-Zeigen fordert. Dass ein solches auch im Falle einer entsprechenden Erklärung des Amtsträgers anzunehmen ist, versteht sich von selbst. In den meisten Fällen wird es zu solchen Erklärungen aber nicht kommen, wird der Amtsträger bei erkanntem Anliegen des Gebers meist den Vorteil ohne viele Worte einfach annehmen. Insoweit erscheint es nicht erfolgversprechend, nach vom (Vor-)Verhalten des Gebers unabhängigen, konkludenten Erklärungswerten zu fahnden.[278] Solche lassen sich insbesondere vor dem Hintergrund des Bestimmtheitsgrundsatzes nicht zufriedenstellend formulieren und tragen auch dem tatsächlichen Umstand von Bestechlichkeit nicht hinreichend Rechnung. Denn außer der Annahme des Vorteils passiert seitens des Amtsträgers schlicht nichts Weiteres, von der Vornahme der entsprechenden Amtshandlung einmal abgesehen.

Gegen dieses Ergebnis könnten nun die Gesetzesmaterialien zu § 332 Abs. 3 StGB sprechen. Hier heißt es, dass es nicht ausreichen soll, dass der Amtsträger bei Bestehen einer Beeinflussungsabsicht seitens des Gebers den Vorteil einfach annimmt.[279] Im selben Atemzug wird aber betont, dass sich der Amtsträger doch regelmäßig bereits mit der Annahme i.S.v. § 332 Abs. 3 StGB bereit zeigt.[280] Diese scheinbar widersprüchliche Aussage löst sich auf, wenn man den angesprochenen Beeinflussungswillen des Gebers um das Element seiner Kommunikation ergänzt, wie wir es als charakteristisch für § 334 Abs. 3 StGB in Abgrenzung zu § 333 StGB herausgestellt haben. Die Passage kann dann so verstanden werden, dass bei bloßer Beeinflussungsabsicht des Gebers die Annahme des Vorteils für § 332 Abs. 3 StGB nicht ausreicht, dies aber sehr wohl, wenn der Geber seine Beeinflussungsabsicht – i.S.v. § 334 Abs. 3 StGB – kommuniziert hat.

Wenn ein solches Kommunizieren der Beeinflussungsabsicht nicht stattfindet oder nicht nachgewiesen werden kann, so ist eine schlichte Annahme für § 332 Abs. 3 StGB nicht ausreichend. In diesem Fall müsste der Amtsträger sich nachgewiesenermaßen tatsächlich erklärt haben, dem Willen des Gebers entsprechen zu wollen, wofür es aber eines gesonderten Aktes der Kommunikation bedarf, der diese Bereitschaft dem Geber gegenüber zum Ausdruck bringt.

---

278 Vgl. hierzu Fischer, StGB, 55. Auflage (2008), § 332 Rn. 16: „Da entsprechende Unrechtsvereinbarungen in der Praxis regelmäßig nicht ausdrücklich, sondern unter dem Deckmantel scheinbarer Seriosität getroffen zu werden pflegen, kommt es i.E. meist auf eine konkludente Erklärung des Empfängers an, dass er verstanden habe, dass der Zuwendende richtig verstanden habe, dass er den Zweck der Beeinflussung erkannt habe. Mit solchen subtilen Bedeutungsgrenzen macht die Rspr. bei ungebildeten Tätern z.B. des § 263 oft wenig Federlesen."

279 BT-Drs. 7/550, S. 273 f.

280 BT-Drs. 7/550, S. 274.

Wenn man hier weiter konkretisieren wollte, müsste man in Parallele zu § 334 Abs. 3 StGB sagen, dass konkludente Verhaltensweisen – jenseits der Annahme des Vorteils – insoweit ausreichend sind, als der Amtsträger davon ausgeht, der Geber werde die auf diese Weise kommunizierte Bereitschaft verstehen. Wie bereits bemerkt, wird dies allerdings selten relevant werden, da sich der Amtsträger regelmäßig nicht über die Annahme hinaus erklärt, was dahingehend unter Umständen auch gar nicht möglich ist, da häufig keine persönliche Vorteilsübergabe stattfindet.

(2) § 332 Abs. 3 StGB als Tatbestandserweiterung im Vergleich zu § 332 Abs. 1 StGB

Es stellt sich nun die Frage, ob eine Bestrafung nach § 332 StGB insgesamt ausscheidet, wenn ein Sich-bereit-Zeigen i.S.v. § 332 Abs. 3 StGB nicht vorliegt. Dies insbesondere auch dann, wenn der Amtsträger nachgewiesenermaßen bereit ist, auf Grund des Vorteils im Sinne des Gebers zu entscheiden und dies dann auch tut. Eine Beantwortung hängt eng mit der Eingangsfrage zusammen, ob § 332 Abs. 3 StGB die Grundstruktur von § 332 StGB insgesamt repräsentiert oder ob es sich hierbei um einen zusätzlichen Anwendungsbereich handelt. Dieser würde neben den in § 332 Abs. 1 StGB in Bezug auf zukünftige Amtshandlungen umschriebenen „klassischen" Fall von Bestechlichkeit treten. Wenn es bei § 332 StGB nun insgesamt um das im Sinne von Abs. 3 nach außen vermittelte Bild geht, so muss man bei fehlendem Sich-bereit-Zeigen eine Strafbarkeit wohl verneinen, selbst wenn der Amtsträger tatsächlich die Amtshandlung im Sinne des Gebers vornehmen will. Dass man das nicht ernsthaft annehmen kann, machen auch die Gesetzesmaterialien im Rahmen der Einführung von § 332 Abs. 3 StGB deutlich. Danach sollen derartige Konstellationen ausdrücklich als strafbar erfasst sein.[281] Ist es nicht zu einer pflichtwidrigen Amtshandlung gekommen und hat sich der Amtsträger eben nicht i.S.v. § 332 Abs. 3 StGB bereitgezeigt, steht auf der anderen Seite aber fest, dass der Amtsträger zur Vornahme auf Grund des Vorteils entschlossen ist, so kann eine Bestrafung letztlich nur noch auf § 332 Abs. 1 StGB gestützt werden. Zeichnet sich der klassische Bestechungsfall dadurch aus, dass der Amtsträger tatsächlich bereit ist, eine Amtshandlung entsprechend den Erwartungen des Vorteilsgebers vorzunehmen, so ist dieser Gegenstand von § 332 Abs. 1 StGB. § 332 Abs. 3 StGB eröffnet dann im Sinne einer Tatbestanderweiterung eine zusätzliche Fallgruppe für Konstellationen eines im obigen Sinne konkretisierten Sich-bereit-Zeigens, in denen eine Bereitschaft oder tatsächliche Berücksichtigung des Vorteils im Sin-

281 BT-Drs. 7/550, S. 274, Einordnung unter Abs. 1 oder Abs. 3 ausdrücklich offengelassen.

ne von Abs. 1 nicht nachgewiesen wurde.[282] § 332 Abs. 3 StGB ist demnach im Verhältnis zu § 332 Abs. 1 StGB als Tatbestandserweiterung und nicht als Auslegungsregel zu verstehen, was nach den Gesetzesmaterialien ausdrücklich so verstanden werden kann.[283] Zusammenfassend ließe sich insoweit sagen, dass in den Fällen, in denen dem Amtsträger nicht nachgewiesen werden kann, dass er i.S.d. § 332 Abs. 1 StGB tatsächlich bereit war, infolge des erhaltenen Vorteils die von ihm erwartete pflichtwidrige Amtshandlung bzw. Ermessensentscheidung vorzunehmen, er nach § 332 Abs. 3 StGB zu bestrafen ist, wenn er sich hierzu zumindest bereit gezeigt hat.

(3) Der hinter § 332 Abs. 3 StGB stehende Unrechtsgedanke

(a) Die Nähe von § 332 Abs. 3 StGB und § 331 StGB

Welcher Grundgedanke steckt nun hinter der von § 332 Abs. 3 StGB umschriebenen Konstellation? Auch wenn die konkrete Gestalt von § 332 Abs. 3 StGB maßgeblich durch den Verzicht auf das Merkmal einer echten Bereitschaft zur Vornahme einer bestimmten Amtshandlung geprägt wird, so findet doch eine Gleichstellung mit den in § 332 Abs. 1 StGB umschriebenen Fällen statt, die sich gerade durch diesen Nachweis auszeichnen. Führt man sich weiter vor Augen, dass § 332 Abs. 3 StGB im Einklang mit den Materialien zur Reform als Tatbestandserweiterung zu sehen ist, so muss doch eine gewisse Nähe zu dem in § 332 Abs. 1 StGB umschriebenen Unrecht bestehen. Als solches wurde die Preisgabe von Staatsgewalt herausgestellt. Auch vor dem Hintergrund der Ausführungen zu § 331 StGB scheint nun wiederum der Ansatz denkbar, dass hier die Gefahr einer Preisgabe von Staatsgewalt bestraft werden soll. So ließe sich mit den Gesetzgebungsmaterialien sagen:

> „Das Sichbereitzeigen bedeutet nicht notwendig die innere Bereitschaft des Amtsträgers oder besonders Verpflichteten zur Pflichtwidrigkeit. Vielmehr ist der in dieser Hinsicht nach außen erweckte Eindruck entscheidend und der geheime Vorbehalt des Vorteilsnehmers, die Pflichtwidrigkeit nicht begehen zu wollen, unerheblich. Denn bereits durch den äußeren Anschein der Bereitschaft zur Pflichtwidrigkeit wird die Unbefangenheit des Vorteilsnehmers beeinträchtigt oder gefährdet und damit auch die sachliche Richtigkeit seiner Handlungen in dem für die Bestechlichkeit bezeichnenden erhöhten Maß in Frage gestellt. Auf diese Rechtsgutbetrachtung ist bereits in der Vorbemerkung zu § 331 hingewiesen worden."

Dies scheint ein deutlicher Hinweis auf die strukturelle Vergleichbarkeit von § 332 Abs. 3 StGB und § 331 StGB zu sein. Dies wird auch durch die Aussage

---

282 Vgl. insoweit auch Rüdiger, Schutzinteresse und Deliktsstruktur der „Bestechungsdelikte" (2007), S. 239 ff. und Henkel JZ 1960, 507, 511.

283 BT-Drs. 7/550, S. 274.

hervorgehoben, dass § 331 StGB weiter im Sinne einer einfachen passiven Bestechung und § 332 StGB insoweit als schwere passive Bestechung verstanden werden soll.[284] Ein besonderes Näheverhältnis ergibt sich ebenfalls aus der oben durchgeführten Untersuchung des von § 332 Abs. 3 StGB umschriebenen Geschehens. Denn dort wurde aufgezeigt, dass § 332 Abs.3 StGB stets dann erfüllt ist, wenn dem Amtsträger der Vorteil unter den Voraussetzungen von § 334 Abs. 3 StGB angeboten wird und er diesen schlicht annimmt. Es findet daher eine „bloße“ Vorteilsannahme statt und auch im Rahmen von § 331 StGB muss keine echte Bereitschaft des Amtsträgers nachgewiesen werden. Insoweit liegt es auf der Hand, entsprechend der oben vollzogenen Abgrenzung von § 334 (Abs. 3) StGB und § 333 StGB das Augenmerk in besonderer Weise darauf zu legen, wo genau die Trennlinie zwischen § 331 StGB und § 332 StGB verläuft.

(b) Die Trennlinie zwischen § 332 Abs. 3 StGB und § 331 StGB

Bereits in den soeben zitierten Gesetzesmaterialien findet sich ein Hinweis, wo diese Trennlinie zu suchen sein könnte. So heißt es im unmittelbaren Anschluss an die soeben zitierte Passage:

> „Andererseits muß das Sichbereitzeigen zu der Vorteilsannahme hinzukommen, wenn die Tathandlung erfüllt sein soll. Das Fordern oder die Annahme des Vorteils oder Vorteilsversprechens in dem Bewußtsein, dass eine Beziehung zu der künftigen Diensthandlung besteht und der Vorteilsgeber eine Pflichtwidrigkeit erwartet, genügt für sich allein noch nicht.“

§ 332 Abs. 3 StGB wäre danach als eine um das Sich-bereit-Zeigen qualifizierte Vorteilsannahme einzuordnen. Es stellt sich nun die Frage, inwieweit durch das Kriterium des „Sich-bereit-Zeigens“ ein qualitativer Unterschied zu einer Gefahr nach § 331 StGB begründet wird und ob ein solcher auch das Potential hat, eine Gleichstellung mit § 332 Abs. 1 StGB bzw. den im Vergleich zu § 331 StGB deutlichen Sprung im Strafmaß zu rechtfertigen.

(c) Der qualitative Unterschied im Unrecht zwischen § 332 Abs. 3 StGB und § 331 StGB

Zu überlegen ist zunächst, inwieweit sich durch das Sich-bereit-Zeigen ein qualitativer Unterschied im Verhältnis zu § 331 StGB denken lässt. Die durch die Annahme eines Vorteils begründete Gefahr exakt zu beschreiben, gestaltet sich als relativ schwer. Dass sich diesbezüglich kaum weiterführende Aussagen treffen lassen, hat sich bereits im Rahmen der Beschäftigung mit § 331 StGB gezeigt. Festzuhalten ist aber, dass es sowohl im Rahmen von § 331 StGB als auch

284 BT.-Drs. 7/550, S. 270.

im Rahmen von § 332 Abs. 3 StGB um durch die Annahme eines Vorteils bedingte (potentielle) negative Auswirkungen geht und der Schwerpunkt des Vorwurfs nicht dahingehend in der Annahme an sich zu sehen ist, dass ein Grundsatz der Unentgeltlichkeit von Amtshandlungen oder der Uneigennützigkeit verletzt wird.[285] Was man sich unter diesen negativen Auswirkungen nun genau vorzustellen hat, lässt sich mit dem Anspruch auf Exaktheit aber kaum bestimmen. Man wird wohl nicht den Anspruch haben dürfen, die mannigfaltigen psychologischen und insbesondere unbewussten Wirkungen der Annahme eines Vorteils auf das Verhalten des Amtsträgers erschöpfend aufzuklären. Um solche geht es aber gerade, wenn maßgeblich auf die durch die Annahme eines Vorteils begründete Gefahr abgestellt wird, dass es vielleicht gar unabhängig vom Willen des Amtsträgers zu ihrer Berücksichtigung im Rahmen der Dienstausübung und damit zu einer Beeinflussung kommt.[286] In diesem Zusammenhang sollen allerdings nicht alle denkbaren, diffusen Auswirkungen des Vorteils angesprochen sein. Dies ergibt sich alleine schon daraus, dass weder nach § 331 StGB noch nach § 332 Abs. 3 StGB jede Annahme eines Vorteils strafbar ist, sondern alleine die, bei der ein Vorteil in einer wie auch immer gearteten Beziehung zur Dienstausübung steht. Insoweit taucht immer wieder der Begriff der Befangenheit des Amtsträgers auf, wenn es beispielsweise in den Materialien zur Einführung von § 332 Abs. 3 StGB heißt:

> „Geschütztes Rechtsgut ist bei diesen Vorschriften – *§§ 331 bis 334 StGB* – die Lauterkeit des öffentlichen Dienstes. Die Vorschriften sollen die Käuflichkeit von Diensthandlungen und die Befangenheit der Bediensteten durch einen Vorteil bei der Erfüllung ihrer Pflichten und damit auch eine Verfälschung des Staatswillens verhindern.“[287]

Wie lässt sich eine Beeinträchtigung der Unbefangenheit in Abhängigkeit von einem Beziehungsverhältnis von Vorteil und Dienstausübung verstehen? Unbefangen ist der Amtsträger jedenfalls dann, wenn er sich durch den Vorteil zur Vornahme einer bestimmten Amtshandlung oder zur Vornahme einer Amtshandlung in einer bestimmten Art und Weise verpflichtet fühlt. Soll eine Voraussetzung für ein solches Sich-verpflichtet-Fühlen in Abhängigkeit von einer Verknüpfung zwischen Vorteil und Dienstausübung formuliert werden, so muss man in diesem Zusammenhang im Sinne einer Mindestanforderung wohl sagen, dass ein solches Sich-verpflichtet-Fühlen nur dann denkbar ist, wenn der Amts-

285 Zum „Eigennutz“, vgl. Sirch, Die Strafbarkeit der Parteispendenakquisition (2008), S. 57; letztlich wird aber auch hier maßgeblich auf die negativen Wirkungen des Vorteils abgestellt.

286 Henkel JZ 1960, 507, 512.

287 BT-Drs. 7/550, S. 269.

träger zumindest weiß, dass von ihm eine Gegenleistung für den Vorteil erwartet wird. Nimmt er trotz dieses Wissens einen Vorteil an, so ist er wohl als nicht mehr unbefangen einzustufen und es besteht die Gefahr, dass er sich auf Grundlage dieses Verpflichtungsgefühls bei seiner Amtshandlung beeinflussen lässt. Ein so verstandenes Verpflichtungsgefühl wird sinnvoll alleine durch das Beziehungsverhältnis von Vorteil und Dienstausübung begründet, da es gerade darauf beruht, dass der Amtsträger um eine auf die Dienstausübung bezogen Erwartung des Gebers weiß. Insoweit ließe sich die von § 331 StGB umschriebene Gefahr näher konkretisieren. Denn diese wurde gerade dahingehend definiert, dass der Amtsträger einen Vorteil annimmt, obwohl er weiß, dass der Geber hierfür eine Gegenleistung im Rahmen der Dienstausübung erwartet. Diese „Definition" bleibt aber der entscheidende Maßstab, da letztlich auch der Gedanken des „Sich-verpflichtet-Fühlens" zu diffus ist, um hieran die Frage der Strafbarkeit maßgeblich auszurichten. Er stellt aber in Bezug auf Beeinträchtigung der Unbefangenheit des Amtsträgers eine gewisse Erläuterung dar, die bei einer Differenzierung zwischen § 331 StGB und § 332 Abs. 3 StGB hilfreich sein könnte.

Wenn ein solches Gefühl des „Sich-verpflichtet-Fühlens" die maßgebliche Gefahr für die Unbefangenheit und damit Unbeeinflusstheit der Dienstausübung darstellt, wie sie durch die Verknüpfung von Vorteil und Dienstausübung im Rahmen der §§ 331, 332 Abs. 3 StGB umschrieben wird, so stellt sich die Frage, wie § 331 StGB und § 332 Abs. 3 StGB voneinander abzugrenzen sind. Angesichts der bisherigen Erkenntnisse muss man sich hier insbesondere überlegen, inwieweit sich ein qualitativer Unterschied gerade durch ein Sich-bereit-Zeigen i.S.v. § 332 Abs. 3 StGB begründen lässt. Wie lässt sich ein Gefühl des Sich-verpflichtet-Fühlens, welches bereits durch die Annahme eines Vorteils im Bewusstsein der Erwartung einer Gegenleistung begründet wird, weiter qualifizieren? Es muss insoweit wohl zu einer erhöhten Gefahr der tatsächlichen Berücksichtigung des Vorteils im Rahmen der Dienstausübung kommen. Als einzige Möglichkeit einer Steigerung erscheint die Zusage, dass man den Erwartungen des Gebers entsprechen werde. Denn eine Zusage macht es noch schwerer, die mit dem Vorteil verknüpfte Erwartung des Gebers unberücksichtigt zu lassen, als dies bereits bei ihrer bloßen Kenntnis der Fall ist. Eine entsprechende Differenzierung besteht auch im Rahmen des Verhältnisses von § 333 StGB und § 334 Abs. 3 StGB. Insoweit besteht eine höhere Wahrscheinlichkeit, eine größere Gefahr, dass der Amtsträger tatsächlich dem Vorteil Raum im Rahmen der Dienstausübung gewährt und es damit zu einer Preisgabe von Staatsgewalt kommt. So könnte man sagen, dass durch § 331 StGB die (abstrakte) Gefahr einer Preisgabe von Staatsgewalt dergestalt begründet wird, dass der Amtsträger einen Vorteil annimmt, obwohl er davon ausgeht, dass hierfür eine Gegenleistung im Rahmen der Dienstausübung erwartet wird. In Abgrenzung hierzu zeichnet sich die (abstrakte) Gefahr der Preisgabe von Staatsgewalt im Rahmen von § 332 Abs. 3 StGB dadurch aus, dass der Amtsträger nicht nur von der Erwartung einer Gegenleistung ausgeht, sondern dem Geber auch die Erfüllung dieser Erwartung zusagt.

Dass gerade eine solche Zusage der Grund dafür sein kann, dass es auch tatsächlich zu einem entsprechenden Verhalten kommt, nehmen auch die Stimmen an, die für die Anstiftung zu einem Verhalten einen sog. Unrechtspakt und damit das Erreichen einer solchen Zusage verlangen.[288] Nachdem eine solche Parallele bereits im Rahmen von § 334 Abs. 3 StGB festgestellt wurde, erscheint § 332 Abs. 3 StGB umso mehr als Reaktion hierauf, als Annahme eines i.S.v. § 334 Abs. 3 StGB angebotenen Vorteils. Denn durch die Kommunikation der mit dem Vorteil verbundenen Erwartungen lässt sich der Amtsträger gerade mit der Annahme die „Erklärung" eines Einverständnisses abringen, zeigt er sich mit dieser doch stets bereit, den kommunizierten Bedingungen des Vorteils zu entsprechen. Dies stellt insoweit immer eine Zusage dar und begründet damit – neben einer ausdrücklichen Zusage des Amtsträgers, als zweiter Verwirklichungsform – die abstrakte Gefahr einer tatsächlichen Berücksichtigung des Vorteils in der soeben dargestellten Art und Weise dar. Denn muss der Amtsträger in subjektiver Hinsicht das kommunizierte Ansinnen verstehen, so ist er sich auch stets bewusst, dass er sich durch die Annahme mit diesem Ansinnen einverstanden erklärt, womit die für § 332 Abs. 3 StGB typische Gefahr begründet wird.[289]

Lässt sich auf diesem Wege der Unterschied zwischen § 331 StGB und § 332 Abs. 3 StGB bestimmen und verdeutlichen, so ist über das Wesen der Grundgefahr, über das „Wie" der potentiellen Beeinflussung der Dienstausübung durch den Vorteil und über die hiermit wohl zusammenhängenden „komplizierten Seelenvorgänge"[290] nach wie vor keine letzte Erkenntnis gewonnen. Hinreichend bestimmt erscheint die Gefahr aber auch dann, wenn Klarheit bezüglich des die Gefahr begründenden und damit definierenden Geschehens besteht. Die de lege lata als strafbar eingestufte Gefahr ist danach die, die dadurch begründet wird, dass der Amtsträger in Kenntnis der Erwartung einer Gegenleistung den Vorteil annimmt (§ 331 StGB) und sich bereit zeigt, dieser Erwartung zu entsprechen (§ 332 Abs. 3 StGB). Letzteres ist neben einer ausdrücklichen Erklärung dann der Fall, wenn der Amtsträger einen ihm i.S.v. § 334 Abs. 3 StGB angebotenen Vorteil schlicht annimmt. Die tatsächlichen (psychischen) Zusammenhänge sollen auf diesem Wege nicht abschließend beschrieben sein. Es lässt sich aber bereits nach dem hier beschriebenen (potentiellen) Zusam-

288 Puppe GA 1984, 101, 112.
289 Vgl. zu diesem Zusammenhang Puppe GA 1984, 101, 113.
290 Henkel JZ 1960, 507, 511.

menhang die in § 332 Abs. 3 StGB umschriebene (abstrakte) Gefahr als schwerwiegender im Vergleich zu der nach § 331 StGB denken und damit prinzipiell das höhere Strafmaß erklären.

(d) Der Hintergrund der Gleichstellung einer Gefahr nach § 332 Abs. 3 StGB mit § 332 Abs. 1 StGB

Lässt sich über das Kriterium der Zusage bzw. des Sich-bereit-Zeigens zwar gedanklich zwischen einer Gefahr nach § 331 StGB und der nach § 332 Abs. 3 StGB differenzieren, so bleibt im Zusammenhang mit der Frage, ob „die Begründung einen psychologisch richtigen Gesichtspunkt von statistischer Relevanz trifft“[291], zu überlegen, was den Gesetzgeber zur Gleichstellung der Gefahr nach § 332 Abs. 3 StGB mit § 332 Abs. 1 StGB und damit der tatsächlichen (Bereitschaft zur) Berücksichtigung des Vorteils bewogen hat. Kann in Bezug auf die Qualität der Gefahr über das Merkmal des Sich-bereit-Zeigens ein Unterschied zu § 331 StGB herausgestellt werden, so muss man sich wohl bereits hier fragen, ob dieser Unterschied tatsächlich so bedeutend ist, dass er überhaupt ein höheres Strafmaß rechtfertigt.[292] Erst recht wird man aber bezweifeln können, dass die Gefahr so hoch ist, dass sie einer tatsächlichen Preisgabe von Staatsgewalt bzw. einer echten Bereitschaft hierzu gleichkommt. Dazu müsste die Gefahr letztlich als so hoch eingestuft werden, dass der Amtsträger die von ihm erwartete Amtshandlung unbeeinflusst gar nicht mehr vornehmen kann.[293] Ob man tatsächlich von einem derart mächtigen Wirkungszusammenhang ausgehen kann, erscheint doch sehr fraglich.[294]

Die gesetzliche Differenzierung zwischen § 331 StGB und § 332 Abs. 3 StGB und die Gleichstellung von § 332 Abs. 3 StGB mit § 332 Abs. 1 StGB kann auch hier nur vor dem Hintergrund einer bezweckten Beweiserleichterung überzeugend erklärt werden. Es geht wohl gar nicht so sehr darum, dass im Falle von § 332 Abs. 3 StGB eine Gefahr solcher Intensität begründet wird, dass es zu einer Preisgabe von Staatsgewalt mehr oder weniger kommen muss. Vielmehr soll es im Falle eines Sich-bereit-Zeigens schlicht nicht erforderlich sein, ein tat-

291 Loos, in: Festschrift für Welzel (1974), S. 883.

292 Dass immer nur Unrecht i.S.v. § 331 StGB verwirklicht ist, wenn der tatsächliche Wille zur Berücksichtigung des Vorteils nicht nachgewiesen wird, vgl. bereits Kohlrausch-Lange, 43. Auflage (1961), zu § 332, S. 678.

293 In diese Richtung Henkel JZ 1960, 507, 512, der gerade in der schweren Nachweisbarkeit von echter Bestechlichkeit im Rahmen von Ermessensentscheidungen und der damit verbundenen geringen Gefahr, einer Straftat überführt zu werden, einen Grund für die besondere Gefahr einer tatsächlichen Berücksichtigung des Vorteils sieht.

294 Klug JZ 1960, 724, 726 f., der ein solches Verständnis insbesondere aus psychologischen Erwägungen für nicht haltbar einstuft.

sächliches Bereitsein nachzuweisen. Eine solche Gleichstellung erscheint zumindest nicht als realitätsfremd. Denn warum soll der Amtsträger die Zusage machen, eine Amtshandlung nach dem Wunsch des Gebers vorzunehmen oder warum soll er einen Vorteil annehmen, der das erklärte Ziel der Beeinflussung einer Amtshandlung verfolgt, wenn er hierzu nicht auch tatsächlich bereit ist? Insbesondere der Einwand, dass der Vorteil nur um der Überführung des Gebers Willen angenommen wurde, erscheint hier wenig überzeugend und vermag auch nicht ernsthafte Zweifel an einer tatsächlichen Bereitschaft zu begründen.[295] Denn zur Überführung bedarf es der Annahme nicht, macht sich der Geber bereits mit dem Angebot strafbar. In Bezug auf dieses kann der Amtsträger auch ohne eine Annahme als Zeuge auftreten. Die Berufung auf einen Willen zur Überführung vermag im Übrigen nur dann zu überzeugen, wenn unmittelbar nach Annahme des Vorteils eine Anzeige und eine Ablieferung des erhaltenen Vorteils erfolgt. Hier wird man aber schon nicht von einer Annahme sprechen können und so lassen sich in der Tat kaum Konstellationen denken, in denen ein Amtsträger wirklich nicht zur Vornahme einer bestimmten Amtshandlung bereit ist, obwohl er sich i.S.d. § 332 Abs. 3 StGB bereit gezeigt hat. Vor diesem Hintergrund erscheint § 332 Abs. 3 StGB dann eben gar nicht so sehr die Gefahr von Bestechlichkeit, sondern Bestechlichkeit an sich umschreiben zu wollen, nur dass man auf den Nachweis bestimmter Elemente verzichtet bzw. sich auf die Kriterien beschränkt, deren Nachweis als zumutbar eingestuft wird.[296] Dies sind der kommunizierte Beeinflussungswille des Gebers[297] und die Annahme des Amtsträgers, sodass auch von dieser Seite unser Ergebnis, § 332 Abs. 3 StGB als Annahme eines i.S.v. § 334 Abs. 3 StGB angebotenen Vorteils zu verstehen, treffend erscheint. Das „Sich-bereit-Zeigen“ steht damit für die mit der allgemeinen Vorstellung von Bestechung eng verknüpften Absprache zwischen Amtsträger und Vorteilsgeber. Diese Übereinkunft ist bei all den subjektiven Komponenten von Bestechung neben der Annahme eines Vorteils zumindest prinzipiell objektiv wahrnehmbar. Für den tatsächlichen Willen, ihr zu entsprechen, kann das nicht gesagt werden. Wohl aus diesem Grund wird er als so schwer beweisbar eingestuft, dass auf seinen Nachweis im Rahmen von § 332 Abs. 3 StGB verzichtet wird.

Durch ein solches Akzeptieren des Elements der Beweiserleichterung erhält das Merkmal des „Sich-bereit-Zeigens“ Konturen, was auch einem Ausufern der

---

295 Ob es vor diesem Hintergrund dann aber der Beweiserleichterung bedarf, erscheint mehr als fraglich, vgl. hierzu unten S. 174.

296 Henkel JZ 1960, 507, 512.

297 Liegt dieser nicht vor, z.B. weil der Geber nicht von der Pflichtwidrigkeit der angestrebten Amtshandlung ausgeht, so ist dies ebenfalls strafbar, allerdings „nur“ als Versuch i.S.v. § 332 Abs. 1 S. 3 StGB, für den ansonsten kein Anwendungsbereich bestünde.

Strafbarkeit entgegenwirkt. Daraus ergibt sich nämlich, dass alleine auf den Nachweis des tatsächlichen Willens des Amtsträgers, dem Willen des Vorteilsgebers zu entsprechen, verzichtet werden kann. Im Übrigen muss im Gegensatz zu § 331 StGB aber zumindest eine entsprechende „Absprache" mit dem Vorteilsgeber nachgewiesen werden, die typischerweise im Rahmen von „echter" Bestechung stattfindet. Hierzu muss der Amtsträger den Willen zur Vornahme einer vom Geber gewünschten Ermessensentscheidung bzw. pflichtwidrigen Diensthandlung kommunizieren oder, wenn eine solche Erwartung vom Geber kommuniziert wird, den Vorteil schlicht annehmen.

Zusammenfassend lässt sich damit sagen, dass § 332 Abs. 3 StGB dogmatisch gesehen einen besonderen Fall von § 331 StGB darstellt, dessen Strafrahmen sich damit erklärt, dass sich hinter dieser Qualifikation meist ein in der konkreten Konstellation nicht nachzuweisender Fall von § 332 Abs. 1 StGB verbirgt.[298]

b) Der Vorteil für die vergangene Dienstausübung

aa) Das Unrecht der Vorteilsannahme nach § 331 StGB

Im Rahmen der Strafbarkeit des Gebers nach § 333 StGB hat sich gezeigt, dass ein Hinwirken auf eine Teilnahme an Staatsgewalt auch dann denkbar ist, wenn der Geber eine vergangene Diensthandlung des Amtsträgers honoriert und einen dahingehenden Vorsatz hat, dass der Amtsträger dies als Ausdruck einer grundsätzlichen Bereitschaft versteht, günstige Amtshandlungen zu honorieren. Denn mit der durch den Vorteil gezeigten Bereitschaft, Entscheidungen des Amtsträgers zu honorieren, verleitet er diesen möglicherweise dazu, auch in Zukunft zu seinen Gunsten zu entscheiden, um wieder eine entsprechende Belohnung zu erlangen.

Dementsprechend riskiert der Amtsträger seine Unbefangenheit in dem für § 331 StGB entscheidenden Maße, wenn er den Vorteil als Ausdruck einer solchen grundsätzlichen Bereitschaft zur Honorierung günstiger Amtshandlungen versteht und den Vorteil dennoch annimmt. Insoweit kann man sagen, dass er zumindest innerlich das Angebot des Gebers annimmt, auch in Zukunft günstige Amtshandlungen zu honorieren. Nach den Ausführungen im Rahmen von § 333 StGB bleibt dazu Folgendes zu bemerken. Erfolgt eine Bezugnahme auf die vergangene Dienstausübung meist durch einen Akt der Kommunikation, bestehen insoweit keine Abgrenzungsprobleme zu § 332 StGB, da sich letzterer ausschließlich auf pflichtwidrige Amtshandlungen bezieht. Ohne einen solchen Akt

298 Loos, in: Festschrift für Welzel (1974), S. 894 f.; zur Frage der Einordnung als Vermutung RGSt 39, 193, 201.

lassen sich Vorteile für die vergangene Dienstausübung kaum als eigenständige Fallgruppe erkennen. Bei einem Vorteil „ohne Worte“ wird man vielmehr davon ausgehen, dass der Geber eine Gegenleistung im Rahmen der zukünftigen Dienstausübung erwartet. Ähnliches gilt, wenn vergangene, pflichtgemäße gebundene Entscheidungen honoriert werden. Hätte der Amtsträger die Amtshandlung in jedem Fall in der gleichen Art und Weise wie geschehen vornehmen müssen, kann man schwerlich von einem Honorar oder einer Gegenleistung sprechen. In diesen Fällen wird die Bezugnahme auf die vergangene Dienstausübung aber auch nur vordergründig sein und man wird häufig die Erwartung einer Gegenleistung im Rahmen der zukünftigen Dienstausübung anzunehmen haben. Das Honorieren der vergangenen Dienstausübung hat seinen maßgeblichen Anwendungsbereich also dort, wo mit dem Vorteil auf vergangene Ermessensentscheidungen Bezug genommen wird. Dies war auch das Ergebnis im Rahmen von § 333 StGB. Denn hätten die Amtshandlung auch anderes ausfallen können, erscheint ein hierfür gewährter Vorteil tatsächlich als Honorar oder Gegenleistung. Soll der Amtsträger gerade dazu verleitet werden, auch zukünftig für den Geber zu entscheiden, muss auch eine echte Entscheidung honoriert werden, um den Amtsträger auf diese spezielle Weise zu „verführen“. Davon kann man sinnvoll nur im Rahmen von Ermessenshandlungen sprechen, steht dem Amtsträger nur hier ein Entscheidungsspielraum zu.[299] Wird dem Amtsträger dann deutlich gemacht, dass der Vorteil als Honorar für eine vergangene Entscheidung gedacht ist, so wird sich dies nur dann nicht als Ausdruck einer grundsätzlichen Bereitschaft zur Honorierung (günstiger) Amtshandlungen darstellen – auch wird er ein anderes Verständnis nur dann überzeugend darlegen können – wenn sich aus den konkreten Umständen der in Bezug genommenen Dienstausübung Besonderheiten ergeben, die ein Verständnis des Vorteils als Zeichen echter Dankbarkeit oder Wertschätzung rechtfertigen. Sind Zuwendungen ihrer Höhe bzw. ihres Umfangs nach dahingehend auffällig, dass sie sich vernünftigerweise wie auch immer für den Geber lohnen müssen, so kann nur ausnahmsweise nicht von einem entsprechenden Signal für die Zukunft und einem Erkennen durch den Amtsträger ausgegangen werden. Zu denken ist hierbei beispielsweise an die Belohnung für einen Polizisten für die Wiederbeschaffung der Beute aus einem Banküberfall oder vielleicht auch an einen Präsentkorb an einen Gefängnisdirektor „für dessen freundliche Art“.[300] Dass man einen solchen Vorteil nicht als einmalig und damit nicht als Ausdruck einer grundsätzli-

299 Vor diesem Hintergrund wird deutlich, dass als Ermessensentscheidungen auch Beurteilungsspielräume erfasst sind, vgl. Fischer, StGB, 57. Auflage (2010), § 332 Rn. 9.

300 BGHSt 39, 45, 48; vgl. hierzu die Anmerkung von Geerds JR 1993, 210, 212 f. und Wagner JZ 1993, 472, 474.

chen Bereitschaft zur Honorierung günstiger Ermessensentscheidungen versteht, wird man jenseits von solchen „einmaligen“ Zusammenhängen oder Ausnahmesituationen (Banküberfall, Gefängnisaufenthalt) meist nur dann überzeugend entkräften können, wenn Hintergrund der Annahme eine der Ermessensentscheidung vorangehende Absprache ist. Dass ein Miterfassen solcher Fälle durchaus erwünscht ist, muss nicht näher erläutert werden und zeigt wohl auch den wahren Hintergrund der Erfassung von Vorteilen für die vergangene Dienstausübung.[301]

bb) Das Unrecht der Bestechlichkeit nach § 332 Abs. 1 StGB

Mit der Einführung von § 332 Abs. 3 StGB durch das EStGB 1974 wurde auch § 332 Abs. 1 StGB auf vergangene, pflichtwidrige Amtshandlungen ausgedehnt. Ein Amtsträger macht sich danach auch dann wegen Bestechlichkeit strafbar, wenn er einen Vorteil dafür annimmt, dass er im Rahmen einer vergangenen Amtshandlung seine Pflichten verletzt hat.

Der im Rahmen von § 331 StGB soeben erörterte Gefahrzusammenhang gilt auch im Falle eines Honorierens vergangener, pflichtwidriger Amtshandlungen, wie es § 332 Abs. 1 StGB umschreibt. Dadurch wird ebenfalls die Gefahr begründet, dass der Amtsträger dem Geber im Rahmen der zukünftigen Dienstausübung von sich aus entgegenkommt, um sich wieder ein entsprechendes Honorar zu verdienen. Die Anwendungsbereiche von § 331 StGB und § 332 StGB werden dabei durch das Kriterium der Pflichtwidrigkeit deutlich voneinander abgegrenzt und auch hier lässt sich zumindest gedanklich ein Unterschied in Bezug auf eine solche Gefahr ausmachen. Beispielsweise ließe sich im Rahmen von § 332 Abs. 1 StGB zusätzlich vorbringen, dass der Amtsträger sich in einer § 332 Abs. 3 StGB vergleichbaren Weise verpflichtet, die pflichtwidrige Amtshandlung nicht nach § 48 VwVfG zurückzunehmen.[302] Der Einwand des Amtsträgers, er habe sowieso nicht für die Rücknahme der pflichtwidrigen Amtshandlung sorgen wollen, kann in diesem Zusammenhang unbeachtet bleiben. Denn mit der Annahme des Vorteils verpflichtet er sich, auch in Zukunft von einem solchen Willen nicht abzurücken, womit die § 332 Abs. 3 StGB vergleichbare (abstrakte) Gefahr entsteht, dass er dies im Zweifel auch nicht tut und die pflichtwidrige Amtshandlung auf diese Art durch den Geber zementiert wird. Dass der Geber mit einem Vorteil für eine pflichtwidrige Amtshandlung diese jedenfalls erhalten will, haben wir bereits im Rahmen unserer Erörterungen zu § 334 StGB gesehen.

---

301 Vgl. insoweit nochmals Kaufmann JZ 1959, 375, 377.

302 Soweit der Amtsträger für die Rücknahme nicht zuständig ist, verpflichtet er sich entsprechend, die Rücknahme nicht anzuregen oder zu betreiben.

Es stellt sich nun aber auch hier die Frage, ob der Vorteil für eine pflichtwidrige Amtshandlung eine derart qualifizierte oder verschärfte Gefahr i.S.d. § 331 StGB darstellt, dass sich daraus die Anwendung des deutlich höheren Strafrahmens „echter" Bestechlichkeit i.S.v. § 332 Abs. 1 StGB überzeugend erklären lässt. Hier wird man zu keinem anderen Ergebnis kommen können wie im Bereich des § 332 Abs. 3 StGB, der ebenfalls wie die Erfassung von Vorteilen für vergangene, pflichtwidrige Amtshandlungen durch das EGStGB 1974 eingeführt worden ist. Wurde hier der Gedanke der Beweiserleichterung bzw. das regelmäßige Vorliegen „echter" Bestechlichkeit als der für das Strafmaß entscheidende Gedanke herausgestellt, so wird man gerade im Rahmen von Vorteilen für vergangene pflichtwidrige Amtshandlungen darauf abstellen müssen. Hier drängt sich vielleicht sogar noch stärker die Vermutung auf, dass Hintergrund einer solchen Zuwendung eine entsprechende Absprache mit dem Amtsträger vor der pflichtwidrigen Amtshandlung war. Diese wird sich oft nicht nachweisen lassen, da man regelmäßig erst durch die sich nach außen manifestierende Gewährung bzw. Annahme des Vorteils auf Bestechung aufmerksam wird.[303] Wenn man hier eine vorangegangene Unrechtsvereinbarung vermutet, wird man meist richtig liegen. Denn es wird kaum eine andere plausible Erklärung dafür geben, dass dem Amtsträger für eine vergangene pflichtwidrige Amtshandlung ein Vorteil gewährt wird. Es lässt sich zwar eine abstrakte Gefahr der Preisgabe von Staatsgewalt nach Art des § 331 StGB denken, die durch die Belohnung pflichtwidriger Amtshandlungen auch zweifelsfrei begründet wird. Die mit § 332 Abs. 1 StGB geschaffene Möglichkeit, diese wie eine tatsächliche Preisgabe bestrafen zu können, leuchtet allerdings nur vor dem Hintergrund ein, dass man in diesen Fällen auch von einer tatsächlichen Preisgabe im Sinne einer vorangegangen Vereinbarung ausgeht, auf ihren Nachweis aber verzichtet. Insoweit bilden diese Konstellationen mit denen des § 332 Abs. 3 StGB eine gemeinsame Fallgruppe, um die das Kerndelikt der Bestechlichkeit durch das EStGB 1974 erweitert wurde.

303 Vor diesem Hintergrund erklärt sich der sog. „ Zweite Klüngel-Grundsatz", Scheuch Krim 2002, 79, 79: „Verlange nicht für deine Leistung die fällige Belohnung hier und heute. Gezahlt wird für Gefälligkeiten zeitversetzt."

2. Die vom Amtsträger initiierte Vorteilszuwendung („Fordern")

a) Das Unrecht der Vorteilsannahme nach § 331 StGB

aa) Zur Besonderen Rolle des Forderns im Rahmen von § 331 StGB

Wenn es im Folgenden nun um die Fälle des „Forderns" und damit der Initiative des Amtsträgers im Rahmen von § 331 StGB geht, so muss man sich zunächst überlegen, um welche Fallkonstellationen es sich hierbei genau handelt. Denn mit der Regelung des § 332 Abs. 3 StGB scheinen viele Konstellationen bereits dem Anwendungsbereich von „Bestechlichkeit" zu unterliegen. Nach den bisherigen Ausführungen vollzieht sich die Abgrenzung der §§ 331, 333 StGB von den §§ 332, 334 StGB maßgeblich am Kriterium der Kommunikation. In Bezug auf ein „Fordern" kann dies nicht der letzte Schluss sein, da sich „Fordern" ausschließlich als Akt der Kommunikation denken lässt und man hiernach nicht sinnvoll zwischen § 331 StGB und § 332 StGB differenzieren kann. Vor diesem Hintergrund und mit Blick auf § 332 Abs. 3 StGB bleibt im Rahmen von § 331 StGB für das Fordern nur ein schmaler Anwendungsbereich. Fordert der Amtsträger einen Vorteil für eine pflichtwidrige Amtshandlung, zeigt er sich damit immer auch bereit, diese vorzunehmen und sich damit i.S.v. § 332 Abs. 3 Nr. 1 StGB beeinflussen zu lassen. Gleiches gilt in Bezug auf Ermessensentscheidungen, die damit komplett von § 332 Abs. 3 Nr. 2 StGB aufgesogen werden.

Es bleiben damit hauptsächlich das Fordern für pflichtgemäße, gebundene Entscheidungen und das Fordern für ein Entgegenkommen im Rahmen der unbestimmten Dienstausübung übrig. Was eine Einordnung als Preisgabe von Staatsgewalt anbelangt, so gelingt dies in Bezug auf die letzte Konstellation ohne große Mühen. Der Amtsträger bietet für einen Vorteil an, Akte der Staatsgewalt grundsätzlich nach dem Willen seines Gegenübers vorzunehmen und legt diese damit in dessen Hand. Das Fordern stellt sich hier als vom Amtsträger initiierte Unrechtsvereinbarung dar. Ob der Amtsträger ein solches Angebot auch tatsächlich erfüllen wollte, ist nach den bisherigen Erkenntnissen bezüglich einer entsprechenden Initiative des Gebers de lege lata unerheblich. Das Unrecht lässt sich hier erschöpfend als abstrakte Gefahr einer Preisgabe von Staatsgewalt beschreiben.

Fraglich erscheint aber, ob sich auch die zweite Konstellation so verstehen lässt. Die überwiegende Ansicht nimmt dies wohl an, wenn entweder gar nicht differenzierend auf die Variante des Forderns eingegangen wird[304] oder aus-

304 Vgl. nur Fischer, 57. Auflage (2010), § 331 Rn. 18; NK-Kuhlen, 3. Auflage (2010), § 331 Rn. 16 ff.; Schönke/Schröder-Heine, 27. Auflage (2006), § 331 Rn. 23.

drücklich auch das Fordern als bloßes Hinwirken auf eine Unrechtsvereinbarung und abstrakte Gefahr im Sinne der üblichen Verwirklichungsformen von § 331 StGB eingestuft wird.[305] Mit Blick auf die Konstellation eines geforderten Vorteils für eine gebundene, pflichtgemäße Amtshandlung stellt sich allerdings schon die Frage, ob damit der gesamte Unrechtsgehalt erfasst ist. Dass auch hier hinsichtlich der Preisgabe von Staatsgewalt eine abstrakte Gefahr denklogisch nicht ausgeschlossen ist, wird man wohl annehmen können. Diese Konstellation scheint aber nicht erst mit Blick auf das Nicht-Bestehen einer Genehmigungsmöglichkeit i.S.d. § 331 Abs. 3 StGB aus der Reihe zu fallen. Es sind hier nämlich durchaus Fälle denkbar, in denen der Amtsträger in keiner Weise beabsichtigt, dem Bürger im Rahmen der Dienstausübung entgegenzukommen und eine entsprechende Gefahr nicht angenommen werden muss. Wenn der Amtsträger einen Vorteil als Voraussetzung für die Vornahme einer Amtshandlung fordert, auf die der Bürger einen Anspruch hat und die er eigentlich ohne eine entsprechende Gegenleistung vornehmen müsste, so erscheint der Bürger hier in erster Linie als Opfer des Amtsträgers und nicht als potentieller Komplize. Denn er muss die von ihm benötigte Amtshandlung nun bezahlen, obwohl sie eigentlich unentgeltlich erfolgen sollte. Auch wenn hier prinzipiell die Möglichkeit einer Verpflichtungsklage nach § 42 Abs. 1 VwGO oder der nicht ausdrücklich geregelten Leistungsklage besteht, wird sich der Bürger meist zur Entrichtung des geforderten Vorteils verpflichtet fühlen. Dies gilt auch dann, wenn für eine vergangene, nicht-pflichtwidrige Amtshandlung ein Vorteil gefordert wird. Denn der Bürger wird sich diesem Fordern oftmals aus Angst vor zukünftigem, nichtpflichtgemäßem Verhalten des Amtsträgers beugen.[306] In der Literatur wird daher diesbezüglich zum Teil von einer „Bedrückung des Bürgers" gesprochen.[307] Vor dem Hintergrund eines Eingriffs in die persönliche Handlungsfreiheit des Bürgers wird darin zum Teil der entscheidende Unrechtskern von § 331 StGB erblickt.[308] Im Falle des Forderns eines Vorteils für eine pflichtgemäße Amtshandlung soll danach stets die Drohung mitschwingen, die Amtshandlung andernfalls zu unterlassen.[309] Gegen ein solches Verständnis des Forderns im Sinne von Drohung und Zwang wird allerdings eingewandt, dass dies bereits durch

305 Hardtung, Erlaubte Vorteilsannahme (1994), S. 46 f.

306 Fischer, 57. Auflage (2010), § 331 Rn. 25 a.

307 Hardtung, Erlaubte Vorteilsannahme (1994), S. 46 f., der ein solches Moment ausdrücklich anerkennt, den Schutz des Bürgers hiervor allerdings als unbeabsichtigten Reflex von § 331 StGB einstuft; in diese Richtung Kargl ZStW 114 (2002) 763, 791.

308 Wagner, Amtsverbrechen (1975), S. 232 f.

309 Wagner, Amtsverbrechen (1975), S. 341 m.H.a. LK-Baldus, StGB, 9. Auflage (1974), § 331 Nr. 18; BGHSt 9, 245.

die Erpressungsvorschrift (§ 253 StGB) erfasst werde[310] bzw. dass der Strafrahmen eher gegen ein solches Verständnis spreche.[311]

bb) Das Ausnutzen des staatlichen Herrschaftsmonopols

Mag die Heranziehung des Erpressungsgedankens vielleicht etwas weit gehen, so ist damit noch nicht gesagt, dass die hier diskutierten Fälle des Forderns doch im Sinne von „Bestechung" verstanden werden müssen. Wenn es in einer Entscheidung des Bundesverwaltungsgerichts heißt, dass „Unbestechlichkeit und Uneigennützigkeit der Staatsdiener die unerläßliche Voraussetzung für ein geordnetes Staatswesen" sind[312], so könnte es dieser zweite, neben der Unbestechlichkeit stehende Gedanke sein, der treffend das Unrecht beschreibt, welches der Amtsträger im Falle des Forderns eines Vorteils für eine pflichtgemäße, gebundene Entscheidung verwirklicht. „Eigennutz des Amtsträgers" würde den Bürger zumindest eher als Opfer denn als Komplizen erscheinen lassen.

Einige Stimmen im Schrifttum sehen im Gedanken des Eigennutzes den Kern der §§ 331, 333 StGB insgesamt.[313] Allerdings soll nicht der Eigennutz an sich das strafbare Unrecht begründen, im Fokus stehen vielmehr seine negativen Auswirkungen bzw. Gefahren für die Sachlichkeit der Dienstausübung und das Vertrauen der Allgemeinheit in diese.[314] Insoweit unterscheidet sich dieser Ansatz letztlich doch nicht von dem der herrschenden Meinung und geht insoweit auch nicht auf die Besonderheiten der gegenständlichen Konstellationen ein. Als Opfer erscheint der Vorteilsgeber nämlich nur unter dem Gedanken des Eigennutzes an sich.

---

310 Kargl ZStW 114 (2002) 763, 791; interessant ist dabei, dass Vorteilsannahme im römischen Recht, auf dessen Grundsätze im Rahmen der Diskussion um das Wesen von § 331 StGB gerne zurückgegriffen wurde, zum Teil als Erpressungsunrecht firmierte, vgl. Rein, Das Kriminalrecht der Römer, Neudruck der Ausgabe Leipzig 1844 (1962), S. 604 ff.

311 Schönke/Schröder-Cramer, 25. Auflage (1997), § 331 Rn. 2.

312 BVerwGE 73, 194, 200.

313 Geerds, Über den Unrechtsgehalt der Bestechungsdelikte und seine Konsequenzen für Rechtsprechung und Gesetzgebung (1961), S. 50 f.; Schlüchter, in: Festschrift für Geerds (1995), S. 713; Sirch, Die Strafbarkeit der Parteispendenakquisition (2008), S. 57 f.

314 Geerds, Über den Unrechtsgehalt der Bestechungsdelikte und seine Konsequenzen für Rechtsprechung und Gesetzgebung (1961), S. 51; Sirch, Die Strafbarkeit der Parteispendenakquisition (2008), S. 57; gegen den von der Rechtsprechung herangezogenen Gedanken des Eigennutzes insgesamt Rudolphi NJW 1982 1417, 1419 ff.; vgl. hierzu BGHSt 35, 128, 133 f. mit Anmerkung Tenckhoff JR 1989, 30, 33 ff. und Kritik Kuhlen NStZ 1988, 433, 436 f.

Was hat man sich hierunter also vorzustellen? Zu bemerken ist zunächst, dass das Strafgesetzbuch strafbaren Eigennutz begrifflich durchaus kennt. Der 25. Abschnitt ist mit „Strafbarer Eigennutz“ überschrieben. Allerdings wird man aus diesem Umstand nicht allzu viel ableiten können, erscheinen die hierunter geführten Tatbestände doch sehr unterschiedlich, sodass die Bezeichnung „strafbarer Eigennutz“ bisweilen nicht nur für „nichtssagend“, sondern gar „irreführend“ gehalten wird.[315] Wirft man trotzdem einen Blick auf die hierunter fallenden Delikte, so fühlt man sich zumindest bei einem von ihnen ein wenig an § 331 StGB erinnert. Gemeint ist der „Wucher“ nach § 291 StGB. Sein Tatbestand ähnelt insoweit § 331 StGB, dass auch hier der Täter sich oder einem Dritten einen Vorteil versprechen oder gewähren lässt. Sind auch hier Drittvorteile mit einbezogen, so könnte das darauf hindeuten, dass der Begriff des Eigennutzes vielleicht wirklich ein wenig irreführend ist. Jedenfalls liegt im Rahmen der §§ 331, 332 StGB hierin eines der Hauptargumente gegen diesen Gedanken.[316] Man könnte sich nun überlegen, ob der Begriff des Eigennutzes deswegen nicht so recht zu passen scheint, weil der Fokus hier zu sehr auf dem Element „Eigen-“ liegt. Daneben bliebe allerdings nur das Element des „Nutzens“, was sich zumindest nicht pauschal als Unrecht einstufen lässt. Dies allerdings schon eher, wenn man „Nutzen“ im Sinne von „Ausnutzen“ versteht. In diese Richtung will sich jedenfalls § 291 StGB verstanden wissen, der das Versprechen- oder Gewährenlassen eines Vorteils ausdrücklich nur im Falle eines dadurch bedingten Ausbeutens der Zwangslage, der Unerfahrenheit, des Mangels an Urteilsvermögen oder der erheblichen Willensschwäche eines anderen bestrafen will. Ausbeuten wird dabei als bewusstes Ausnutzen bzw. als Missbrauch der Schwächesituation des Opfers verstanden[317] und auch die Motive des Gesetzgebers scheinen dafür zu sprechen, dass mit „Ausbeuten“ nichts anderes als „Ausnutzen“ gemeint ist, wie es dann auch in § 291 Abs. 1 S. 2 StGB verwendet wird.[318] Es ist daher vielleicht ein solcher Gedanke des Ausnutzens, der dem Fordern eines Vorteils für eine pflichtgemäße, gebundene Amtshandlung zu Grunde liegt.

Fragt man sich, was der Amtsträger in diesem Zusammenhang ausnutzen soll, so scheint sich hier in gewisser Weise der Bogen zurück zu den übrigen Verwirklichungsformen der §§ 331, 332 StGB schlagen zu lassen. Zwar nicht zur Bestechlichkeit bzw. Preisgabe von Staatsgewalt, wohl aber zum Gedanken des Herrschaftsmonopols des Staates, welches in diesem Zusammenhang als Formulierung eines Rechtsgutes vorgeschlagen wurde. Wegen dieser Monopol-

315 NK-Kuhlen, StGB, 3. Auflage (2010), Vor §§ 284 bis 297 Rn. 1.
316 Haffke in: Tondorf (Hrsg.), Staatsdienst und Ethik (1995), S. 29.
317 RGSt 53, 285, 286; BGHSt 11, 182, 187.
318 Vgl. hierzu NK-Kindhäuser, StGB, 3. Auflage (2010), § 291 Rn. 23 m.w.N.

stellung ist der Bürger darauf angewiesen, dass der Staat bzw. der Amtsträger gewisse Amtshandlungen vornimmt, ist ihm – dem Bürger – ein Handeln oder eine Entscheidung hier untersagt.[319] Es bedarf daher im Einzelfall einer Amtshandlung, damit der Bürger sein Vorhaben überhaupt fortsetzen kann. So bleibt man auch z.B. im Falle eines Anspruchs auf eine Baugenehmigung darauf angewiesen, dass diese auch tatsächlich von einer Behörde erteilt wird und man darf nicht selbst feststellen, dass den Bauvorschriften, die die Interessen Anderer bzw. der Allgemeinheit repräsentieren, entsprochen wird. Es besteht also eine Abhängigkeit vom Amtsträger nicht nur in Bezug auf den Inhalt, sondern auch in Bezug auf die Vornahme einer Amtshandlung an sich. Dieses Abhängigkeitsverhältnis nutzt der Amtsträger aus, wenn er sich oder einem Dritten für die Vornahme einer pflichtgemäßen, gebundenen Amtshandlung einen Vorteil gewähren lässt. Ist man auf den Amtsträger diesbezüglich angewiesen, wird man sich regelmäßig zu einer Zahlung gedrängt sehen, was so auch im Falle des Forderns eines Vorteils für vergangene, pflichtgemäße Amtshandlungen gilt. Da man auch in Zukunft auf die pflichtgemäße Dienstausübung des Amtsträgers angewiesen bleibt, wird man sich auch hier zur Zahlung verpflichtet fühlen. Insoweit kann man jenseits einer (konkludenten) Drohung von einer „Bedrückung" des Bürgers sprechen. Der Kern des Vorwurfs liegt aber nicht in einem solchen Gefühl der „Bedrückung", sondern im Ausnutzen der Abhängigkeit, was natürlich eng miteinander verbunden ist.

Um noch einmal zum Tatbestand des Wuchers nach § 291 StGB zurückzukommen, so wird hier von einem Gewährenlassen des Vorteils gesprochen. Der Unterschied zur sonstigen Annahme eines Vorteils liegt darin, dass im Falle des Gewährenlassens die Initiative vom Vorteilsempfänger ausgeht. Denn ohne eine solche lässt sich von einem Ausnutzen nicht sprechen. Wenn man die Strafbarkeit bereits an diese Initiative knüpft, so heißt das, dass bereits das Fordern eines entsprechenden Vorteils strafbar ist.[320] Damit wäre man wieder beim Wortlaut des § 331 StGB angelangt. Fordert der Amtsträger danach einen Vorteil für eine gebundene, pflichtgemäße Amtshandlung, so ist ihm ein Ausnutzen des staatlichen Herrschaftsmonopols zu Lasten des „Vorteilsgebers" vorzuwerfen.[321]

319 Vgl. Heinrich, Der Amtsträgerbegriff im Strafrecht (2000), S. 285.

320 Zur Bedeutung der Initiative des Amtsträgers als Kern des disziplinarrechtlichen Vorwurfs, vgl. Hardtung, Erlaubte Vorteilsannahme (1994), S. 47.

321 Vor diesem Hintergrund macht es auch Sinn, dass nach § 333 StGB in der Fassung des EStGB 1974 als „Spiegelbild" nur die Gewährung eines Vorteils für eine zukünftige Ermessensentscheidung strafbar war.

b) Das Unrecht der Bestechlichkeit nach § 332 StGB

Zu überlegen bleibt, ob der Gedanke des Ausnutzens auch für Fälle des Forderns im Rahmen von § 332 StGB heranzuziehen ist. Zu bemerken ist dabei zunächst, dass hier in jedem Fall bereits der Gedanke der Bestechlichkeit herangezogen werden kann, wie er oben bereits für die Konstellationen einer Initiative des Gebers konkretisiert wurde. Fordert der Amtsträger einen Vorteil für eine pflichtwidrige Amtshandlung oder eine bestimmte Ermessensentscheidung, so ermöglicht er damit immer eine Einflussnahme bzw. eine Teilnahme an Staatsgewalt. Das Fordern lässt sich mit der herrschenden Meinung hier stets als Angebot im Rahmen einer Unrechtsvereinbarung verstehen.[322]

Das Element des Ausnutzens könnte hier nun hinzutreten. Auch im Falle des Forderns für eine pflichtwidrige Amtshandlung nutzt der Amtsträger seine Stellung aus oder missbraucht sie. Dies tut er allerdings nur in der Weise, wie man es ihm auch im Rahmen der üblichen Verwirklichungsformen vorwerfen könnte, was neben dem Bestechungsgedanken allenfalls als Reflex miterfasst ist und worin zumindest nicht das spezifische Wesen des Forderns in diesem Zusammenhang zu sehen wäre. Im Gegensatz zu § 331 Abs. 3 StGB weist der Tatbestand von § 332 StGB auch in keiner Weise auf eine Sonderrolle des Forderns hin. Ein Ausnutzen, wie es für § 331 StGB anzunehmen ist, lässt sich aber nicht annehmen. Denn soll dieses zu Lasten des „Vorteilsgebers" gehen und diesen als Opfer erscheinen lassen, so kann dies so pauschal nicht für § 332 StGB gelten. Denn hier hat dieser gerade kein Recht auf die angebotenen Diensthandlung, welches er mit dem Vorteil lediglich gegen den Amtsträger verteidigen will, sondern würde diese Amtshandlung vielmehr als Komplize des Amtsträgers widerrechtlich erwerben.

322 Vgl. hierzu S. 122 ff.

G. Diskussion

Nachdem ein Konzept für das Verständnis der §§ 331 ff. StGB und des darin verwirklichten Unrechts nun aufgestellt ist, stellt sich die Frage, was aus diesem in Bezug auf die Behandlung konkreter Fallkonstellationen abzuleiten ist. Dabei soll nicht nur überprüft werden, ob es gelungen ist, das Unrecht der §§ 331 ff. StGB in einer Weise zu formulieren, welches im Rahmen der Anwendung der §§ 331 ff. StGB einen verlässlichen Maßstab für die Auslegung bietet. Der Anwendung auf konkrete Fallkonstellationen wird sicher auch hinsichtlich des Konzepts eine erläuternde Funktion zukommen, wird oft erst an Hand der praktischen Konsequenzen deutlich, was sich genau hinter einem theoretischen Grundsatz verbirgt. Auf diesem Wege kommt es unter Umständen auch zu einer weiteren Konkretisierung des Konzepts, das sich in seinen Grundzügen an dieser Stelle folgendermaßen darstellt: Mit Ausnahme der Fälle des Forderns im Rahmen von § 331 StGB stellt „Bestechung" den Kerngedanken der §§ 331 ff. StGB dar. Das Unrecht von Amtsträgerbestechung liegt in der Preisgabe von Staatsgewalt bzw. der Teilnahme an dieser, womit es zu einer Durchbrechung des Herrschaftsmonopols des Staates kommt. Dieses stellt als Grundbedingung eines Zusammenlebens nach demokratischen Prinzipien einen Wert an sich dar und wird im Rahmen der verschiedenen Varianten der §§ 331 ff. StGB entweder verletzt oder abstrakt gefährdet.

Mit diesem Grundansatz und den daraus gezogenen Folgerungen für das konkrete Verständnis des jeweiligen Wortlauts der §§ 331 ff. StGB soll nun an die Fallkonstellationen herangegangen werden, die im Rahmen der Einführung in die Problematik der §§ 331 ff. StGB als sog. „Besondere Fallgruppen" herausgestellt wurden. Dabei wird sich insbesondere zu zeigen haben, ob es sich um „echte" Ausnahmen in dem Sinne handelt, dass man hier grundsätzlich von einer tatbestandlichen Erfassung ausgehen muss, auf Grund der Besonderheiten des Einzelfalls aber ausnahmsweise von einer Bestrafung abzusehen ist oder ob unter Heranziehung der hier erarbeiteten Kriterien schon gar nicht von einer Erfüllung des Tatbestands gesprochen werden kann. Mit dieser Blickrichtung soll sich nun mit den Fällen der „Sozialadäquanz", der „Drittmitteleinwerbung" und der „Parteispenden" bzw. den hierzu ergangenen maßgeblichen Entscheidungen des Bundesgerichtshofes befasst werden.

I. Sozialadäquanz

Wie sind nach Verständnis der §§ 331 ff. StGB im Sinne des hier entwickelten Konzepts nun die Fälle zu behandeln, die unter dem Stichwort der „Sozialadäquanz“ diskutiert werden? Wie bereits dargestellt, geht es in diesem Zusammenhang insbesondere um Neujahrsgeschenke an Postboten oder Müllwerker, geringwertige Aufmerksamkeiten aus Anlass von Jubiläen oder persönlichen Feiertagen, gelegentliche Bewirtungen oder Trinkgelder in angemessener Höhe, Geschenke an hohe Amtsträger und Diplomaten durch ausländische Staatsmänner, Dankbarkeitsgeschenke für Rettungshandlungen oder kleinere Werbegeschenke.[323] Solche Fälle sind deshalb Gegenstand der Diskussion, da sie vom Tatbestand der §§ 331, 333 StGB als erfasst gelten, Einigkeit aber darin besteht, dass in den meisten dieser Fälle nicht von der Verwirklichung strafbaren Unrechts auszugehen ist. Ausgenommen von der Strafbarkeit sollen daher sog. sozialadäquate Vorteile bzw. Verhaltensweisen sein, wobei sich bereits abgezeichnet hat, dass sich eine Konkretisierung des Kriteriums der Sozialadäquanz als äußerst schwierig erweist.

1. Das Erfordernis eines Beeinflussungswillens als hinreichende Strafbarkeitsschwelle

Wendet man nun die im Rahmen dieser Arbeit gewonnenen Erkenntnisse auf die soeben ins Gedächtnis gerufenen Konstellationen an, so ist für eine Strafbarkeit sowohl nach § 333 StGB als auch nach § 331 StGB entscheidend, dass der Geber mit dem Vorteil Einfluss auf die Dienstausübung des Amtsträgers nehmen will. Der Amtsträger soll erkennen, dass von ihm für den Vorteil eine Gegenleistung im Rahmen der Dienstausübung erwartet wird. Dass auch die Strafbarkeit des Amtsträgers von einer solchen Erwartung des Gebers abhängt, liegt entsprechend den hier gewonnenen Erkenntnissen daran, dass das Unrecht von § 331 StGB in der (abstrakten) Gefahr der Preisgabe von Staatsgewalt zu sehen ist, wovon nur gesprochen werden kann, wenn der Geber an der Staatsgewalt auch wirklich teilnehmen will.

Wenn man vor diesem Hintergrund einmal das vielleicht nicht mehr ganz zeitgemäße, aber doch nach wie vor gerne als Paradebeispiel für Sozialadäquanz angeführte Neujahrsgeschenk für den Postboten in den Blick nimmt, so ist diese Konstellation deswegen nicht erfasst, da der Geber hier mit dem Vorteil nicht Einfluss auf die Dienstausübung nehmen will. Man wird schon daran zu zwei-

323 Fischer, StGB, 56. Auflage (2009), § 331 Rn. 25 m.w.N.

feln haben, ob das Austragen von Briefen als Ausüben von Staatsgewalt einzustufen ist. Im Rahmen eines Neujahrsgeschenks wird aber jedenfalls niemand ernsthaft davon überzeugt sein können, dass Einfluss auf die Tätigkeit des Postboten genommen werden soll. Dies auch nicht vor dem Hintergrund einer Honorierung der vergangenen Dienstausübung, kommt es dem Geber hier nicht darauf an, dass der Bote das Geschenk als Ausdruck einer grundsätzlichen Bereitschaft zur Honorierung günstiger Entscheidungen versteht.

Das Gleiche lässt sich so auch für Geschenke sagen, die Amtsträger von ausländischen Staatsmännern im Rahmen ihrer diplomatischen Tätigkeit erhalten. Auch hier wird niemand ernsthaft den Nachweis anstrengen, dass der ausländische Staatsmann für das Geschenk eine Gegenleistung im Rahmen der Dienstausübung des Amtsträgers erwartet, letzterer das Geschenk gar gerade in dieser Weise verstehen soll. Hierbei spielen natürlich auch die Üblichkeit solcher Geschenke im Rahmen von Staatsbesuchen eine gewisse Rolle und der Ansatz, dass Zuwendungen zum Teil aus Gründen der Höflichkeit nicht zurückgewiesen werden können.[324] Gerade im Rahmen des diplomatischen Verkehrs kann die Annahme von Geschenken gar zur Dienstpflicht gehören.[325] All diese Aspekte sind aber nicht als Strafausschluss per se vor dem Hintergrund etwaiger Sozialadäquanz heranzuziehen. Vielmehr ist auf ihrer Grundlage zu überlegen, ob hier der tatbestandlich vorausgesetzte Beeinflussungswille anzunehmen ist, was bei Gastgeschenken von ausländischen Staatsmännern wie gesagt nicht anzunehmen ist.[326]

2. Der Nachweis des Beeinflussungswillens im konkreten Einzelfall

Sind die soeben beschriebenen Konstellationen regelmäßig nicht von den §§ 331, 333 StGB erfasst, so darf man aber nicht aus dem Blick verlieren, dass es sich hierbei letztlich um Einzelfallentscheidungen handelt. Dies gilt es insbesondere in Bezug auf die sonstigen, unter dem Stichwort der Sozialadäquanz diskutierten Fallgruppen zu berücksichtigen. Denn es lässt sich nicht pauschal sagen, ob Werbegeschenke, Geschenke anlässlich von Jubiläen oder gelegentliche Bewirtungen strafrechtlich zulässig sind oder nicht. Insbesondere im Bereich von Werbegeschenken wurde dies angesichts der sich in diesem Bereich

324 Maiwald JuS 1977, 353, 355.

325 Vgl. BGHSt 31, 264, 279.

326 Fraglich ist auch, ob sich die Amtshandlungen des Diplomaten dem ausländischen Staatsmann gegenüber überhaupt als Ausübung von Staatsgewalt darstellen.

als „üblich“ etablierten Dimensionen schon relativ früh diskutiert.[327] Die konkreten Umstände des Einzelfalls müssen und können im Hinblick darauf gewürdigt werden, ob der Geber die Dienstausübung des Amtsträgers beeinflussen wollte. Wenn man dies als Schwelle für die Strafbarkeit akzeptiert, so ist die konstatierte schwierige Abgrenzung von strafbaren und straflosen Verhalten[328] weniger eine normative Frage als vielmehr eine des Beweises. Soweit hier also als Abgrenzungskriterium die Höhe des Vorteils[329], Stellung und Inhalt der Dienstaufgaben des Amtsträgers, die Nähe zwischen dienstlichen Aufgaben und dem Anlass der Vorteilszuwendung sowie die Möglichkeit der unlauteren Beeinflussung der Amtsführung als Kriterien ins Feld geführt werden[330], so handelt es sich hierbei nicht um Auslegungskriterien, sondern um Indizien im Hinblick auf einen konkreten, für die Strafbarkeit nach § 331 StGB und § 333 StGB entscheidenden Beeinflussungswillen des Gebers.[331] Dies hat zumindest für § 333 StGB der Bundesgerichtshof in seinem bereits in der Einleitung dargestellten Urteil vom 14. Oktober 2008 schon im Rahmen der Leitsätze festgehalten. Dort heißt es:[332]

> „1. Die für eine Vorteilsgewährung nach § 333 Abs. 1 StGB erforderliche (angestrebte) Unrechtsvereinbarung setzt voraus, dass der Vorteilsgeber mit dem Ziel handelt, auf die künftige Dienstausübung des Amtsträgers Einfluss zu nehmen und/oder seine vergangene Dienstausübung zu honorieren, wobei eine solche dienstliche Tätigkeit nach seiner Vorstellung nicht – noch nicht einmal in groben Umrissen – konkretisiert sein muss.
>
> 2. Ob in diesem Sinne eine Unrechtsvereinbarung vorliegt, ist Tatfrage und unterliegt der wertenden Beurteilung des Tatrichters, die regelmäßig im Wege einer Gesamtschau aller in Betracht kommenden Indizien zu erfolgen hat.
>
> 3. In die Würdigung fließen als mögliche Indizien neben der Plausibilität einer anderen Zielsetzung namentlich ein: die Stellung des Amtsträgers und die Beziehung des Vorteilsgebers zu dessen dienstlichen Aufgaben (dienstliche Berührungspunkte), die Vorgehensweise bei dem Angebot, dem Versprechen oder dem Gewäh-

---

327 Vgl. Fuhrmann GA 1959, 97 ff.

328 Vgl. hierzu Fischer, StGB, 57. Auflage (2010), § 332 Rn. 15.

329 Siehe hierzu allg. 30 € gegen 50 € bei Lesch AnwBl. 2003, 261, 262, der die interessante Konstellation der Zuwendung eigener (teurer) wissenschaftlicher Werke unter Hochschulkollegen in die Debatte einbringt.

330 Vgl. hierzu Dölling ZStW 112 (2000), 334, 345; Volk, in: Gedächtnisschrift für Zipf (1999), S. 421 ff.

331 Die Diskussion entsprechender Fallgruppen erfolgt zumeist unter dem Oberbegriff „Einschränkung des Unrechtszusammenhangs“, vgl. Fischer, StGB, 56. Auflage (2009), § 331 Rn. 25 ff. und scheint nicht im Sinne von Indizien für einen Beeinflussungswillen verstanden zu werden.

332 BGHSt 53, 6, 6.

ren von Vorteilen (Heimlichkeit oder Transparenz) sowie die Art, der Wert und die Zahl solcher Vorteile."

Vor diesem Hintergrund wird insbesondere der Höhe bzw. dem Umfang der gewährten Vorteile eine maßgebende Bedeutung zukommen. Das hier gefundene Ergebnis macht zwar deutlich, dass es keine festen Wertgrenzen geben kann, da es alleine auf einen Beeinflussungswillen des Gebers ankommt.[333] Betrachtet man aber nochmals die Voraussetzung der Strafbarkeit nach den §§ 331, 333 StGB, so zeigt sich doch relativ deutlich die praktische Relevanz der Vorteilshöhe. Denn im Rahmen von § 333 StGB muss der Geber wollen, dass der Amtsträger die mit dem Vorteil verbundene Erwartung einer Gegenleistung im Rahmen der Dienstausübung erkennt. Über die Kommunikation einer solchen Erwartung lässt sich dieser Wille hier gerade nicht nachweisen, zeichnet sich § 333 StGB im Vergleich zu § 334 (Abs. 3) StGB dadurch aus, dass es eines solchen Aktes von Kommunikation nicht bedarf. Dass der Amtsträger den Hintergrund des Vorteils trotzdem richtig verstehen kann, liegt an der kommunikativen Wirkung, die von dem Vorteil an sich ausgeht. Denn erhält man ein Geschenk, so stellt man sich unweigerlich die Frage nach dem „Wofür". Dies gilt insbesondere bei umfangreichen bzw. wertvollen Vorteilen, ist es im Zweifel nicht anzunehmen, dass jemand sein Vermögen schlicht verschenkt. Ist ein solcher Zusammenhang auch dem Vorteilsgeber bewusst, so kann er sich bei hohen Zuwendungen wohl kaum herausreden, dass er nicht mit einem solchen Verständnis des Amtsträgers gerechnet habe. Je höher der gewährte Vorteil, desto weniger ernsthafte Zweifel bestehen daran, dass der Amtsträger auch verstehen soll, dass für den Vorteil eine Gegenleistung im Rahmen der Dienstausübung erwartet wird. Es bleibt aber eine Einzelfallentscheidung und nach wie vor sind auch die sonstigen Indizien aus den oben dargestellten Leitsätzen des Bundesgerichtshofes heranzuziehen. Man wird daher sagen müssen, dass § 333 StGB regelmäßig erst bei hohen Zuwendungen zur Anwendung kommt. Lässt sich „hoch" jenseits des soeben beschriebenen Zusammenhangs nicht weiter sinnvoll konkretisieren, so kann man auf Grund dieses Befundes aber doch sagen, dass die Gefahr der Pönalisierung geringwertiger, als nicht strafwürdig erachteter Zuwendungen nach dem hiesigen Konzept nicht besonders groß ist. Diese werden mangels Annahme eines entsprechenden Beeinflussungswillens hiernach schon gar nicht vom Tatbestand erfasst. Es stellt sich damit nicht die (dogmatisch) schwierige Frage, wie solche Konstellationen von einer Strafbarkeit wieder ausgenommen werden können. Bestehen keine ernsthaften Zweifel an einem Beeinflussungswillen i.S.v. § 333 StGB, so gibt es auf der anderen Seite aber auch keinen Grund, über eine nachträgliche Ausnahme nachzudenken.

333 Vgl. NK-Kuhlen, StGB, 3. Auflage (2010), § 331 Rn. 35.

Für die Strafbarkeit des Amtsträgers nach § 331 StGB haben hohe Zuwendungen eine entsprechende Bedeutung. Hier wird auch der Amtsträger nicht überzeugend darlegen können, dass er nicht erkannt habe, dass für den Vorteil eine Gegenleistung im Rahmen der Dienstausübung erwartet werde. Denn man wird im Zweifel nicht davon ausgehen, dass eine solche Zuwendung „umsonst" ist und die Erwartung einer Gegenleistung im Rahmen der Dienstausübung stellt in den meisten Fällen die einzige plausible Erklärung für den Vorteil dar.[334]

Was die Rolle der Höhe des gewährten bzw. angenommenen Vorteils anbelangt, so sei an dieser Stelle noch angemerkt, dass es durchaus Anzeichen dafür gibt, dass auch der Gesetzgeber in Bezug auf die §§ 331, 333 StGB gerade hohe Zuwendungen im Blick hatte. Dies ergibt ein Blick auf Materialien zum KorrBekG 1997, welches den §§ 331, 333 StGB ihre heutige Gestalt verliehen hat. So heißt es im Rahmen der Beschlussempfehlung des Rechtsausschusses:[335]

> „Aus dem Bereich der Strafverfolgungspraxis und der Strafrechtswissenschaft wird eine Lockerung des Merkmals der ‚Unrechtsvereinbarung' insbesondere in Fällen hoher Zuwendungen, die keinen Diensthandlungen zugerechnet werden können, gefordert.
>
> Um die strafwürdigen und strafbedürftigen Fälle zu erfassen, bei denen die Annahme oder Gewährung eines Vorteils als Gegenleistung ‚für eine Diensthandlung' nicht nachgewiesen werden kann, wird der Straftatbestand der Vorteilsannahme daher dahingehend geändert, daß künftig bereits das Fordern, Sichversprechenlassen und Annehmen von Vorteilen ‚für die Dienstausübung' unter Strafe gestellt wird."

Wird der Anwendungsbereich der §§ 331, 333 StGB danach zwar nicht ausdrücklich über hohe Zuwendungen definiert, so zeigt das Wörtchen „daher" im zweiten Abschnitt doch, welche Art von Zuwendungen der Gesetzgeber im Rahmen der Reform von 1997 im Blick hatte.

Im Ergebnis kann man also festhalten, dass die Konstellationen, die unter dem Stichwort „Sozialadäquanz" im Rahmen der §§ 331, 333 StGB diskutiert werden, nach dem hiesigen Verständnis meist schon gar nicht vom Tatbestand erfasst sind. Es stellt sich damit die Frage, inwieweit überhaupt noch Raum oder Bedarf für ein Heranziehen dieses Rechtsgedankens besteht. Ist der Geber nach § 333 StGB kurz gesagt dann strafbar, wenn er Einfluss auf die Dienstausübung nehmen will und der Amtsträger dann, wenn er dies erkennt und den Vorteil

---

334 Vgl. hierzu nochmals die soeben zitierten Leitsätze des BGH im Falle „Claassen"; als plausible Erklärung für die Gewährung eines Vorteils in Form WM-Tickets wurde hier die Erwartung angesehen, dass das Bild des Unternehmens in der Öffentlichkeit positiv beeinflusst wird, wenn sich namhafte Persönlichkeiten in der Stadionloge des Unternehmens zeigen und so mit diesem in Verbindung gebracht werden, siehe BGHSt 53, 6, 15.

335 BT-Drs. 13/8079, S. 15.

dennoch annimmt, so besteht an sich erst mal kein Anlass, über etwaige Ausnahmen nachzudenken. Bei einer Orientierung an diesen Kriterien besteht nicht die Gefahr, dass Verhaltensweisen erfasst werden, die per se als erwünscht und nicht strafwürdig einzustufen sind. Denn was soll an einer Beeinflussung der Dienstausübung je gut sein oder warum soll der Amtsträger einen Vorteil annehmen dürfen, von dem er weiß, dass er damit beeinflusst werden soll? Hier fällt es schon schwer, überhaupt eine weitere Ausnahme zu formulieren. Diese dann auch noch alleine auf die doch sehr unbestimmten Wesensmerkmale eines so allgemeinen Rechtsgedankens wie den der Sozialadäquanz zu stützen, vermag kaum zu überzeugen. Es erscheint nach alldem daher mehr als fraglich, ob der allgemeinen Rechtsfigur der Sozialadäquanz per se eine nennenswerte Bedeutung im Rahmen der Strafbarkeit nach den §§ 331, 333 StGB zukommt.[336]

3. Das Erfordernis einer gesetzlichen Grundlage für Ausnahmen von der Strafbarkeit im Falle des Vorliegens eines Beeinflussungswillens

Denkbar alleine erscheint eine weitere Ausnahme vom Tatbestand insoweit nur dann, wenn diese gesetzlich normiert ist. Mag eine solche Regelung auch auf dem Gedanken der Sozialadäquanz beruhen, ist eine gesetzliche Konkretisierung nicht nur vor dem Hintergrund der Unbestimmtheit der allgemeinen Voraussetzungen dieses Rechtsgedankens notwendig. Soll die unternommene Beeinflussung eines Amtsträgers für die Beteiligten ausnahmsweise straffrei bleiben, so kann dies nur auf der Grundlage einer formellen Entscheidung des Gesetzgebers beruhen und es kann insoweit nicht auf ein dahingehendes Urteil des Richters ankommen, ob die Gefahr einer Beeinflussung ausnahmsweise hinzunehmen ist.[337] Dass die Lehre von der Sozialadäquanz gerade im Rahmen solcher Ausnahmevorschriften Einfluss in das Strafgesetzbuch findet, hat der Bundesgerichtshof in der hier zitierten Entscheidung zum allgemeinen Rechtsgedanken der Sozialadäquanz ausdrücklich festgehalten. In der Entscheidung ging es gerade um eine solche Ausnahmeregelung, nämlich die des § 86 Abs. 3 StGB. So heißt es:[338]

> „Die dort getroffene Regelung soll sicherstellen, daß die Vorschrift des § 86 Abs. 1 StGB ‚nicht bei sozialadäquater Benutzung der betreffenden Publikation, z.B. zu wissenschaftlichen oder künstlerischen Zwecken, Anwendung findet‘ (Deutscher

336 In diesem Sinne auch HansOLG Hamburg StV 2001, 277, 282.

337 H. Mayer, Strafrecht, Allgemeiner Teil (1953), S. 108.

338 BGHSt 23, 226, 228.

Bundestag, 5. Wahlperiode, Schriftlicher Bericht des Sonderausschusses für die Strafrechtsreform – BT-Drucksache V/2860, S. 9 zu § 86 StGB).“

Wird der Tatbestand der § 331 Abs. 1 StGB bzw. § 333 Abs. 1 StGB im Sinne der hier entwickelten Kriterien erfüllt und kann eine weitere Ausnahme hiervon nur auf Grundlage einer gesetzlichen Regelung gemacht werden, so kommt als solche letztlich nur eine Genehmigung nach § 331 Abs. 3 StGB bzw. § 333 Abs. 3 StGB in Betracht.

II. Drittmittel und Sponsoring

Im Rahmen der Einführung wurde bereits angedeutet, dass der Bundesgerichtshof unter bestimmten Voraussetzungen eine Ausnahme von der Strafbarkeit nach den §§ 331, 333 StGB im Bereich der Drittmitteleinwerbung zulassen will. Soweit in diesem Zusammenhang § 331 Abs. 1 StGB bzw. § 333 Abs. 1 StGB verwirklicht werden und insoweit eine echte Ausnahme von der Strafbarkeit zu machen ist, müsste diese nach dem soeben Festgestellten auf einer Genehmigung i.S.v. § 331 Abs. 3 StGB bzw. § 333 Abs. 3 StGB beruhen. Es wird im Folgenden zu erörtern sein, inwieweit dies mit dem Ansatz des Bundesgerichtshofes in Einklang steht.

1. Die Verwirklichung der §§ 331, 333 StGB im Zusammenhang mit Drittmitteln und Sponsoring

Zunächst gilt es aber zu erörtern, inwieweit im Rahmen der Einwerbung von Drittmitteln oder allgemein von Sponsorengeldern § 331 Abs. 1 StGB bzw. § 333 Abs. 1 StGB verwirklicht werden.[339] Dabei wurde bereits festgestellt, dass Wissenschaftler an deutschen Hochschulen – zu denen auch die Universitätskliniken zu zählen sind – nach § 25 HRG berechtigt sind, zur Finanzierung von Forschungsvorhaben Gelder aus dem privaten Sektor zu beschaffen. Das Ein-

339 Wenn sich die folgenden Ausführungen überwiegend um die Einwerbung von Drittmitteln drehen, so ist dies dem Umstand geschuldet, dass die hier als Leitfaden dienende Entscheidung BGHSt 47, 295 ff. gerade die Einwerbung von Drittmitteln zum Gegenstand hatte. Das Gesagte gilt in gleicher Weise aber auch für die Einwerbung sonstiger Sponsorengelder durch einen Amtsträger; zur Übertragbarkeit auf die Problematik um Sponsorengelder für Städte und Gemeinden Schreiber/Rosenau/Combé/Wrackmeyer GA 2005, 265, 272.

werben solcher Drittmittel wird nicht nur als auf Art. 5 Abs. 3 S. 1 GG beruhendes Recht, sondern auch als konkrete Dienstaufgabe eingestuft.[340]

Wenn ein Wissenschaftler nun ein Forschungsprojekt finanzieren will und daher um entsprechende Mittel in der Privatwirtschaft wirbt, so verwirklicht er an sich zunächst nicht den Tatbestand von § 331 Abs. 1 StGB im Sinne des Forderns eines Vorteils für die Dienstausübung. Geht es alleine um die Finanzierung und damit Ermöglichung des Forschungsvorhabens, stellt sich das Fordern nicht als Element einer tatbestandlichen Unrechtsvereinbarung i.S.d. § 331 Abs. 1 StGB dar.[341] Zwar lässt sich die konkrete Gestalt der mit der Formulierung „für die Dienstausübung" umschriebenen Unrechtsvereinbarung nur schwer fassen; Einigkeit besteht aber zumindest dahingehend, dass ein Verständnis von „für" im Sinne eines „Ermöglichen von" keinesfalls erfasst sein soll.[342] Paradebeispiel hierfür ist der Fall, dass eine Privatperson einem Polizeibeamten Benzin für Ermittlungen in der Freizeit zur Verfügung stellt.[343] Eine Unrechtsvereinbarung kommt entsprechend der bisherigen Erkenntnisse aber nur dann in Betracht, wenn dem Wort „für" eine Bedeutung im Sinne von „als Gegenleistung für" beigemessen werden kann. Soweit es dem Drittmittel einwerbenden Forscher allerdings alleine um die Finanzierung und damit Ermöglichung des Forschungsvorhabens geht – woran im Regelfall auch keine Zweifel bestehen – kann dies folglich nicht als tatbestandliches Fordern eines Vorteils „für die Dienstausübung" i.S.v. § 331 StGB gewertet werden.

Zu diesem Ergebnis gelangt man darüber hinaus auch, wenn man entsprechend dem hier gefundenen Ergebnis das Unrecht von § 331 StGB in der Gefahr der Preisgabe von Staatsgewalt erblickt. Nach einem solchen Verständnis können Vorteile nur dann erfasst sein, wenn sie sich auf Handlungen des Amtsträgers beziehen, die sich als Akt der Staatsgewalt verstehen lassen. Im Falle von Drittmitteln bzw. von Vorteilen für ein Forschungsprojekt müsste sich die Forschungstätigkeit daher als Akt der Staatsgewalt einstufen lassen, wollte man an eine Strafbarkeit nach § 331 StGB denken. Dies lässt sich nicht so ohne Weiteres sagen. Denn als Akte der Staatsgewalt kommen in diesem Zusammenhang nur solche Handlungen in Betracht, die sich dadurch auszeichnen, dass sie ausschließlich seitens des Staates vorgenommen werden dürfen. Nur so kann in der Teilnahme an einer solchen Handlung bzw. deren Preisgabe per se Unrecht erblickt werden. Forschungstätigkeit erscheint sich demnach schon deswegen nicht als Akt der Staatsgewalt einstufen zu lassen, da ihr gerade dieses Element

340 Vgl. Kindhäuser/Goy NStZ 2003, 291, 291 m.H.a. § 59 Abs. 1 Universitätsgesetz BadWürtt. i.d.F. vom 1.2.2000, Gbl. BadWürtt. 208.

341 In diesem Sinne Kindhäuser/Goy NStZ 2003, 291, 293 f.

342 NK-Kuhlen, StGB, 3. Auflage (2010), § 331 Rn. 80; Geerds JR 1982, 384, 385.

343 OLG Zweibrücken JR 1982, 381, 382.

der Exklusivität fehlt. Denn Forschung kann und wird gerade auch von nichtstaatlichen Stellen betrieben und sie wird nun nicht alleine deshalb zur Ausübung von Staatsgewalt, weil ein Forscher an einer staatlichen Universität im Einzelfall Amtsträger i.S.v. § 11 Abs. 1 Nr. 2 StGB ist. Es kann danach nicht pauschal jedes Handeln eines Amtsträgers als Dienstausübung i.S.d. §§ 331 ff. StGB eingestuft werden.

Eine Strafbarkeit nach den §§ 331, 333 StGB kommt im Bereich der Drittmittelforschung folglich nur dann in Betracht, wenn der Vorteil zumindest auch in Beziehung zu einer anderen Tätigkeit des Amtsträgers als dem reinen Forschen steht, welche sich als Ausübung von Staatsgewalt einstufen lässt. Als solche kommen in diesem Bereich hauptsächlich Entscheidungen über die Verwendung öffentlicher Mittel bzw. deren Vorbereitung durch fachliche Stellungnahmen in Betracht.[344] Wenn die strafrechtliche Drittmittelproblematik insbesondere im Bereich von Universitätskliniken besteht[345], so hat dies den Hintergrund, dass die Drittmittel einwerbenden oder entgegennehmenden Amtsträger neben ihrer Tätigkeit als Arzt bzw. Forscher meist auch mit Beschaffungsentscheidungen betraut sind. Zumindest nehmen sie in der Praxis auf diese infolge ihres Fachwissens entscheidenden Einfluss. Da bei Universitätskliniken und sonstigen Krankenhäusern der öffentlichen Hand die Anschaffung von Medizinprodukten und Arzneimitteln naturgemäß mit öffentlichen Mitteln bestritten wird, stellen solche Beschaffungsentscheidungen die Verwendung öffentlicher Mittel und damit Akte der Staatsgewalt dar.[346] Es ist daher weniger die Drittmitteleinwerbung an sich, die möglicherweise eine Strafbarkeit nach den §§ 331, 333 StGB begründet, sondern die in diesem Zusammenhang begründete Gefahr einer Einflussnahme auf Beschaffungsentscheidungen.[347]

Bringt man diesen Befund mit den Voraussetzungen einer Strafbarkeit nach den §§ 331, 333 StGB zusammen, so lässt sich formulieren, dass der Drittmittelgeber als Gegenleistung für die gewährten Mittel ein Entgegenkommen im Rahmen von Beschaffungsentscheidungen erwarten muss und der Amtsträger im Bewusstsein dieser Erwartung die Drittmittel annimmt. Ansatzpunkt für eine Strafbarkeit des Amtsträgers ist damit nicht das Einwerben bzw. Fordern der Drittmittel[348], sondern deren spätere Annahme.[349] Erinnert man sich daran, dass

344 Fischer, StGB, 57. Auflage (2010), § 331 Rn. 27a.

345 Auch die oben bereits angeführte Grundsatzentscheidung des BGH zur Drittmitteleinwerbung spielt sich an einem Universitätsklinikum ab, vgl. BGHSt 47, 295, 296.

346 Dies ergibt sich insbesondere aus der Bindung solcher Entscheidungen an die Grundsätze des Vergaberechts.

347 Kindhäuser/Goy NStZ 2003, 291, 294.

348 Dies geschieht „zur Ermöglichung von“ Tätigkeiten wie der Forschung. Etwas anderes gilt natürlich dann, wenn der Amtsträger bereits beim Einwerben der Mittel ein Entge-

die Einwerbung und folglich auch die Annahme von Drittmitteln nicht nur gebilligt, sondern ausdrücklich gewünscht ist, so stellt sich die Frage, ob – gemessen an den hier formulierten Voraussetzungen – die Annahme bzw. Gewährung von Drittmitteln als strafbar einzustufen ist und damit die grundsätzlich erwünschte Drittmitteleinwerbung letztlich strafrechtlich verboten wäre.

2. Zum Erfordernis einer Ausnahme von der Strafbarkeit nach §§ 331 Abs. 1, 333 Abs. 1 StGB im Bereich der Drittmitteleinwerbung und des Sponsoring

Es hat sich bereits gezeigt, dass Drittmitteleinwerbung nach diesem Ansatz nicht pauschal strafbar ist. Dabei spielt es keine Rolle, ob die Vorteile zumindest mittelbar dem Amtsträger zukommen, sind mittlerweile ausdrücklich auch Drittvorteile erfasst. Erforderlich ist aber ein Bezug zu Tätigkeiten des einwerbenden bzw. annehmenden Amtsträgers, die sich als Akt der Staatsgewalt einstufen lassen muss. Dies ist insbesondere dann der Fall, wenn der Amtsträger mit Beschaffungsentscheidungen oder der Vergabe sonstiger öffentlicher Aufträge betraut ist. Für eine Strafbarkeit nach den §§ 331, 333 StGB muss der Drittmittelgeber nun die Beeinflussung einer solchen Beschaffungsentscheidung im Blick haben und der Amtsträger dies erkennen. Wenn Unternehmen für Medizinprodukte Universitätskliniken bzw. öffentliche Krankenhäuser mit Drittmitteln unterstützen, so erscheint es nicht besonders realitätsnah anzunehmen, die Unternehmen würden nicht darauf spekulieren, als Gegenleistung für die gewährten Mittel Aufträge von der Klinik zu erhalten. Da es sich bei den gewährten Mitteln meist um hohe Summen handelt[350], wird man entsprechend der herausgearbeiteten Rolle „hoher Zuwendungen" regelmäßig keine ernsthaften Zweifel daran haben, dass der Geber damit rechnet und billigend in Kauf nimmt, dass der Amtsträger von einer bestimmten, mit dem Vorteil verbundenen Erwartung ausgeht. Und tatsächlich wird der Amtsträger angesichts der Summen nicht überzeugend darlegen können, dass er die Zuwendungen für „umsonst" gehalten ha-

---

genkommen im Rahmen von Beschaffungsentscheidungen in Aussicht stellt, wobei man hier meist in den Bereich von § 332 Abs. 3 StGB vorstößt.

349 Kindhäuser/Goy NStZ 2003, 291, 294.

350 Zu denken ist hier nicht nur an Geldbeträge sondern auch an das kostenlose Zurverfügungstellen von Medizinprodukten, vgl. Fischer, StGB, 57. Auflage (2010), § 331 Rn. 27; inwieweit es sich hier um Drittmittel, Sponsoring oder sonstige Zuwendungen (Finanzierung von Kongressreisen) handelt, erscheint dabei nicht entscheidend, gilt für sie im Hinblick auf ihre tatbestandliche Erfassung zunächst dasselbe Kriterium und ist auch keiner der Bereiche pauschal aus dem Tatbestand herauszunehmen.

be und nicht davon ausgegangen sei, dass der Geber auf ein Entgegenkommen im Rahmen von Beschaffungsentscheidungen spekuliert habe.[351] Ein solches Entgegenkommen ist in den meisten Fällen letztlich nur innerhalb solcher Beschaffungsentscheidungen denkbar. Wird echtes Mäzenatentum gerade bei einem Interesse an entsprechenden Beschaffungsentscheidungen eher die Ausnahme sein, kommt hier höchstens noch im Zuge öffentlichkeitswirksamer Drittmittel- oder Sponsoringmaßnahmen eine Verbesserung des gesellschaftlichen Ansehens und sonstige Aspekte des Marketing in Betracht.[352] Dieser Ansatz ist aber schon dann ausgeschlossen, wenn die Gewährung entsprechender Gelder – wie es in den meisten Fällen gerade passiert – nicht öffentlich gemacht wird. So kann man sagen, dass im Bereich des Drittmittelwesens oder Sponsoring sehr häufig die Voraussetzungen der Strafbarkeit nach den §§ 331, 333 StGB erfüllt sind. Hält man das Drittmittelwesen aber trotzdem gerade auch in Konstellationen wie den soeben beschriebenen für wünschenswert, in denen eine Beeinflussung von Entscheidungen des Amtsträgers prinzipiell im Interesse des Gebers liegt – wie im Verhältnis von öffentlichen Kliniken zur Medizinprodukte- und Pharmaindustrie – so muss man hier eine Ausnahme von der Strafbarkeit ermöglichen. Dass diese entsprechend dem obigen Ansatz nur auf einer eindeutigen gesetzlichen Regelung beruhen kann, wird hier auch noch mal aus praktischer Sicht deutlich. Zur gewünschten Gewährung bzw. Einwerbung von Drittmitteln wird es nämlich schlicht nicht kommen, wenn nicht sichergestellt werden kann, dass man sich hierdurch nicht der Gefahr aussetzt, sich strafbar zu machen. Gerade in dieser Situation scheint eine Regelung, wie sie die Genehmigungsmöglichkeit nach § 331 Abs. 3 StGB bzw. § 333 Abs. 3 StGB vorsieht, Sinn zu machen und überhaupt Bedeutung zu erlangen.

3. Die Lösung der Drittmittel- und Sponsoringproblematik über die Genehmigung nach §§ 331 Abs. 3, 333 Abs. 3 StGB

a) Grundsätzliches zur Genehmigung nach § 331 Abs. 3 StGB und § 333 Abs. 3 StGB

Die letzte Aussage gilt es ein wenig zu erläutern. Bedeutung erlangt eine Genehmigung nach den §§ 331 Abs. 3, 333 Abs. 3 StGB nur in den Konstellatio-

351 Vgl. hierzu den beschriebenen Fall BGHSt 47, 295 ff., in dem die Höhe der Zuwendungen sogar vom Umsatz der beim „gewährenden“ Unternehmen getätigten Bestellungen abhängig gemacht wurde.

352 So im Falle „Claassen“, vgl. BGHSt 53, 6, 15.

nen, in denen zunächst einmal der Tatbestand nach §§ 331, 333 StGB erfüllt ist. Denn kommt man im Wege der Auslegung zu dem Schluss, dass das tatbestandliche Unrecht schon nicht verwirklicht ist, so bedarf es nicht einer Genehmigung oder sonstigen Ausnahme von der Strafbarkeit. Bereits aus dieser Überlegung ergibt sich, dass mit der Genehmigung nach §§ 331 Abs. 3, 333 Abs. 3 StGB nicht primär auf die Vorschriften des öffentlichen Dienstrechts verwiesen sein kann, wo beispielsweise in § 71 BBG[353] das Verbot der Geschenkannahme bzw. die Möglichkeit einer Zustimmung geregelt ist.[354] Nach § 71 Abs. 1 S. 1 BBG ist zunächst das Fordern, die Annahme und das Sich-Versprechen-Lassen eines Vorteils in Bezug auf das Amt verboten. In Bezug auf das Amt wird ein Vorteil dabei dann gewährt, wenn sich der Geber nach den konkreten Umständen davon leiten lässt, dass der Beamte Inhaber des entsprechenden Amtes ist oder war.[355] Damit ist die Annahme eines jeden Vorteils verboten, der dem Amtsträger nicht als Privatperson zugewendet wird, jedenfalls geht das Verbot weiter als bei den §§ 331, 332 StGB.[356] Nach § 71 Abs. 1 S. 2 StGB ist in Ausnahmefällen mit Zustimmung der obersten oder letzten obersten Dienstbehörde eine Annahme zulässig. Untersucht man den Anwendungsbereich einer solchen Zustimmung, so zeigt sich schnell, dass die Genehmigung nach § 331 Abs. 3 StGB jedenfalls nicht in erster Linie auf eine solche Zustimmung rekurriert.[357] Eine Zustimmung nach § 71 Abs. 1 S. 2 BBG darf nämlich nur erteilt werden, wenn ausgeschlossen ist, dass die Annahme der Zuwendung die unparteiische Amtsführung des Beamten beeinträchtigen oder bei Außenstehenden auch nur den Anschein der Befangenheit erwecken könnte.[358] In einem solchen Fall ist aber der Tatbestand von § 331 StGB weder dann erfüllt, wenn man mit der herrschenden Meinung das Vertrauen der Allgemeinheit und seine Gefährdung als Auslegungsmaßstab heranzieht, noch wie hier die Gefahr einer Preisgabe von Staatsgewalt. In Bezug auf den Ansatz, der eine Auslegung maßgeblich am Anschein der Käuflichkeit und der damit verbundenen Gefahr für das Vertrauen der Allgemeinheit orientiert, bedarf dies eigentlich keiner weiteren Erklärung. Denn die Grenze, bis zu

353 In den Landesbeamtengesetzen finden sich entsprechende Regelungen, vgl. Battis, BBG, 4. Auflage (2009), § 71 unter dem Stichwort „Parallelvorschriften“.

354 So aber Fischer, StGB, 57. Auflage (2010), § 331 Rn. 33.

355 BVerwGE 100, 172, 172; BVerwG ZBR 2000, 273, 273; siehe Battis, BBG, 4. Auflage (2009), § 71 Rn. 5.

356 BGHSt 29, 300, 300; Battis, BBG, 4. Auflage (2009), § 71 Rn. 5.

357 So wohl aber die überwiegende Ansicht, vgl. nur Fischer, StGB, 57. Auflage (2010), § 331 Rn. 33; vgl. hierzu NK-Kuhlen, StGB, 3. Auflage (2010), § 331 Rn. 106 f. m.w.N.

358 BVerwG ZBR 2000, 273, 273; Plog/Wiedow/Lemhöfer/Bayer, Kommentar zum Bundesbeamtengesetz mit Beamtenversorgungsgesetz, § 70 Rn. 6.

der nach dem soeben Gesagten eine Zustimmung nach § 71 Abs. 1 S. 2 BBG möglich ist, stellt nach diesem Ansatz gerade die Schwelle dar, die genommen werden muss, um überhaupt erst in den tatbestandlichen und damit strafbaren Bereich zu gelangen. Dieses Ergebnis wird noch verdeutlicht, wenn es an anderer Stelle heißt, dass letztlich nur sozialadäquaten Vorteilen nach § 71 Abs. 1 S. 2 BBG zugestimmt werden kann, die in keinem Fall tatbestandlich erfasst sein sollen.[359] Somit ist in den Fällen des § 71 Abs. 1 S. 2 BBG nach diesem Ansatz schon gar nicht der Tatbestand der §§ 331, 333 StGB erfüllt, sodass eine Genehmigung nach §§ 331 Abs. 3, 333 Abs. 3 StGB hier nicht zur Anwendung kommen kann. Entsprechendes muss man auch nach dem hier entwickelten Ansatz sagen. In den Fällen, in denen noch nicht einmal i.S.v. § 71 Abs. 1 S. 2 BBG der Anschein der Befangenheit erweckt wird, steht hinter dem Vorteil regelmäßig auch kein Beeinflussungswille, geht zumindest der annehmende Amtsträger nicht von einem solchen aus, sodass auch hier schon nicht einmal der Tatbestand eröffnet ist und sich die Frage nach einer Genehmigung nicht stellt. Insoweit besteht auch zwischen §§ 331 Abs. 3, 333 Abs. 3 StGB und § 71 BBG kein widersprüchliches Verhältnis. Ein solches wird insbesondere darin gesehen, dass § 71 BBG keine nachträgliche Genehmigung vorsieht, dafür aber auch im Falle eines Forderns zur Anwendung kommt.[360] Die diesbezüglich vorgeschlagene Lösung, §§ 331 Abs. 3, 333 Abs. 3 StGB im Falle der nachträglichen Genehmigung auch außerhalb der „Befugnisse" anzuwenden und auf die Fälle des Forderns auszudehnen[361], bedarf angesichts des hier angenommenen Verhältnisses keiner weiteren Würdigung.

Die §§ 331 Abs. 3, 333 Abs. 3 StGB gewinnen also erst dann Bedeutung, wenn man im Wege der Auslegung zu einer Verwirklichung des Tatbestands nach §§ 331 Abs. 1, 333 Abs. 1 StGB kommt. In diesem Fall erscheint es dann sogar als sinnvoll, eine Ausnahme von der Strafbarkeit von einer Genehmigung abhängig zu machen. Ist z.B. der Tatbestand von § 331 Abs. 1 StGB verwirklicht, so bedeutet dies nach dem hiesigen Ansatz, dass wegen der Kenntnis des Amtsträgers um die Erwartung einer Gegenleistung seitens des Vorteilsgebers die strafrechtlich relevante (abstrakte) Gefahr begründet ist, dass der Amtsträger dem Geber im Rahmen der Dienstausübung tatsächlich entgegenkommt. Warum soll eine Genehmigung hier nun die Strafe entfallen lassen? Weil es wegen der Genehmigung nunmehr erlaubt ist, ist sicher keine falsche, aber doch nicht eine zufriedenstellende Antwort. Denn wenn man sich über die Genehmigung nach

359 Gesamtkommentar Öffentlicher Dienst (GKÖD), Band I, § 70 Rn. 29; Wentzell, Zur Tatbestandsproblematik der §§ 331, 332 StGB (2004), S. 148.

360 Vgl. SK-Rudolphi/Stein, StGB, 6. Auflage, 58. Lieferung (2003), § 331 Rn. 31 ff.; Schönke/Schröder-Heine, StGB, 27. Auflage (2006), § 331 Rn. 43.

361 Fischer, StGB, 57. Auflage (2010), § 331 Rn. 33.

den §§ 331 Abs. 3, 333 Abs. 3 StGB Gedanken macht, will man auch verstehen, welche Art von Genehmigung oder unter welchen Voraussetzungen eine Genehmigung die Strafe entfallen lässt. Es besteht nämlich kein Zweifel daran, dass die §§ 331 Abs. 3, 333 Abs. 3 StGB keine selbstständige Rechtsgrundlage für eine strafbefreiende Genehmigung liefern.[362] Dies ergibt sich schon aus der Formulierung, dass die „zuständige Behörde im Rahmen ihrer Befugnisse" die Genehmigung erteilen muss.

Das Erfordernis einer Genehmigung erklärt sich nun vor folgendem Hintergrund. Wird durch die Annahme eines Vorteils die Gefahr begründet, dass dadurch die Handlungen bzw. Entscheidungen des Amtsträgers beeinflusst werden, so kommt eine Freistellung von der Strafbarkeit eigentlich nur dann in Betracht, wenn jedenfalls bis zu einem bestimmten Grad gewährleistet wird, dass sich diese Gefahr nicht verwirklicht. Dies kann nur durch die fachliche Kontrolle des Amtsträgers geschehen. Steht der einen Vorteil annehmende Amtsträger unter entsprechender Beobachtung, so wird er sich einerseits nicht so leicht zu einer Berücksichtigung des Vorteils hinreißen lassen, er wird auch einem durch den Vorteil begründeten Gefühl des Sichverpflichtetfühlens eher widerstehen können, wenn er von einer entsprechenden Kontrolle ausgehen muss. Auf der anderen Seite besteht die Möglichkeit, in die Entscheidungen des Amtsträgers korrigierend einzugreifen, sollte sich eine Berücksichtigung des Vorteils abzeichnen. Die §§ 331 Abs. 3, 333 Abs. 3 StGB könnten daher in der Weise zu verstehen sein, dass eine Gefahr i.S.v. §§ 331 Abs. 1, 333 Abs. 1 StGB durch die Genehmigung und damit durch die Observanz einer Kontrollstelle in der Weise herabgesetzt wird, dass man von der Strafbarkeit und damit einem Verbot – beispielsweise zu Gunsten gesellschaftlich gewünschten Verhaltens – absehen kann.

Damit erklärt sich auch, dass das Fordern von einer Genehmigung nicht erfasst sein kann. Denn für das Fordern wurde im Rahmen von § 331 StGB festgestellt, dass hier mit Blick auf § 332 Abs. 3 StGB nur solche Fälle erfasst sind, denen der Bestechungsgedanke nicht sinnvoll zu Grunde gelegt werden kann und deren Unrecht im Ausnutzen des Herrschaftsmonopols zu verorten ist. Eine zu verringernde „Gefahr" besteht insoweit nicht. Abgesehen davon lassen sich auch keine Konstellationen bilden, in denen ein Amtsträger einen Vorteil für die Ausübung von Staatsgewalt fordern dürfen soll.

Es stellt sich nun die Frage, in welchen Fällen eine so verstandene Genehmigung gemäß §§ 331 Abs. 3, 333 Abs. 3 StGB denkbar ist. Zunächst scheint hier kein allgemeines Genehmigungsverfahren die maßgebende Rolle zu spielen. Es ist nicht ausgeschlossen, dass die dienstaufsichtsrechtliche Genehmigung

362 BT-Drs. 7/550, S. 272.

nach § 71 BBG, die auch der Gefahr einer Beeinflussung von Amtshandlungen entgegenwirken will[363], auch im Rahmen von §§ 331 Abs. 3, 333 Abs. 3 StGB im Einzelfall zum Zuge kommen kann.[364] Wie bereits nachgewiesen, spielt § 71 BBG hier grundsätzlich aber keine große Rolle, da im Bereich einer danach möglichen Zustimmung der Tatbestand der §§ 331, 333 StGB regelmäßig noch gar nicht erfüllt ist. Vor dem Hintergrund des soeben erörterten Wesens der strafrechtlichen Genehmigung scheint hiermit weniger auf eine grundsätzliche Genehmigungsmöglichkeit verwiesen zu sein, sondern vielmehr auf bestimmte Verfahren, in denen in bestimmten Bereichen und Zusammenhängen die Annahme eines Vorteils ausnahmsweise zugelassen werden kann.

Um noch einen Moment auf der abstrakten Ebene zu bleiben, wird man von einem solchen Genehmigungsverfahren fordern müssen, dass es die Züge einer Fachaufsicht trägt. Denn soll durch die mit einer Genehmigung verbundene Kontrolle weitestgehend gewährleistet werden, dass der angenommene Vorteil die Dienstausübung des Amtsträgers nicht beeinflusst, so muss es einer Kontrollinstanz möglich sein, das durch den Vorteil möglicherweise tangierte Verhalten des Amtsträgers auch dahingehend inhaltlich zu überwachen, dass beispielsweise in Form von Weisungen auch jenseits des Nachweises eines klassischen Ermessensfehlers oder eines echten Regelverstoßes im Not- bzw. Zweifelsfall in die Entscheidung eingegriffen werden kann. Hiermit erklärt es sich auch, dass die Vorteilsannahme eines Richters nach § 331 Abs. 2 StGB, die mit der Vorteilsannahme eines Amtsträgers an sich nach § 331 Abs. 1 StGB weitgehend parallel läuft, nicht nach § 331 Abs. 3 StGB genehmigt werden kann. Auf Grund der aus Art. 97 GG resultierenden richterlichen Unabhängigkeit kann es eine solche Kontrollinstanz hier nicht geben, da hieraus gerade die (Weisungs-)Unabhängigkeit des Richters und die Unkontrollierbarkeit seiner Entscheidungen außerhalb des Instanzenzuges herrühren.[365]

363 Battis, BBG, 4. Auflage (2009), § 71 Rn. 7.

364 Fischer, StGB, 57. Auflage (2010), § 331 Rn. 33 m.w.N.

365 Schmidt-Bleibtreu/Hofmann/Hopfauf-Brockmeyer, Kommentar zum Grundgesetz, 11. Auflage (2008), Art. 97 Rn. 2, S. 2048 m.H.a. BVerfGE 4, 331, 344; 12, 56, 71; 14, 156, 162; 18, 241, 254; 31, 137, 140; vgl. aber mit Blick auf § 46 DRiG Michalke, in: Festschrift für Rieß (2002), S. 776 und Schmidt-Räntsch, Deutsches Richtergesetz, 6. Auflage (2009), § 46 Rn. 41.

b) Die Genehmigung nach §§ 331 Abs. 3, 333 Abs. 3 StGB im Zusammenhang mit der Einwerbung von Drittmitteln und Sponsorengeldern

Wenn die Genehmigung nach §§ 331 Abs. 3, 333 Abs. 3 StGB damit nur in einem Verhältnis der „Fachaufsicht" sinnvoll erscheint, so soll „Fachaufsicht" hier nicht technisch in einem streng verwaltungsrechtlichen Sinn verstanden werden. Es geht alleine darum, dass der Amtsträger, der einen Vorteil annimmt, in dem Bereich, der im Sinne der Preisgabe von Staatsgewalt als durch den Vorteil gefährdet erscheint, nicht unkontrolliert entscheiden kann. Dies muss nicht zwingend eine verwaltungsrechtliche Weisungsgebundenheit bedeuten. Wendet man den Blick nunmehr wieder etwas konkreter beispielsweise den Drittmitteln und der damit verbundenen Gefahr einer Beeinflussung von Beschaffungsentscheidungen zu, so ist eine Kontrollmöglichkeit in diesem Sinne auch gegeben, wenn der Amtsträger zwar durch seine Expertise faktisch maßgeblich an der Entscheidung über die Beschaffung von Medizinprodukten oder Arzneimitteln mitwirkt, die Entscheidung an sich aber von einer anderen Stelle getroffen wird, wie z.B. der Universitäts- oder Klinikverwaltung. Ihr bleibt es dann vorbehalten, wenn sie im Rahmen eines Genehmigungsverfahrens von den angebotenen oder gewährten Drittmitteln Kenntnis erlangt, inwieweit der Empfehlung des entsprechenden Amtsträgers zu folgen ist oder ob hier nicht anderes entschieden werden müsste oder sollte. Die i.S.d. §§ 331 Abs. 3, 333 Abs. 3 StGB erforderliche Kontrolle kann damit durch das Prinzip der Trennung von Drittmitteln einwerbender und Beschaffungsentscheidungen treffender Stelle erreicht werden.[366]

366 In diesem Zusammenhang erklärt sich, warum im Rahmen der Diskussion um die Voraussetzungen der Zulässigkeit von Drittmitteln auf das Trennungs-, Transparenz- und Genehmigungsprinzip verwiesen wird, vgl. Bernsmann WissR 2002, 1, 17 ff.; durch die Trennung von Drittelannahme und Beschaffungsentscheidung besteht die erforderliche Kontrollmöglichkeit einer „Entscheidung" bzw. Empfehlung des Amtsträgers (Trennungsprinzip). Eine solche kann aber nur dann funktionieren, wenn die entscheidende Stelle davon weiß, dass Drittmittel im Spiel sind, die möglicherweise auf die Empfehlung Einfluss gefunden haben (Transparenzprinzip). Durch das Erfordernis einer Genehmigung bzw. eines geregelten Genehmigungsverfahrens wird dann sichergestellt, dass eine Ausnahme von der Strafbarkeit nach §§ 331 Abs. 1, 333 Abs. 1 StGB nur in den gesetzlich vorgesehenen und geregelten Fällen möglich ist, in denen der Gesetzgeber die Gefahr der Preisgabe von Staatsgewalt ausnahmsweise hinnimmt und hinter anderen Interessen zurücktreten lässt (Genehmigungsprinzip). Denn wenn die durch die §§ 331 Abs. 1, 333 Abs. 1 StGB umschriebene Gefahr durch eine Genehmigung minimiert wird, so wird sie doch nicht ausgeschlossen, sodass es für die Straflosigkeit der gesetzlichen Anordnung bedarf.

Der Bereich der Drittmitteleinwerbung bzw. des allgemeinen Sponsorings öffentlicher Einrichtungen durch den privaten Sektor erscheint insgesamt als eines der Hauptanwendungsgebiete für eine Genehmigung nach §§ 331 Abs. 3, 333 Abs. 3 StGB.[367] Im Spannungsfeld zwischen effektiver Korruptionsbekämpfung und der Ermöglichung gewünschter Verhaltensweisen scheint sich über eine solche Genehmigung ein sinnvoller Ausgleich herbeiführen zu lassen.

4. Die Einwerbung von Drittmitteln und die diesbezügliche Rolle der Genehmigung nach §§ 331 Abs. 3, 333 Abs. 3 StGB aus der Sicht des Bundesgerichtshofes

Auch der Bundesgerichtshof kommt in seiner Entscheidung zur Drittmitteleinwerbung letztlich zu diesem Ergebnis. Indem er die seinem Urteil zu Grunde liegende Entscheidung des Landgerichts Heidelberg ausdrücklich dahingehend bestätigt hat, dass im vorliegenden Fall der ärztliche Direktor einer Klinikabteilung durch die Annahme von Vorteilen, die ihm seitens eines Unternehmens für medizintechnische Produkte gewährt wurden, den Tatbestand von § 331 Abs. 1 StGB verwirklicht hat, macht er zunächst nochmals deutlich, dass Drittmittel nicht pauschal aus dem Anwendungsbereich der §§ 331 Abs. 1, 333 Abs. 1 StGB herauszunehmen sind.[368] Entsprechend der oben zitierten Passage soll hier aber eine Ausnahme von der Strafbarkeit möglich sein. Die hierfür vom Bundesgerichtshof gesetzten Voraussetzungen lassen sich folgendermaßen zusammenfassen:

Regelt eine spezielle gesetzliche Vorschrift (wie das Landeshochschulrecht –vgl. § 8 Abs. 2, § 119 Abs. 2, Abs. 3 Nr. 5 UG BW i.d.F. vom 30. Oktober 1987 – GVBl. S. 545) die Einwerbung von zweckbestimmten Mitteln durch den Amtsträger, so ist auch im Falle einer Verwirklichung von § 331 Abs. 1 StGB keine Strafbarkeit gegeben, wenn dem in jenem Gesetz vorgesehenen Verfahren entsprochen wird, sprich die Annahme der Mittel angezeigt und genehmigt wird.[369] Durch die dadurch bewirkte Transparenz des Vorgangs wird eine hinreichende Überwachung durch die Kontroll- und Aufsichtsorgane ermöglicht.[370]

Danach macht auch der Bundesgerichtshof im Falle der Einwerbung von Drittmitteln eine Ausnahme von § 331 Abs. 1 StGB von der Einhaltung eines

367 Zur Tauglichkeit einer Drittmittelsatzung als Grundlage einer Genehmigung nach § 331 Abs. 3 StGB vgl. OLG Hamburg StV 2001, 284, 287.

368 BGHSt 47, 295, 303; vgl. hierzu die Nachweise bei Fischer, StGB, 57. Auflage (2010), § 331 Rn. 27.

369 BGHSt 47, 295, 303.

370 BGHSt 47, 295, 303.

gesetzlichen Genehmigungsverfahrens abhängig. Als Hintergrund einer solchen Ausnahme von Strafbarkeit beruft er sich dabei auch nicht in erster Linie auf die Vermeidung eines Wertungswiderspruchs[371]; vielmehr sieht er dem hiesigen Ansatz entsprechend den Sinn eines solchen Genehmigungsverfahrens in der Gewährleistung einer hinreichenden Aufsicht durch entsprechende Kontrollstellen, die einer Gefahr nach § 331 Abs. 1 StGB in der Weise entgegenwirken, dass von einer Strafbarkeit abgesehen werden kann.

Stellt der Bundesgerichtshof damit die gleichen Voraussetzungen für eine Ausnahme von der Strafbarkeit auf, wie sie auch hier als von § 331 Abs. 3 StGB umschrieben dargestellt werden, so folgt er doch einem eigenen Erklärungsansatz. Er hält insbesondere § 331 Abs. 3 StGB in diesem Zusammenhang nicht für die maßgebende Vorschrift.[372] Der entscheidende Unterschied liegt dabei gar nicht so sehr in dem Ansatz des Gerichts, nach dem § 331 Abs. 1 StGB vor dem Hintergrund einer Gefahr des Vertrauens der Allgemeinheit in die Sachgerechtigkeit und „Nicht-Käuflichkeit" dienstlichen Handelns verstanden und ausgelegt wird.[373] Wenn er ausführt, dass bei Vorliegen der oben dargestellten Voraussetzung dieses Vertrauen nicht in dem von Gesetzgeber vorausgesetzten Maße strafrechtlich schutzbedürftig ist[374], so widerspricht das nicht einer Anwendung von § 331 Abs. 3 StGB, ließe sich dieser entsprechend dem Ansatz des Vertrauensschutzes eben auch so verstehen, dass im Falle einer solchen Genehmigung und der damit verbundene Transparenz und Kontrolle die Gefährdung dieses Vertrauens auf ein erträgliches Maß minimiert wird. Der entscheidende Unterschied zu dem hiesigen Ansatz besteht vielmehr darin, dass der Bundesgerichtshof seine Kriterien ausdrücklich im Rahmen der Auslegung von § 331 Abs. 1 StGB herangezogen wissen will und hier keinen Fall von § 331 Abs. 3 StGB sieht. Als Grund hierfür macht er geltend, dass ein möglicher Widerspruch zwischen § 331 Abs. 1 StGB und der hochschulrechtlich vorgesehenen Drittmitteleinwerbung bereits auf der Ebene des Tatbestands und nicht erst im Wege einer Rechtfertigung aufzulösen ist.[375] Abgesehen davon spreche gegen eine Anwendung von § 331 Abs. 3 StGB der Umstand, dass die Möglichkeit einer Genehmigung nach § 331 Abs. 3 StGB im Falle eines Forderns des Vorteils durch den Amtsträger nicht bestehe.[376]

---

371 Vgl. hierzu auch die im Rahmen dieser Arbeit noch zu thematisierende Entscheidung zur Annahme von Parteispenden, wonach sich die Straflosigkeit nicht alleine daraus ergeben soll, dass den Vorschriften des Parteiengesetzes entsprochen wird.

372 BGHSt 47, 295, 308 f.

373 BGHSt 47, 295, 303.

374 BGHSt 47, 295, 303.

375 BGHSt 47, 295, 308 f.

376 BGHSt 47, 295, 308 f.

Die Bedenken des Bundesgerichtshofes vermögen nicht eine Abkehr von dem hier vertretenen Ansatz zu begründen, die gegenständlichen Fälle über § 331 Abs. 3 StGB bzw. § 333 Abs. 3 StGB zu behandeln. Wenn eine Straffreiheit in den Fällen der Drittmitteleinwerbung auch aus Sicht des Bundesgerichtshofes vom Vorliegen einer Genehmigung abhängt und die §§ 331 Abs. 3, 333 Abs. 3 gerade eine Straffreiheit qua Genehmigung vorsehen, so muss man sich schon fragen, warum nicht auf die ausdrückliche gesetzliche Regelung zurückgegriffen werden soll bzw. worin der Unterschied einer im Rahmen von § 331 Abs. 1 StGB erteilten Genehmigung und einer solchen nach § 331 Abs. 3 StGB liegen soll. Gerade wenn der Bundesgerichtshof im Rahmen der Auslegung so maßgeblich auf den Anschein der Käuflichkeit und die Gefahr für das Vertrauen der Allgemeinheit abstellt, kann er den Anwendungsbereich von § 331 Abs. 3 StGB nicht ernsthaft auf den Bereich des öffentlichen Dienstrechts beschränken. Denn abgesehen von den oben angesprochenen Widersprüchlichkeiten kann eine Zustimmung nach § 71 Abs. 1 S. 2 BBG wie gesagt nur soweit erteilt werden, wie ein Anschein der Käuflichkeit ausgeschlossen ist[377], sodass er diese Fälle entsprechend seinem Unrechtsverständnis erst recht auf der Ebene des Tatbestands verorten müsste.

Es erscheinen nun aber insbesondere die vom Bundesgerichtshof angeführten Bedenken an einer Lösung über § 331 Abs. 3 StGB nicht zu tragen. So kann es in keiner Weise als gesichert angesehen werden, dass es sich bei § 331 Abs. 3 StGB um einen Rechtfertigungsgrund handelt.[378] Die Rechtsnatur einer solchen Genehmigung wurde in der amtlichen Begründung bewusst offen gelassen.[379] Darüber hinaus sprechen sich erhebliche Teile der Literatur gerade für einen Tatbestandsausschluss aus, wie ihn der Bundesgerichtshof im Ergebnis im Falle genehmigter Drittmittel annehmen will.[380] Kann hier auf die Gesamtdiskussion

377 Siehe oben S. 140.

378 Für eine Einordnung als Rechtfertigungsgrund Fischer, StGB, 56. Auflage (2009), § 331 Rn. 35; Schönke/Schröder-Heine, StGB, 27. Auflage (2006), § 331 Rn. 46; NK-Kuhlen, StGB, 3. Auflage (2010), § 331 Rn. 109; Wessels/Hettinger, Strafrecht, Besonderer Teil 1, 33. Auflage (2009), § 25 Rn. 1113; vgl. auch BGH 31, 264, 285; Brauer, Die strafrechtliche Behandlung genehmigungsfähigen, aber nicht genehmigten Verhaltens (1988), S. 38; Geppert Jura 1981, 42, 50; Jutzi NStZ 1991, 105, 105; Maurach/Schroeder/Maiwald, Strafrecht, Besonderer Teil 2, 9. Auflage (2005), § 79 II Rn. 27 f.

379 BT-Drs. 7/550, S. 272.

380 Wagner, Amtsverbrechen (1975), S. 305; SK-Rudolphi/Stein, StGB, 6. Auflage, 58. Lieferung (2003), § 331 Rn. 32; Bernsmann WissR 2002, 1, 19 f.; ders. StV 2003, 521, 521 f.; Jung, in: Roxin/Stree/Zipf/Jung (Hrsg.), Einführung in das neue Strafrecht, 2. Auflage (1975), S. 126; Winkelbauer NStZ 1988, 201, 202; Hardtung spricht sich für einen sachlichen Strafaufhebungsgrund aus, vgl. Hardtung, Erlaubte Vorteilsannahme

nicht gewinnbringend eingegangen werden, so lässt sich aber doch festhalten, dass es alles andere als abwegig erscheint, dass § 331 Abs. 3 StGB bereits einen Tatbestandsausschluss begründet, sodass für eine Lösung auf der Ebene des Tatbestands die Nichtanwendung von § 331 Abs. 3 StGB in keiner Weise zwingend erscheint. Denn gerade vor dem Hintergrund der hiesigen Erkenntnisse und insbesondere der obigen Ausführungen im Rahmen der Sozialadäquanz scheint § 331 Abs. 3 StGB die gleiche Funktion zuzukommen wie § 86 Abs. 3 StGB, für dessen Einordnung als Tatbestandsausschluss sich die ganz herrschende Meinung ausspricht.[381] Denn auch hier geht es um das ausnahmsweise Erlauben einer tatbestandlichen und damit prinzipiell gefährlichen Verhaltensweise zu Gunsten ihrer gebilligten bzw. begrüßenswerten Dimensionen.

Gegen eine Heranziehung von § 331 Abs. 3 StGB spricht auch nicht, dass eine Genehmigung im Falle des „Forderns" hiernach nicht möglich ist. Die bisherigen Überlegungen haben nämlich gezeigt, dass das Einwerben von Drittmitteln kein Fordern i.S.v. § 331 Abs. 1 StGB darstellt, womit die spätere Annahme stets genehmigungsfähig bleibt. Ein Fordern für die Dienstausübung kommt nur dann in Betracht, wenn ein Entgegenkommen im Rahmen der Ausübung von Staatsgewalt – meist Beschaffungsentscheidungen – in Aussicht gestellt wird. Soweit soll die gewünschte Einwerbung von Drittmitteln aber nicht gehen, sodass solche Verhaltensweisen auch nicht durch eine Genehmigung zu erlauben sind.

Zusammenfassend lässt sich damit sagen, dass wenn Drittmittel im Rahmen der §§ 331, 333 StGB eine besondere Behandlung erfahren sollen, so ist dies nicht durch Ausnahme-Auslegungsregeln zu bewerkstelligen[382], sondern alleine durch die gesetzliche Ausnahmeregel der §§ 331 Abs. 3, 333 Abs. 3 StGB. Dies entspricht der Überzeugung, dass Verhaltensweisen, die das in einem Tatbestand umschriebene Unrecht verwirklichen, nur auf Grundlage einer ausdrücklichen Entscheidung des Gesetzgebers aus dem Anwendungsbereich einer Strafnorm herausgenommen werden dürfen.[383]

(1994), S. 203, wobei er die Frage, ob die Genehmigung den Tatbestand oder erst die Rechtswidrigkeit ausschließt, als „belanglos" einstuft, vgl. S. 71, Fn. 205.

381 BGHSt 46, 36, 43; Schönke/Schröder-Stree/Sternberg-Lieben, StGB, 27. Auflage (2006), § 86 Rn. 17; Bonefeld DRiZ 1993, 430, 431; Altermann, in: Festschrift für Eisenberg (2009), S. 239; Fischer, StGB, 57. Auflage (2010), § 86 Rn. 17 m.w.N.

382 Mansdörfer Wistra 2003, 211, 213.

383 Vgl. in diesem Zusammenhang H. Mayer, Strafrecht, Allgemeiner Teil (1967), S. 65.

III. Parteispenden

Wenn der Bundesgerichtshof im Rahmen der Annahme von Parteispenden in Höhe von 500.000 DM durch einen Oberbürgermeister nicht zu einer Strafbarkeit wegen § 331 StGB kommt, so muss das vor dem Hintergrund der bis dato gewonnenen Erkenntnisse zunächst verwundern. Auch wenn es immer auf die konkreten Umstände des Einzelfalls ankommt, so kann doch gesagt werden, dass die §§ 331, 333 StGB regelmäßig im Falle hoher Zuwendungen an einen Amtsträger verwirklicht sind. Denn nur ausnahmsweise wird der Geber hier überzeugend darlegen können, dass er hierfür nicht eine Gegenleistung erwartet oder dass eine solche nicht in einer entgegenkommenden Dienstausübung des Amtsträgers zu sehen ist. Und auch der Amtsträger wird sich nicht dahingehend herausreden können, dass er nicht von einer entsprechenden Erwartung hinter dem Vorteil ausgegangen ist. Es lässt sich zwar nicht exakt definieren, was man sich genau unter „hohen Zuwendungen" vorzustellen hat, Wahlkampfspenden in Höhe von 500.000 DM erscheinen aber wohl prinzipiell erfasst.[384]

1. Kein Rückgriff auf die Grundsätze zur Drittmitteleinwerbung

Vor dem Hintergrund der soeben besprochenen Rechtsprechung zur Einwerbung von Drittmitteln kann gleich vorweggenommen werden, dass der Bundesgerichtshof nicht auf Grund der grundsätzlichen Zulässigkeit von Parteispenden und der Einhaltung des nach dem Parteiengesetz vorgesehenen Verfahrens im vorliegenden Fall zu einer Straflosigkeit kommt.[385] Der Rückgriff auf die in der Drittmittelentscheidung herangezogenen Grundsätze soll insbesondere aus zwei Gesichtspunkten nicht möglich sein. Zum einen sei das einzelne Parteimitglied nicht der hochschulrechtlichen Dienstpflicht entsprechend zur Einwerbung entsprechender Mittel verpflichtet, zum anderen gewährleiste das nach § 25 Abs. 3 PartG vorgesehene (Publizierungs-)Verfahren nicht die nötige Transparenz, um eine Ausnahme aus dem Schutzbereich zu begründen.[386] Gegen diesen Ansatz wird nun zu Recht eingewandt, dass auch das hochschulrechtliche Genehmigungsverfahren, dessen Einhaltung zum Tatbestandsausschluss führen soll, de facto kein „Mehr" an Transparenz bietet, da hier wie dort Herkunft und Höhe der Spende, nicht aber deren Hintergründe oder Vereinbarungen publiziert wer-

---

384 So im Ergebnis auch Zöller GA 2008, 151, 155; Dölling JR 2005, 509, 511; Kargl JZ 2005, 503, 506; Saliger/Sinner NJW 2005, 1073, 1073; Deiters MIP 2004/2005, 18, 19.

385 BGHSt 49, 275, 287.

386 BGHSt 47, 275, 287 f.

den.[387] Hier kann daher nicht der maßgebende Unterschied zu den Fällen der Drittmitteleinwerbung liegen. Deutlich wird dieser aber vor dem Hintergrund der bisher in diesem Bereich gewonnenen Erkenntnisse. Wurde festgestellt, dass sich die Straflosigkeit der Drittmitteleinwerbung aus der Einhaltung eines Genehmigungsverfahrens nach § 331 Abs. 3 StGB ergibt, so ist damit der entscheidende Unterschied zwischen den hochschulrechtlichen Regeln der Drittmitteleinwerbung und den parteirechtlichen Spendeneinwerbung ausgemacht. Das Parteiengesetz sieht im Gegensatz zum Hochschulrecht nämlich nicht das Erfordernis einer Genehmigung durch eine § 331 Abs. 3 StGB entsprechende Stelle vor, sondern verlangt gemäß § 25 Abs. 3 PartG lediglich das Publizieren der Spende.[388]

2. Die Unterscheidung zwischen einer Bezugnahme auf die allgemeine Politik und konkreten Entscheidungen des Amtsträgers

Vor einer Auseinandersetzung mit den für den Bundesgerichtshof maßgebenden Hintergründen einer besonderen Behandlung von Parteispenden im Rahmen der §§ 331, 333 StGB, muss man sich erst einmal klar machen, worin diese besondere Behandlung eigentlich besteht.

Nach zum Teil missverständlichen Formulierungen in seiner ersten Parteispenden-Entscheidung[389] hat der Bundesgerichtshof im Rahmen seiner zweiten Entscheidung im Falle Dr. K. ausdrücklich klargestellt, dass eine Strafbarkeit im Zusammenhang mit der Annahme von Parteispenden nicht davon abhängen soll, ob sich der Amtsträger – i.S.v. § 332 Abs. 3 StGB – bereit gezeigt hat, als Gegenleistung für die Wahlkampfförderung im Falle seiner Wahl eine konkrete, den Interessen des Vorteilsgebers förderliche Entscheidung zu dessen Gunsten zu treffen.[390] Die Voraussetzungen einer Strafbarkeit beschreibt der Bundesgerichtshof in diesem Zusammenhang vielmehr wie folgt:[391]

387 Vgl. Zöller GA 2008, 151, 162, Fn. 62.

388 Gerade an dieser Stelle muss man sich fragen, ob zur Begründung von Strafbarkeit sinnvoll auf die Vermittlung eines Anscheins abgestellt werden kann; es leuchtet nämlich nicht unmittelbar ein, warum nach dem Ansatz des BGH nur die Transparenz im Sinne des Hochschulrechts und nicht die im Sinne des Parteiengesetzes den Anschein von Korruption hinreichend verhindert.

389 BGHSt 47, 275, 294 f.

390 BGH NJW 2007, 3446, 3447.

391 BGH NJW 2007, 3446, 3448.

„Der Anschein der Käuflichkeit amtlicher Entscheidungen, dessen Vermeidung Schutzzweck des § 331 StGB auch mit Blick auf Fälle der vorliegenden Art ist (vgl. BGHSt 49, 275 (294) = NJW 2004, 3569 = NStZ 2005, 509), entsteht auch dann, wenn Spender und Amtsträger davon ausgehen, dass dieser im Laufe der künftigen Amtszeit mit Entscheidungen zu diesem oder jenem Vorhaben des Spenders – sei es schon projektiert oder nicht – befasst sein wird und ein unbeteiligter Betrachter den Eindruck gewinnt, dass jener mit der Spende Einfluss auf anfallende Entscheidungen nehmen will. Insbesondere bei Spenden von außergewöhnlicher Höhe wird es regelmäßig nahe liegen, dass der Spender nicht nur – straffrei – die allgemeine Ausrichtung der Politik des Wahlbewerbers unterstützen will, sondern auch – strafbar – dessen Gewogenheit auch in Blick auf eigene konkret geplante oder zu erwartende Vorhaben sichern und seine Individualinteressen fördern will."

Weiter liest man bereits im Rahmen seiner ersten Entscheidung:[392]

„Ein Amtsträger macht sich nicht wegen Vorteilsannahme strafbar, wenn er sich erneut um das von ihm derzeit ausgeübte, aufgrund einer Direktwahl zu erlangende Wahlamt bewirbt und für seinen Wahlkampf die finanzielle oder sonstige Unterstützung eines Dritten für sich und/oder die ihn tragende Partei bzw. Wählervereinigung fordert, sich versprechen läßt oder annimmt, sofern diese Förderung allein dazu dienen soll bzw. dient, daß er nach erfolgreicher Wahl das wiedererlangte Wahlamt in einer Weise ausübt, die den allgemeinen wirtschaftlichen oder politischen Vorstellungen des Vorteilsgebers entspricht."

Schon aus dieser ersten Entscheidung ergibt sich, dass es dem Bundesgerichtshof nicht darum geht, die Strafbarkeit auf Fälle zu beschränken, in denen der Vorteil für eine bestimmte Diensthandlung und nicht „nur" für die allgemeine Dienstausübung gewährt wird.[393] Deutlich wird vielmehr gerade in Zusammenschau mit der zitierten Passage aus der zweiten Entscheidung, dass es für eine Strafbarkeit nach den §§ 331, 333 StGB nicht ausreicht, dass der Spender die allgemeine Politik des Spenders unterstützen und fördern will, sondern vielmehr auf konkrete Entscheidungen in der Sache Einfluss nehmen wollen muss.[394] Mit „konkreten Entscheidungen" sind dabei nicht „bestimmte Diensthandlungen" i.S.v. § 331 StGB a.F. gemeint, sondern es geht ausdrücklich darum, nicht das politische Handeln eines Oberbürgermeisters zu erfassen. Einem Oberbürger-

392 BGHSt 49, 275, 294.

393 So die kritischen Stimmen, die durch die „erste" Entscheidung die Lockerung der Unrechtsvereinbarung, wie sie das Korruptionsbekämpfungsgesetz 1997 vorgesehen war, aufgehoben sahen, vgl. Kargl JZ 2005, 503, 508; Korte NStZ 2005, 509, 512; Saliger/Sinner NJW 2005, 1073, 1076; zur „Kehrtwende" in der „zweiten" Entscheidung Zöller GA 2008, 151, 164.

394 Dass es nach hiesigem Ansatz auf einen tatsächlichen Beeinflussungswillen ankommt und nicht auf einen entsprechenden Anschein, soll in diesem Zusammenhang nicht im Mittelpunkt stehen.

meister kommt nämlich dahingehend eine Doppelrolle zu, dass er zum einen Verwaltungschef des gemeindlichen Verwaltungsapparates und insoweit zentrale Verwaltungsbehörde ist[395], zum anderen ist er zugleich auch Kommunalpolitiker.[396] Diese Doppelrolle entspricht der von Regierungsmitgliedern, insbesondere Ministern, wenn bei diesen zwischen Regierungstätigkeit im Sinne von politischer Staatsführung und administrativer Tätigkeit als Leiter einer obersten Behörde unterschieden wird.[397] Letztere lässt sich als klassische Verwaltungstätigkeit beschreiben, wird Verwaltung als „die durch Gesetz oder Regierungsentscheidung determinierte und programmierte, durch konkreten Maßnahmenvollzug erfolgende Wahrnehmung der Gemeinwohlaufgaben durch Organwalter der vollziehenden Gewalt" beschrieben.[398] Es lässt sich danach treffend differenzieren in Verwaltung als fremdbestimmte, definierte Gewalt und Regierung als nicht-definierte Gewalt, welche geprägt ist von politischer (gubernativer) Gestaltungsfreiheit.[399] Letztere wird dabei zum Teil auch als vierte Gewalt bezeichnet.[400] Versteht man die §§ 331, 332 StGB im Kern als Preisgabe von Staatsgewalt, so bedeutet der vom Bundesgerichtshof entschiedene Ausschluss politischen Handelns bzw. der Bezugnahme hierauf durch den Parteispender, dass gerade diese vierte Gewalt von den §§ 331, 332 StGB nicht erfasst werden soll. Dies lässt sich auch aus der folgenden Beobachtung ableiten.

3. Die Beschränkung der §§ 331 ff. StGB auf den Bereich der definierter Staatsgewalt in Abgrenzung zum politischen Bereich der Regierungstätigkeit

Beim Blick auf die §§ 331 ff. StGB fällt auf, dass sich diese nicht nur auf Amtsträger, sondern auch auf Richter beziehen – dies nicht auf Grund von § 11

395 Vgl. Schmidt-Aßmann/Schoch/Röhl, Besonderes Verwaltungsrecht, 14. Auflage (2008), 1. Kap. V 2 b ff., S. 64 Rn. 77.

396 Klüber, Handbuch der Kommunalpolitik (1971), S. 3 ff. und 92 ff.

397 Zu dieser Doppelstellung als Mitglied des Kabinetts und Chef eines Verwaltungsressorts vgl. Dreier-Hermes, Kommentar zum Grundgesetz, 2. Auflage (2006), Bd. 2, Art. 62 Rn. 19; weiterführend König, in: Festschrift für Morsey (1992), S. 117; BVerfGE 90, 286, 338; siehe hierzu auch Haffke, in: Tondorf (Hrsg.), Staatsdienst und Ethik (1995), S. 37.

398 Stern, Das Staatsrecht der Bundesrepublik Deutschland (1980), Bd. II, § 39 III 3, S. 696.

399 Haffke, in: Tondorf (Hrsg.), Staatsdienst und Ethik (1995), S. 37 m.H.a. Stern, Das Staatsrecht der Bundesrepublik Deutschland (1980), Bd. II, § 39 III 3, S. 689 f.

400 Kassimatis, Der Bereich der Regierung (1967), S. 47 ff.

Abs. 1 Nr. 2 a StGB, wonach Richter eindeutig auch vom Amtsträgerbegriff erfasst sind. Vielmehr ist in den §§ 331 ff. StGB jeweils in Abs. 2 parallel zu den Amtsträgern eine entsprechende Strafbarkeit auch für Richter ausdrücklich formuliert. Zunächst ist festzuhalten, dass richterliche Handlungen danach nur solche sind, die Ausfluss der richterlichen Unabhängigkeit nach Art 97 GG sind.[401] Unabhängigkeit des Richters bedeutet dabei insbesondere Weisungsfreiheit[402], was einen entscheidenden Unterschied zum Amtsträger der Exekutive darstellt und, wie sich gezeigt hat, Hintergrund des Nichtbestehens einer Genehmigungsmöglichkeit für Richter entsprechend der §§ 331 Abs. 3, 333 Abs. 3 StGB ist. Gerade auch auf Grund der damit einhergehenden Entscheidungsmacht ist der Richter in besonderem Maße zu Neutralität und Distanz verpflichtet.[403] Ist die Stellung des Richters damit nicht so ohne weiteres mit der des Amtsträgers vergleichbar, so fragt man sich, worin im Gegenzug die Gemeinsamkeit liegt, die eine gemeinsame Behandlung von Amtsträgern und Richtern im Rahmen der §§ 331 ff. StGB erklärt.[404]

Vor dem Gedanken der Preisgabe von Staatsgewalt ließe sich natürlich schnell sagen, dass auch der Richter als Teil der Judikative Staatsgewalt ausübt. Dagegen lässt sich zwar nichts einwenden, vollends befriedigen vermag diese Antwort allerdings nicht, müssten ja sonst auch Parlamentarier als Teil der Legislative erfasst sein, was mit der eigenständigen Strafbarkeit nach § 108 e StGB aber gerade nicht der Fall ist. Mit dieser eigenständigen Regelung scheint nun aber auch die Richtung aufgezeigt zu sein, in der eine überzeugendere Antwort zu suchen ist. Denn die von § 108 e StGB erfassten Mitglieder der Parlamente lassen sich in jedem Fall dem politischen Bereich zuordnen[405], den man laut der vorliegenden Entscheidung des Bundesgerichtshofes im Bereich der Wahlkampfspenden ausdrücklich nicht vom Anwendungsbereich erfasst wissen will.[406] Wurde der politische Bereich im Rahmen von Regierungstätigkeit als nicht definierte Gewalt konkretisiert, der sich durch Gestaltungsfreiheit und

---

401 Fischer, 57. Auflage (2010), § 331 Rn. 29 m.w.N.

402 Schmidt-Bleibtreu/Hofmann/Hopfauf-Brockmeyer, Kommentar zum Grundgesetz, 11. Auflage (2008), Art. 97 Rn. 2, S. 2048 m.H.a. BVerfGE 4, 331, 344; 12, 56, 71; 14, 156, 162; 18, 241, 254; 31, 137, 140.

403 Stern, Das Staatsrecht der Bundesrepublik Deutschland (1980), Bd. II, II 4 43, S. 909.

404 Soweit Richter und Beamte als Amtsträger i.S.v. § 11 Abs. 1 Nr. 2 a StGB gleichgestellt sind und Richter damit auch von Absatz 1 der §§ 331 ff. StGB erfasst werden, handelt es sich um reine Justizverwaltungstätigkeit, vgl. Fischer, 57. Auflage (2010), StGB, § 331 Rn. 29.

405 Haffke, in: Tondorf (Hrsg.), Staatsdienst und Ethik (1995), S. 16.

406 Vgl. nochmals die oben zitierte Passage BGH NJW 2007, 3446, 3448.

selbstbestimmende Zielsetzung weiter charakterisieren lässt[407], so lässt sich dieser Gedanke mit den Worten des § 108 e StGB auch zwanglos auf die Mitglieder „einer Volksvertretung des Bundes, der Länder, Gemeinden oder Gemeindeverbände“ übertragen – nicht aber auf Richter. Sind diese zwar nach Art. 97 GG (weisungs-)unabhängig, handelt sich bei der richterlichen Tätigkeit aber nach wie vor entsprechend unserer oberen Charakterisierung von Verwaltung um insbesondere durch Gesetze definierte Gewalt. Ein Richter handelt auch „nur“ nach bestehendem Recht und Gesetz, wie es in Art. 20 Abs. 3 GG festgeschrieben ist. Die gemeinsame Erfassung von Richtern und Amtsträgern in den §§ 331 ff. StGB bei gesonderter Behandlung von Parlamentariern und Gemeinderäten durch § 108 e StGB erweist sich damit dann als sinnvoll, wenn man die §§ 331 ff. StGB als Preisgabe von definierter Staatsgewalt versteht.[408]

4. Zum Rückgriff auf den Grundsatz der Chancengleichheit von Wahlbewerbern

Erscheint die Ausübung nicht-definierter Staatsgewalt und damit die gestaltende, lenkende politische Tätigkeit eines Amtsträgers de lege lata nicht von den §§ 331 ff. StGB erfasst, so bedarf es für eine insoweit differenzierende Rechtsprechung des Bundesgerichtshofes nicht des Rückgriffs auf einen verfassungsrechtlichen Grundsatz der Chancengleichheit von Wahlbewerbern.[409] Bereits in der ersten Parteispenden-Entscheidung wurde ausgeführt, dass im Bereich der Parteispenden eine einschränkende Auslegung deswegen geboten sei, da der Wahlbewerber, der (noch) kein Amtsträger ist, im Gegensatz zum beispielsweise wieder kandidierenden, amtierenden Oberbürgermeister ungehemmt Mittel zur Wahlkampffinanzierung einwerben könne, da für ihn die §§ 331 ff. StGB als Nicht-Amtsträger nicht gelten würden. Er könne danach sogar pflichtwidriges Verhalten i.S.v. § 332 StGB versprechen, um an Spenden zu gelangen.[410] Insoweit wäre es mit dem grundrechtlichen Anspruch auf gleiche Wahlchancen nicht vereinbar, wenn die Entgegennahme von Wahlkampfspenden durch § 331 StGB für den sich zur Wiederwahl bewerbenden Amtsträger ausgeschlossen wäre.[411]

407 Vgl. hierzu nochmals Haffke, in: Tondorf (Hrsg.), Staatsdienst und Ethik (1995), S. 37.

408 Vgl. zur richterlichen Tätigkeit noch einmal Fischer, 57. Auflage (2010), § 331 Rn. 29, wonach bei Richtern „jede durch die richterliche Unabhängigkeit gedeckte [...] und Rechtsgrundsätzen unterliegende Handlung“ von den §§ 331 ff. StGB erfasst wird.

409 BGHSt 49, 275, 288 f. und 291 ff.

410 BGHSt 49, 275, 291 f.

411 BGHSt 49, 275, 292.

Dieser Ansatz hat durchaus Zustimmung gefunden.[412] Bei näherem Hinsehen muss er aber etwas an Überzeugungskraft einbüßen.[413] So zeigt sich der Bundesgerichtshof dahingehend nicht konsequent, dass er nur im Rahmen von § 331 StGB, nicht aber auch im Rahmen von § 332 StGB eine Gleichstellung von amtierenden Amtsinhaber und Wahlbewerber annimmt.[414] Auch berücksichtigt er vor dem Hintergrund der Chancengleichheit nicht, dass gerade dem Amtsinhaber im Wahlkampf eine Art Amtsbonus zukommt, der einen nennenswerten Wettbewerbsvorteil gegenüber den Mitbewerbern darstellt.[415] Insbesondere wird an einer strengeren Behandlung von Amtsträgern schon dahingehend kein Anstoß genommen, dass darin gerade das Wesen der Amtsdelikte als (echte) Sonderdelikte liege.[416] Das Risiko des Amtsträgers, sich durch die Annahme von Spenden nach § 331 StGB strafbar zu machen, ist als entscheidendes Element der besonderen Pflichtenstellung des Amtsträgers zu sehen, die gerade Grund für seine im Vergleich zu Nicht-Amtsträgern exklusiven Strafbarkeit ist und dementsprechend keinen Eingriff in ein Recht auf passive Wahlgerechtigkeit darstellt.[417]

Letztlich ist aber eine ausgiebige Befassung mit den Beweggründen, die den Bundesgerichtshof zu seiner Rechtsprechung im Bereich der Annahme von Parteispenden geführt haben, nicht angezeigt, scheint er gerade an dem Ansatz der Chancengleichheit von Wahlbewerbern nicht besonders zu hängen. So heißt es in seiner zweiten Entscheidung:[418]

> „Ob dieses Ergebnis rechtlich zutreffender über eine restriktive Auslegung der Vorschrift mit Blick auf den Grundsatz der Chancengleichheit bei der Wahl zu erreichen ist oder sich unmittelbar aus § 331 StGB ableiten lässt – durch die Betonung, dass in einem solchen Fall der Vorteil nicht für die Dienstausübung gegeben und genommen wird, sondern bloße Unterstützung für die angestrebte Wiedererlangung der Amtsstellung darstellt –, ist eine Frage von zweitrangiger Bedeutung. Die im Einzelfall erforderliche Abgrenzung von zwischen erlaubter und unerlaubter Einwerbung von Wahlkampfmitteln kann – wie der Senat schon in seinem ersten Revisionsurteil in dieser Sache näher ausgeführt hat (BGHSt 49, 275 (295) = NJW 2004, 3569 = NStZ 2005, 509) – je nach den Umständen schwierig sein. Diese Schwierigkeiten ergeben sich unabhängig von dem rechtlichen Begründungsansatz; eindeutige Er-

---

412 Dölling JR 2005, 519, 520; Saliger/Sinner NJW 2005, 1073, 1075.

413 Vgl. hierzu insbesondere Zöller GA 2008, 151, 163 f.

414 BGHSt 49, 275, 293.

415 Zöller GA 2008, 151, 163 m.H.a. Kargl JZ 2005, 503, 509 und Oebbecke ZRP 2006, 227, 227.

416 Kargl JZ 2005, 503, 509; Fischer, 57. Auflage (2010), § 331 Rn. 28 a; Zöller GA 2008, 151, 163.

417 Siehe hierzu ausführlich Zöller GA 2008, 121, 163 f.

418 BGH NJW 2007, 3446, 3447.

gebnisse kann weder der Ansatz des Senats noch der abweichende Teil des Schrifttums bieten.“

5. Strukturelle Nachweisschwierigkeiten im Zusammenhang mit Parteispenden

Erscheint das Abgrenzungskriterium nach den hiesigen Überlegungen und Erkenntnissen auch klar herausgestellt, bleibt es wohl trotzdem bei diesem praktischen Befund des Bundesgerichtshofes. Für eine Strafbarkeit nach den §§ 331, 333 StGB kommt es darauf an, dass der Vorteilsgeber den Bürgermeister im Rahmen seiner Exekutivtätigkeit im Sinne der Ausübung definierter Macht beeinflussen will. Es geht damit um die Ausführung von Gesetzen bzw. sonstigen Normen sowie von den Beschlüssen des Gemeinderates, was Aufgabe des Bürgermeisters als Verwaltungschef des gemeindlichen Verwaltungsapparates und insoweit zentraler Verwaltungsbehörde ist.[419] Da die Aufgabenverteilung zwischen Gemeinderat und Bürgermeister und damit auch die Willensbildung in den einzelnen Kommunalverfassungen unterschiedlich geregelt ist[420], kann kaum allgemein beschreiben werden, wo genau die Linie zwischen definierter und nicht-definierter Macht verläuft, wo das politische Tätigwerden des Bürgermeisters beginnt.[421] Mit § 108 e StGB ist aber zumindest entschieden, dass die Tätigkeit und Willensbildung im Gemeinderat nicht von den §§ 331 ff. StGB erfasst ist und sie wegen der Gleichstellung mit der Legislativtätigkeit der Parlamentarier[422] dem Bereich nicht-definierter Macht, dem Bereich des Politischen zuzuschreiben ist. Ist der Bürgermeister mit Angelegenheiten bzw. der Willensbildung des Gemeinderates befasst, sei es formell als Mitglied oder in Bezug auf

419 Schmidt-Aßmann/Schoch/Schmidt-Aßmann/Röhl, Besonderes Verwaltungsrecht, 14. Auflage (2008), 1. Kap. V 2 b ff., S. 64 Rn. 77.

420 Schwierigkeiten bestehen insbesondere dort, wo der Bürgermeister eigenständig auch im Sinne der Willensbildung der Geschäfte der Gemeinde führt, sei es die sog. Geschäfte der laufenden Verwaltung, sei es die insbesondere durch den Gemeinderat übertragenen Angelegenheiten, Schmidt-Aßmann/Schoch/Schmidt-Aßmann/Röhl, Besonderes Verwaltungsrecht, 14. Auflage (2008), 1. Kap. V 2 b ff., S. 63 Rn. 73; zu einem Kern nicht auf den Bürgermeister übertragbarer Aufgaben und (Allein)Entscheidungsbefugnisse Steiner-Seewald, Besonderes Verwaltungsrecht (2003), I B, S. 84 Fn. 513.

421 Vgl. hierzu den Hinweis von Haffke, dass dieser Bereich noch aufzuarbeiten ist, Haffke, in: Tondorf (Hrsg.), Staatsdienst und Ethik (1995), S. 16, Fn. 26.

422 Der Gemeinderat ist kein Parlament, sondern Teil der Exekutive, vgl. BVerfGE 65, 283, 289; BVerwGE 97, 223, 225; zu teilweise abweichenden Ansichten vgl. Schmidt-Aßmann/Schoch/Schmidt-Aßmann/Röhl, Besonderes Verwaltungsrecht, 14. Auflage (2008), 1. Kap. V 2 b ff., S. 54 Rn. 59, Fn. 211.

die Willensbildung „informell“ als Leiter und Teilnehmer an Beratungen im Sinne des politischen Diskurses[423], so muss seine Tätigkeit und Einflussnahme in diesem Bereich aber ebenfalls als politische Tätigkeit eingeordnet werden. Eine Strafbarkeit kommt hier folglich höchstens nach § 108 e StGB in Betracht.[424]

Soll nun aber häufig gerade in diesem Bereich Einfluss genommen werden und erscheint eine solche Einflussnahme stets „lohnenswert“ und „nachvollziehbar“[425], zeigt sich der Hintergrund für den Befund des Bundesgerichtshofes, dass die Frage der Strafbarkeit nach den §§ 331, 333 StGB in diesem Bereich nie trennscharf abgegrenzt werden kann.[426] Wird der Nachweis des für die §§ 331, 333 StGB erforderlichen Beeinflussungswillens meist darüber zu führen sein, dass es keine andere plausible Erklärung für das Gewähren eines Vorteils gibt als die Erwartung einer Gegenleistung im Rahmen der Ausübung von definierter Staatsgewalt, so besteht im Falle des Bürgermeisters doch immer der plausible Erklärungsansatz, man wolle „lediglich“ die Politik, also das Handeln des Bürgermeisters, im nicht-definierten Bereich unterstützen, was für beide Seiten eben höchstens unter den Voraussetzungen des § 108 e StGB strafbar ist. Dieser Einwand erscheint nur dann gänzlich ausgeschlossen, wenn der Nachweis glückt, dass es dem Geber alleine um Handlungen aus dem nicht politischen Bereich geht, was in der Praxis wohl nur dann zum Erfolg führt, wenn der Bezug zu einer mehr oder weniger bestimmten Diensthandlung im Raum steht. Insoweit kann man im Hinblick auf die praktischen Ergebnisse schon von einer „Rückkehr“ zur Rechtslage vor dem KorrBekG 1997 sprechen, nicht aber im Hinblick auf die grundsätzliche rechtliche Konzeption einer Strafbarkeit im Bereich von

423 Vgl. zu dieser Unterscheidung bzw. diesem Zusammenspiel von Bürgermeister und Gemeinderat, Schmidt-Aßmann/Schoch/Schmidt-Aßmann/Röhl, Besonderes Verwaltungsrecht, 14. Auflage (2008), 1. Kap. V 2 b ff., S. 61 Rn. 69.

424 Übersicht zu den Ländern, in denen der Bürgermeister Mitglied des Gemeinderates ist, Schmidt-Aßmann/Schoch/Schmidt-Aßmann/Röhl, Besonderes Verwaltungsrecht, 14. Auflage (2008), 1. Kap. V 2 b ff., S. 55 Rn. 59, Fn. 215.

425 Nach den Kommunalgesetzen liegen Entscheidungen über größere Finanzvorhaben oder wesentliche Maßnahmen im Rahmen der Bauleitplanung, wozu auch die Entschließung über die Errichtung eines Factory Outlet Centers wie im hier besprochenen Fall des Dr. K. gehört, ausschließlich beim Gemeinderat und können nicht auf den Bürgermeister übertragen werden, vgl. insbesondere § 41 GO NRW; zum sog. „harten Kern der Führungsaufgaben“, die nach allen Gemeindeordnungen nicht delegiert werden können, Schmidt-Aßmann/Schoch/Schmidt-Aßmann/Röhl, Besonderes Verwaltungsrecht, 14. Auflage (2008), 1. Kap. V 2 b ff., S. 61 Rn. 69.

426 BGHSt 49, 275, 296.

Parteispenden. Dies hat der Bundesgerichtshof in seiner zweiten Parteispenden-Entscheidung dann auch nochmals eindeutig klargestellt hat.[427]

6. Die Differenzierung des Bundesgerichtshofes vor dem Hintergrund der Abgrenzung der §§ 331 ff. StGB von § 108 e StGB

Im Ergebnis kann man zusammenfassen, dass der Bundesgerichtshof mit seinen Entscheidungen zur Anwendbarkeit der §§ 331 ff. StGB im Rahmen von Parteispenden eine Differenzierung zwischen gubernativer, dem politischen Bereich zuzuordnender und administrativer Tätigkeit eines Amtsträgers vornimmt, wie sie bereits vor der Reform der §§ 331 ff. StGB durch das KorrBekG 1997 angeregt wurde.[428]

a) Die Anwendbarkeit der §§ 331 ff. StGB auf Gemeinderatsmitglieder

Soweit ersichtlich wird in der Literatur eine entsprechende Differenzierung schwerpunktmäßig an Hand der Frage erörtert, ob Gemeinderatsmitglieder grundsätzlich als Amtsträger i.S.v. § 11 Abs. 1 Nr. 2 StGB einzuordnen sind oder nicht. Hier wird insbesondere die Anwendbarkeit von § 11 Abs. 1 Nr. 2 c StGB diskutiert.[429] Danach sollen nach teilweise vertretener Ansicht kommunale Mandatsträger stets als Amtsträger einzuordnen sein.[430] Dies wird insbesondere auf die Erwägung gestützt, dass Gemeinden Teil der Exekutive der Länder seien[431] und die Tätigkeit im Gemeinderat zwar typische Parlamentsaufgaben wie die Normsetzung beinhalte, diese aber nicht mit der gesamtstaatlichen Legislative vergleichbar und nicht von der Exekutive zu trennen sei. Als Umsetzung der Selbstverwaltungsgarantie nach Art. 28 Abs. 2 GG gehöre sie zum Bereich der

---

427 BGH NJW 2007, 3446, 3447 f.

428 Haffke, in: Tondorf (Hrsg.), Staatsdienst und Ethik (1995), S. 37.

429 Zur weitgehend übereinstimmenden Ablehnung der Erfassung von Gemeinderatsmitgliedern von § 11 Abs. 1 Nr. 2 a StGB bzw. von § 11 Abs. 1 Nr. 2 b StGB, Sirch, Die Strafbarkeit der Parteispendenakquisition (2008), S. 82, Fn. 303 und Fn. 304; zumindest im Bereich des § 11 Abs. 1 Nr. 2 b StGB differenzierend Rudolphi NJW 1982, 1417 1418.

430 Vgl. hierzu insbesondere Epp, Abgeordnetenbestechung (1997), S. 388; Sirch, Die Strafbarkeit der Parteispendenakquisition (2008), S. 86.

431 Vgl. Epp, Abgeordnetenbestechung, S. 103 m.H.a. BVerfGE 2, 1, 76; 7, 155, 167; 65, 283, 289.

Verwaltung.[432] Soweit trotz dieser eindeutigen, verwaltungsrechtlichen Zuordnung auf die bestehenden Parallelen zwischen Abgeordneten und Gemeinderatsmitgliedern im Rahmen einer strafrechtlichen Behandlung abgestellt wird, wird eine solche Argumentation als „ergebnisorientiert" und nicht überzeugend eingestuft.[433] Einem solchen „verwaltungsrechtlichen" Ansatz scheint auch teilweise zumindest die untergerichtliche Rechtsprechung gefolgt zu sein, wenn sie Gemeinderatsmitglieder als Amtsträger i.S.v. § 11 Abs. 1 Nr. 2 c StGB einordnet.[434]

Dass selbst mit einer solchen grundsätzlichen Einordnung der Anwendungsbereich der §§ 331 ff. StGB für Gemeinderatsmitglieder nicht ohne weitere Differenzierung eröffnet sein kann, wird insbesondere vor dem Hintergrund des auch hier herangezogenen § 108 e StGB festgestellt.[435] Hiernach sei nämlich ausdrücklich eine Gleichstellung der Volksvertretung der Gemeinden und Gemeindeverbände mit der des Bundes und der Länder vorgesehen.[436] § 108 e StGB wird dabei als abschließend eingestuft, sodass alleine hiernach Bestechung und Bestechlichkeit von kommunalen Mandatsträgern strafbar sein könne[437] und sich die Grenze zwischen strafrechtlich zulässigem Lobbyismus und strafrechtlich unzulässiger Korruption nicht zusätzlich aus den §§ 331 ff. StGB ergeben könne.[438] In Bezug auf die Amtsträgereigenschaft wird angeführt, dass es einer solchen ausdrücklichen Aufnahme kommunaler Mandatsträger nicht bedurft hätte, wären sie als Amtsträger grundsätzlich von den §§ 331 ff. StGB erfasst.[439]

Vor diesem Hintergrund nimmt die wohl überwiegende Meinung[440] weniger eine pauschale Einordnung als Amtsträger oder Nicht-Amtsträger vor, sondern differenziert danach, ob der Mandatsträger neben dem Mandat noch eine weitere Funktion erfüllt, die nicht dem Anwendungsbereich von § 108 e StGB unterfällt.[441] Auch der Bundesgerichtshof hat dabei festgestellt, dass eine Strafbarkeit nach den §§ 331 ff. StGB bzw. eine Amtsträgerschaft i.S.v. § 11 Abs. 1 Nr. 2 c StGB nur in einem solchen Bereich denkbar ist.[442] Wegen der strukturellen Un-

432 Epp, Abgeordnetenbestechung (1997), S. 107 f. m.H.a. BVerfGE 65, 283, 289.

433 Sirch, Die Strafbarkeit der Parteispendenakquisition (2008), S. 87.

434 Vgl. hierzu Sirch, Die Strafbarkeit der Parteispendenakquisition (2008), S. 80 ff. m.H.a. LG Krefeld NJW 1994, 2036 f.

435 Vgl. hierzu Deiters NStZ 2003, 453, 456.

436 Marel StraFo 2003, 259, 260.

437 BGH NJW 2006, 2050 ff.; vgl. hierzu auch Dahs/Müssig NStZ 2006, 191, 195 f.

438 Deiters NStZ 2003, 453, 458.

439 Marel StraFo 2003, 259, 260.

440 Vgl. hierzu die Nachweise bei Sirch, Die Strafbarkeit der Parteispendenakquisition (2008), S. 82, Fn. 307.

441 Marel StraFo 2003, 259, 259 f.; Deiters NStZ 2003, 453, 458.

442 BGH NJW 2006, 2050, 2050.

terschiede zwischen Mandatsausübung als politischem Handeln in der Volksvertretung und der im Einzelfall denkbaren zusätzlichen Betreuung konkreter Verwaltungsaufgaben in behördlichen Strukturen, sei hier zu differenzieren und nur für letztere sei der Anwendungsbereich der §§ 331 ff. StGB eröffnet.[443]

Auf Grund dieser Erwägungen aus der Diskussion um die Amtsträgereigenschaft von Gemeinderatsmitgliedern[444] lässt sich nun Folgendes sagen. Die Frage nach der Anwendung der §§ 331 ff. StGB ist nicht damit beantwortet, dass es sich bei demjenigen, der einen Vorteil annimmt, um einen Amtsträger handelt. Gerade aus der Existenz von § 108 e StGB ergibt sich, dass hier insbesondere noch geklärt werden muss, ob auch im Falle einer grundsätzlichen Erfüllung der Kriterien nach § 11 Abs. 1 Nr. 2 StGB die betreffende Person nicht in einer § 108 e StGB betreffenden Funktion „angesprochen" wird. Um damit wieder zur hier erörterten Parteispenden-Entscheidung zurückzukehren, kommt es vielmehr darauf an, dass sich die Unrechtsvereinbarung auf ein Tätigwerden bezieht, die nicht zum „Funktionsbereich" i.S.v. § 108 e StGB zählt. Der Amtsträgerbegriff beschreibt damit nur in Verbindung mit dem Element „für die Dienstausübung" die Schwelle zur Strafbarkeit nach den §§ 331 ff. StGB, womit das maßgebliche Korrektiv benannt ist, soweit die Regelung des § 11 Abs. 1 Nr. 2 StGB als zu weit empfunden wird.

Kommt es für eine Strafbarkeit nach den §§ 331 ff. StGB damit darauf an, in welcher „Funktion" der Amtsträger beeinflusst werden soll, so erscheint vor dem Hintergrund von § 108 e StGB mit dem Begriff der „Legislativen" der Bereich der Dienstausübung, der nicht von den §§ 331 ff. StGB erfasst werden soll, nicht als exakt bestimmt. Denn insoweit lässt sich den oben dargestellten Stimmen in der Diskussion um die Amtsträgereigenschaft von Gemeinderatsmitgliedern nicht widersprechen, dass der Gemeinderat kein Parlament ist und im Staatsaufbau grundsätzlich der Verwaltung zuzuordnen ist.[445] § 108 e StGB ist daher besser dahingehend zu verstehen, dass er die Strafbarkeit im Falle der Einflussnahme auf nicht-definierte Staatsgewalt regeln will, wohingegen die §§ 331 ff. StGB die Strafbarkeit im Falle von Einflussnahme auf definierte Staatsgewalt regeln wollen.[446] Auf der Basis der Entscheidung des Bundesgerichtshofes ließe sich sagen, dass sich die §§ 331 ff. StGB nicht auf die Korruption im politischen Bereich beziehen und sich alleine § 108 e StGB mit dieser

---

443 BGH NJW 2006, 2050, 2054.

444 Vgl. hierzu ausführlich Sirch, Die Strafbarkeit der Parteispendenakquisition (2008), S. 79 ff.

445 BVerfGE 65, 283, 289; BVerwG NJW 1993, 411, 412.

446 Zu dieser Abgrenzung Haffke in: Tondorf (Hrsg.), Staatsdienst und Ethik (1995), S. 37.

befasst.[447] Weiter ließe sich formulieren, dass sich § 108 e StGB mit Korruption im Rahmen der Ausübung eines Mandats, die §§ 331 ff. StGB sich mit Korruption im Rahmen der Ausübung eines Amtes befassen.[448]

b) Schlussfolgerungen für die Anwendbarkeit der §§ 331 ff. StGB auf Bürgermeister

Wo diese Trennlinie im konkreten Einzelfall verläuft, vermag der Autor im Rahmen dieser Arbeit nicht abschließend zu konkretisieren und muss sich insoweit dem Bundesgerichthof anschließen, wenn dieser sagt, dass sich trennscharfe Grenzen für die Anwendung der §§ 331 ff. StGB gerade im kommunalen Bereich zumindest nach momentanem Stand nicht ziehen lassen.[449] Soweit diese Trennlinie aber auch durch das Verhältnis der §§ 331 ff. StGB zu § 108 e StGB markiert wird, so ergibt sich daraus, dass nicht nur im Bereich des in § 108 e StGB aufgezählten Personenkreises die Strafbarkeit nach den §§ 331 ff. StGB einzuschränken ist und nach dem Bezugspunkt des gewährten Vorteils abzugrenzen ist. Dies ist vielmehr immer dann erforderlich, wenn sich in einer Person definierte und nicht-definierte Staatsgewalt vereinen. Dies kann nicht nur bei Gemeinderatsmitgliedern der Fall sein, wenn sie in sonstiger Weise in die Verwaltung des Behördenapparates eingebunden sind. Es gilt insbesondere und grundsätzlich auch für Bürgermeister und Mitglieder der Bundes- und Landesregierung, was besonders zu betonen ist, da deren Amtsträgereigenschaft i.S.d. §§ 331 ff. StGB grundsätzlich ohne weitere Einschränkung angenommen wird. Während Bürgermeister als kommunale Wahlbeamte[450] von § 11 Abs. 1 Nr. 2 a StGB erfasst sind, gelten Minister der Bundes- und Landesregierung geradezu als Paradebeispiele für ein öffentlich-rechtliches Amtsverhältnis i.S.v. § 11 Abs. 1 Nr. 2 b StGB.[451] Für letztere wird eine Differenzierung im hiesigen Sinne dann auch angedeutet, wenn es im Rahmen der „öffentlichen Verwaltung“ i.S.v. § 11 Abs. 1 Nr. 2 c StGB heißt, dass Regierungstätigkeit als politische Staats-

---

447 Vgl. hierzu die Formulierung des BGH, dass für eine Strafbarkeit nach den §§ 331 ff. StGB erforderlich ist, dass „ein Spender nicht nur – straffrei – die allgemeine Ausrichtung der Politik des Wahlbewerbers unterstützen will“, BGH NJW 2007, 3447, 3448.

448 Zur entscheidenden Rolle des Amtsverhältnisses als öffentlich rechtliches Dienst- und Treueverhältnis und der damit verbundenen besonderen persönlichen Bindung an den Staat im Gegensatz zum Mandat, vgl. Haffke in: Tondorf (Hrsg.), Staatsdienst und Ethik (1995), S. 17 und S. 23.

449 BGHSt 49, 275, 295 f.

450 Vgl. hierzu z.B. § 62 Abs. 1 S. 1 GO NW.

451 Fischer, StGB, 57. Auflage (2010), § 11 Rn. 16.

führung nicht erfasst sein soll.[452] Es bleibt dann die Tätigkeit als Leiter einer obersten Bundes- oder Landesbehörde.[453] Dem Bürgermeister kommt in vergleichbarer Weise eine Doppelstellung zu, da er als Verwaltungsleiter dem gesamten Verwaltungsapparat der Gemeinde vorsteht und gleichzeitig als Kommunalpolitiker im Umgang mit dem Gemeinderat an den zu treffenden Entscheidungen mitwirkt.[454]

Wenn gerade in Bezug auf den Bürgermeister oder den kommunalen Bereich im Allgemeinen die Trennlinie zwischen politischer und exekutiver Tätigkeit auch nur schwer allgemein bestimmt werden kann[455], so lässt sich eine solche doch zumindest wie folgt fixieren.

In zahlreichen Fällen ist nach den Landeskommunalgesetzen der Bürgermeister gleichzeitig Mitglied des Gemeinderates.[456] Gilt in diesen Fällen auch für ihn § 108 e StGB, so ist eine Anwendung der §§ 331 ff. StGB in diesem Zusammenhang ausgeschlossen. Insoweit bedarf es des Nachweises, dass sich ein Vorteil auf eine andere als diese Tätigkeit im Gemeinderat beziehen soll, da § 108 e StGB insoweit eine abschließende Sonderregelung darstellt.[457] Was die Tätigkeit im Gemeinderat anbelangt, ist demzufolge ausschließlich der Stimmkauf strafbar, sonstige Tätigkeiten wie die Beratung, Diskussion, Überzeugungsarbeit oder die Initiative in Bezug auf Beschlussthemen können strafrechtlich darüber hinaus nicht erfasst sein. Dieser Bereich lässt sich auch zwanglos im Sinne unserer Differenzierung als Bestandteil des politischen Kräftespiels einordnen, welches wesentlich für die Regelung des § 108 e StGB sein soll.[458] Bezüglich der Tätigkeit im Gemeinderat lässt sich dabei nicht, wie es der Bundesgerichtshof in der Parteispenden-Entscheidung ansatzweise versucht, zwischen der „allgemeinen Ausrichtung der Politik“ und „konkret geplanten oder zu erwartenden Vorhaben“ unterscheiden.[459] Solange sich der Vorteil nicht auf eine Tätigkeit außerhalb dieser Rolle des Bürgermeisters im Gemeinderat bezieht, wie z.B. die Förderung eines Vorhabens durch Weisungen an zuständige Mitarbeiter der Gemeindeverwaltung im Rahmen von behördlichen Genehmigungs-

452 Fischer, StGB, 57. Auflage (2010), § 11 Rn. 23 b.

453 Zu dieser Doppelstellung nochmals Dreier-Hermes, Kommentar zum Grundgesetz, 2. Auflage (2006), Bd. 2, Art. 62 Rn. 19.

454 Klüber, Handbuch der Kommunalpolitik (1971), S. 94.

455 Vgl. hierzu nochmals Haffke, in: Tondorf (Hrsg.), Staatsdienst und Ethik (1995), S. 16, Fn. 26, wonach dieser Bereich noch der monographischen Aufarbeitung bedarf.

456 Vgl. die Übersicht Schmidt-Aßmann/Schoch/Schmidt-Aßmann/Röhl, Besonderes Verwaltungsrecht, 14. Auflage (2008), 1. Kap. V 2 b ff., S. 55 Rn. 59, Fn. 215.

457 Dahs/Müssig NStZ 2006, 191, 195 f.

458 Deiters NStZ 2003, 453, 458 m.H.a. BT-Drs. 12/5927, S. 5.

459 BGH NJW 2007, 3446, 3448.

verfahren, in Bezug auf die es keiner Willensbildung seitens des Gemeinderates mehr bedarf[460], ist eine Strafbarkeit in jedem Fall auf den Stimmkauf i.S.v. § 108 e StGB beschränkt. Dieser ist natürlich nur dann anzuwenden, wenn der Bürgermeister nach der Gemeindeverfassung auch Mitglied des Gemeinderates ist. Erweist sich dies von der Warte des Strafrechts allerdings als zufällig, so kann die Strafbarkeit von Bürgermeistern nach den §§ 331 ff. StGB im Einzelnen nicht sinnvoll von der Anwendbarkeit von § 108 e StGB abhängig gemacht werden. Dementsprechend ist jegliche Mitwirkung des Bürgermeisters an der Willensbildung und Entscheidungsfindung im Gemeinderat als politische Tätigkeit aus dem Anwendungsbereich der §§ 331 ff. StGB herauszunehmen und die Bezugnahme auf eine solche vermag eine Unrechtsvereinbarung in diesem Sinne nicht zu begründen. Der Einwand, dass der Bürgermeister in diesem Bereich dann vollkommen straflos sei, vermag dabei nicht zu überzeugen, hat er mangels Mitgliedsstellung im Gemeinderat insoweit ja auch keine formelle Mitwirkungsmöglichkeit an der Entscheidungsfindung. Dass nur eine solche nicht preisgegeben werden darf, entspricht dann genau der von § 108 e StGB gezogenen Grenze zwischen zulässiger Lobbyarbeit und strafbarer Korruption. Diese Grenze gilt es auch im Bereich von Mitgliedern der Bundes- und Landesregierungen sowie bei Bürgermeistern einzuhalten, soweit sie in Ausübung nichtdefinierter Staatsgewalt tätig werden und ihr Handeln damit entsprechend § 108 e StGB dem politischen Bereich zuzuordnen sind.[461]

In Bezug auf Forderungen nach einer Verschärfung von § 108 e StGB bzw. einem Ausweiten der Ahndung politischer Korruption im Allgemeinen bleibt abschließend darauf hinzuweisen, dass politisches Handeln nicht nur faktisch anderen Grundsätzen und Tugenden als die gesetzesvollziehende, interessenneutrale Verwaltung folgt, sondern auch folgen soll und muss.[462] Daneben darf nicht vergessen werden, dass angesichts der zeitlichen Begrenztheit eines Mandats in diesem Bereich zur strafrechtlichen Verantwortlichkeit die politische Verantwortlichkeit hinzutritt und insoweit wohl stärker auf Transparenz gegenüber der Wählerschaft als auf strafrechtliche Kontrolle zu achten ist.

---

460 Insoweit ist zwischen bezweckter Einflussnahme des Bürgermeisters auf die Ratsmitglieder und einer solchen auf die Mitarbeiter der Gemeindeverwaltung zu unterscheiden.

461 Haffke in: Tondorf (Hrsg.), Staatsdienst und Ethik (1995), S. 37 f.

462 Haffke in: Tondorf (Hrsg.), Staatsdienst und Ethik (1995), S. 38; zu Reformansätzen im Bereich von § 108 e StGB vgl. ausführlich Peek ZStW 120. Band (2008), 785 ff.

H. Zusammenschau

I. Der Unrechtskern der §§ 331 ff. StGB und seine Verortung in der Diskussion um das Rechtsgut der Bestechungsdelikte

Nachdem das Ziel dieser Arbeit unter anderem in der Beantwortung einiger Grundsatzfragen in Bezug auf die Strafbarkeit von Amtsträgerbestechung nach den §§ 331 ff. StGB bestand, soll eine ausdrückliche Antwort nicht ausbleiben.

Zentrale Frage war die nach dem Unrechtskern von Amtsträgerbestechung i.S.d. §§ 331 ff. StGB. Als Antwort kann formuliert werden: Der Unrechtskern von Amtsträgerbestechung liegt in der Preisgabe von Staatsgewalt.

Auf dieser Ebene soll Bestechung eher als Gesamtphänomen und nicht streng im Sinne der Terminologie des Gesetzes verstanden werden. Auf diese zugeschnitten ist dieser Unrechtskern im Hinblick auf Bestechlichkeit seitens des Amtsträgers und Bestechung seitens des Vorteilsgebers zu konkretisieren. In Bezug auf Bestechlichkeit ist die Formulierung des Unrechts als Preisgabe von Staatsgewalt bereits treffend. Hierzu korrespondierend liegt das Unrecht von Bestechung in der Teilnahme an Staatsgewalt.

Fragt man auf dieser Grundlage nach dem Rechtsgut der §§ 331 ff. StGB, so müsste man als solches das Herrschaftsmonopol des Staates benennen. Wenn dieses bei der Bezeichnung des Unrechtskerns nicht in den Fokus gerückt wird, dann nur deswegen, weil eine solche Formulierung wohl zu abstrakt ist, um alleine hieraus einen Gewinn für das Verständnis der §§ 331 ff. StGB und Fragen ihrer konkreten Anwendung zu ziehen.[463]

Auf der anderen Seite ist eine konkretere Bestimmung des hier gefundenen Ergebnisses im Sinne eines Rechtsgutes aber nicht ersichtlich. Denn der Unrechtskern dreht sich gerade um diese Monopolstellung und nur so findet der Unwert der Preisgabe von Staatsgewalt einen adäquaten Ausdruck. Entscheidend ist die dem Begriff des Monopols innewohnende Ausschließlichkeit, dass niemand anderes als der Staat Herrschaft ausübt. Insoweit kann ein Angriff auf dieses Herrschaftsmonopols aber alleine in dem „Aus-der-Hand-geben-von-Herrschaft“ oder „In-die-Hand-nehmen-von-Herrschaft“ gesehen werden.

Der Begriff des Herrschaftsmonopols hat damit keine Bedeutung jenseits der Nicht-Preisgabe von Staatsgewalt und besitzt damit keine hiervon losgelöste Dimension, wie man es beispielsweise in Bezug auf das Rechtgut „Eigentum“ annehmen kann, was mehr ist als die Nicht-Wegnahme und was dementspre-

---

463 Vgl. hierzu Heinrich, Der Amtsträgerbegriff im Strafrecht (2000), S. 283.

chend auch durch andere Verhaltensweisen negativ tangiert werden kann. Das Herrschaftsmonopol des Staates kann nach dem hiesigen Verständnis aber nur durch die Preisgabe von Staatsgewalt „angegriffen“ werden, sodass dem Beziehungsverhältnis von Vorteil und Dienstausübung damit in besonderer Weise unrechtskonstituierende Bedeutung zukommt. Um gerade dies deutlich zu machen, soll das Unrecht der §§ 331 ff. StGB hier in erster Linie als Preisgabe von bzw. Teilnahme an Staatsgewalt definiert und nicht das Rechtsgut „Herrschaftsmonopol des Staates“ in den Mittelpunkt gestellt werden.

Mit der hier gewählten Formulierung des Unrechts ist damit nicht gesagt, dass es ein solches Rechtsgut im Rahmen der §§ 331 ff. StGB nicht gibt[464] oder dass sich der hiesige Ansatz außerhalb der Rechtsgutsdiskussion bewegt. Denn von einer systemkritischen, die Frage der Legitimität von Strafe behandelnden Dimension einmal abgesehen, wird mit der Konzeption des Rechtsgüterschutzes zunächst einmal das von einer Norm als strafbar eingestufte Unrecht beschrieben. Gerade dies soll auch mit dieser Untersuchung geleistet werden, sodass insoweit die Bestimmung des Unrechts der §§ 331 ff. StGB als Preisgabe von Staatsgewalt mit den im Rahmen der Rechtsgutsdebatte gemachten Ansätzen verglichen werden kann. Ein solcher Vergleich bleibt aber dahingehend schwierig, als sich oft nicht sagen lässt, ob hinter einer anderen Formulierung sich auch ein anderes Unrechtsverständnis verbirgt und ob das Unrecht auch auf einem vergleichbaren Abstraktionsniveau formuliert werden sollte. So lässt sich kaum sagen, worin genau der Unterschied zwischen einem Rechtsgut der Lauterkeit der Amtsausübung[465], der Unkäuflichkeit von Amtshandlungen[466] oder der Sachlichkeit der Amtsführung[467] bestehen soll.[468] Denn all diese Begriffe drehen sich letztlich wohl um das Ergebnis einer nicht ordnungsgemäßen Amtshandlung und damit um die Verfälschung des Staatswillens.[469] Wenn im Vergleich dazu die Funktionsfähigkeit der Staatsverwaltung als Rechtsgut benannt wird, so ist hier bei näherem Hinsehen gar nicht so sehr ein Gegenpol zu den sich um die Verfälschung des Staatswillens drehenden Ansätzen bezweckt. Hierunter wird nämlich die ordnungsgemäßen Amtsführung als innere Funktionsbedingung und das Vertrauen der Allgemeinheit in diese als äußere Funktionsbedingung zu-

---

464 Zur Einordnung der §§ 331 ff. StGB als „nicht auf Rechtgüter bezogene Normen“, Jakobs, Strafrecht, Allgemeiner Teil, 2. Auflage (1991), S. 42 Rn. 17.

465 RGSt 72, 237, 341 f.; BGHSt 10, 237, 241 f.; 15, 88, 96; aber auch BT-Drs. 7/550, S. 269.

466 Binding, Bes. Teil II 2, S. 730

467 Dölling JuS 1981, 570, 573; ders. ZStW 112 (2000), 334, 335.

468 Dass es sich insoweit nur um Nuancen handelt, vgl. NK-Kuhlen, StGB, 3. Auflage (2010), § 331 Rn. 10.

469 In diese Richtung auch Dölling JuS 1981, 570, 573.

sammengefasst. So zeigt es sich, dass mit dem Begriff der Funktionsfähigkeit lediglich eine hinreichend abstrakte Formulierung gewählt wurde, um zwei Unrechtsgedanken unter ein Rechtsgut zu packen und den Gedanken des Vertrauensschutzes im Wege eines „komplexen" Rechtsgutes mit aufnehmen zu können.[470] Insoweit besteht zum Teil kein Unterschied zu den zuerst genannten Ansätzen um die Verfälschung des Staatswillens, da auch hier mitunter das Vertrauen der Allgemeinheit in die Lauterkeit des öffentlichen Dienstes als zusätzlicher Schutzzweck herangezogen wird.[471] Um die Dimensionen der ordnungsgemäßen Amtsausübung und des Vertrauens der Allgemeinheit geht es dann letztlich wohl auch im Rahmen einer noch abstrakteren Bestimmung, nach der die §§ 331 ff. StGB die Rechtsinstitute schützen wollen, derer sich der Staat als Organisationsstrukturen zur Übertragung seiner Aufgaben bedient.[472] Basis solchen delegierten staatlichen Handelns sei insbesondere auch das „Vertrauen der Bürger in die Übertragbarkeit von öffentlichen Aufgaben".[473]

Da sich schon diese Grundströmungen der Diskussion um das Rechtsgut der §§ 331 ff. StGB nur schwer fassen lassen, wird man nicht mehr erwarten können, als das hier entwickelte Verständnis vom Unrecht der Amtsträgerbestechung in diese Grundströmungen einzuordnen.[474] Im Sinne einer Struktur erweisen sich hier die Grundfragen als hilfreich, die in diesem Abschnitt zusammenfassend beantwortet werden sollen. Denn neben der bereits aufgegriffenen Frage, worin das Unrecht des klassischen Falles von Amtsträgerbestechung liegt, sollte es weiter darum gehen, ob und wie sich die einzelnen Verwirklichungsformen der §§ 331 ff. StGB in diesen Grundgedanken einfügen und wo die Grenze zwischen ihnen verläuft. Wird das Vertrauen der Allgemeinheit als von den §§ 331 ff. StGB geschütztes Gut hauptsächlich im Rahmen der Erklärung der verschiedenen Varianten wie § 332 Abs. 3 StGB oder allgemein der Erfassung von Vorteilen für vergangene Amtshandlungen herangezogen, so kann eine Befassung hiermit im Hinblick auf den klassischen Bestechungsfall zunächst hinten angestellt werden.

Wird im Dunstkreis einer Verfälschung des Staatswillens die Lauterkeit der Dienstausübung oder Sachlichkeit der Amtshandlungen als Rechtsgut benannt,

470 So die herrschende Meinung, vgl. die umfassenden Nachweise bei Rüdiger, Schutzinteresse und Deliktsstruktur der „Bestechungsdelikte" (2007), S. 63 Fn. 254.

471 BGHSt 47, 22, 25; 47, 295, 303; 49, 275, 283.

472 Jaques, Die Bestechungstatbestände unter besonderer Berücksichtigung des Verhältnisses der §§ 331 ff. zu § 12 UWG (1996), S. 90.

473 Jaques, Die Bestechungstatbestände unter besonderer Berücksichtigung des Verhältnisses der §§ 331 ff. zu § 12 UWG (1996), S. 86 ff.

474 Eine detaillierte Darstellung und Auseinandersetzung findet sich bei Rüdiger, Schutzinteresse und Deliktsstruktur der „Bestechungsdelikte" (2007), S. 51 ff.

so wird der Schwerpunkt des Unrechts auf die nicht ordnungsgemäßen Dienstausübung oder Amtshandlung gelegt. Dies wurde hier mit der Überlegung in Frage gestellt, warum unter dem klassischen Bestechungsfall nur eine nicht ordnungsgemäße Amtshandlung in Verbindung mit der Annahme eines Vorteils verstanden wird und nicht auch eine solche aus purer Willkür oder rassistischen Motiven strafbar ist. Dieser Einwand lässt sich nicht dadurch entkräften, dass mit der Bestimmung eines Rechtsgutes nicht gesagt sein soll, dass damit jegliche negative Auswirkung auf dieses als strafbares Unrecht erfasst sein soll. Erfasst werden soll auch hier immer nur die durch das tatbestandliche Verhalten bedingte negative Auswirkung. Für eine Formulierung nach dem Muster des Rechtsgüterschutzes wird das Unrecht allerdings um dieses konkrete Verhalten zu Gunsten eines allgemeinen Angriffs abstrahiert. Der Unterschied dieses Ansatzes zu einem Rechtsgut der ordnungsgemäßen Amtsausübung liegt nun aber nicht in einer solchen Abstraktion. Entscheidend ist vielmehr, dass sich das Unrecht von Bestechung nicht treffend um den Vorteil bzw. das Verhältnis zum Vorteilsgeber abstrahiert beschreiben lässt. Denn ließe sich die Bedeutung des Verhältnisses von Vorteil und Dienstausübung auf einen allgemeinen und damit austauschbaren Angriff auf die lautere Amtsausübung beschränken, so ist es nicht erklärlich, dass nicht auch weitaus verwerflichere Angriffe unter Strafe gestellt sind wie die bereits erwähnte Pflichtwidrigkeit aus rassistischen Motiven. Die besondere Beziehung zum Vorteil bzw. Vorteilsgeber lässt sich damit nicht zu Gunsten eines allgemeinen Angriffs vom Unrecht der Amtsträgerbestechung trennen, sodass dieses auch nicht treffend im Resultat einer nicht ordungsgemäßen Amtshandlung gesehen werden kann.[475] Gerade dieser Schwerpunkt wird aber gesetzt, wenn als Rechtsgut im Falle „klassischer" Bestechung die Lauterkeit des öffentlichen Dienstes bzw. die Sachlichkeit der Dienstausübung bezeichnet wird. Dies gilt letztlich auch für den Gedanken der Verfälschung des Staatswillens.

An dieser Stelle ist dann der maßgebliche Unterschied zu einem als Preisgabe von Staatsgewalt beschriebenen Unrecht zu sehen. Eine solche lässt sich ohne ein gewisses Maß an Einflussnahme nicht denken, sodass Amtshandlungen in diesem Zusammenhang natürlich stets unsachlich sind, der Amtsträger sich unlauter verhält und es jedenfalls im Falle eines Gesetzesverstoßes zu einer Verfälschung des Staatswillens kommt.

475 Keinen Unterschied macht insoweit, ob man die sachwidrige Amtshandlung als Angriff auf den Staat – vgl. Stock, Entwicklung und Wesen der Amtsverbrechen (1932), S. 245 f. – oder als Verletzung individueller Entwicklungsinteressen – vgl. Rüdiger, Schutzinteresse und Deliktsstruktur der „Bestechungsdelikte" (2007), S. 239 – versteht.

Darin liegt aber nicht der Unrechtskern. Dieser liegt darin, dass ein Nicht-Repräsentant des Staates den Inhalt einer Amtshandlung und damit den Inhalt eines Aktes von Staatsgewalt bestimmt. Damit gelangt Staatsgewalt bzw. Herrschaft in die Hand einer nicht demokratisch legitimierten und damit dem staatlichen Herrschaftsmonopol unterworfenen Instanz. Dies stellt per se Unrecht dar, ohne dass es zwingend auf die Qualität der so produzierten Amtshandlung ankommt. Wollte man vor diesem Hintergrund ein Rechtsgut formulieren, so müsste man als solches dementsprechend das Herrschaftsmonopol des Staates benennen.

II. Die verschiedenen Verwirklichungsformen von Amtsträgerbestechung nach den §§ 331 ff. StGB

Zweite zentrale Frage dieser Untersuchung war, ob und wie sich die verschiedenen Verwirklichungsformen der §§ 331 ff. StGB auf Grundlage des durch den klassischen Bestechungsfall umschriebenen Unrechts verstehen lassen und wo genau die Grenze zwischen diesen verläuft.

Der als Preisgabe von Staatsgewalt verstandene Bestechungsgedanke liegt in verschiedenen Abstufungen allen Verwirklichungsformen der §§ 331 ff. StGB zu Grunde, wenn sie auch nicht alle vom Gesetz unter der Deliktsbezeichnung „Bestechung" geführt werden. Als einzige Ausnahme ist § 331 StGB im Falle des Forderns eines Vorteils für eine gebundene pflichtgemäße Entscheidung zu benennen. Diese Konstellation grenzt sich bereits durch ihre Nichterfassung von § 331 Abs. 3 StGB ab; als Unrechtsgedanke liegt ihr das Ausnutzen des Herrschaftsmonopols durch den Amtsträger zu Grunde. Im Übrigen sind auch die §§ 331, 333 StGB dem Gedanken der Preisgabe von Staatsgewalt zuzuordnen. Die Differenziertheit der Bestrafung dieses Gedankens hat ihr Hauptmotiv in der schweren Beweisbarkeit des klassischen Bestechungsfalls. Auf Seiten des Gebers lässt sich hier zwischen Kommunikation (§ 334 Abs. 3 StGB) und Nicht-Kommunikation (§ 333 StGB) einer Beeinflussungsabsicht unterscheiden, ein im Einzelfall oft schwer nachzuweisendes Element von Amtsträgerbestechung. § 334 Abs. 1 beschreibt in Bezug auf vergangene Amtshandlungen stets zumindest einen allgemeinen Beeinflussungszusammenhang i.S.v. § 333 StGB und muss dogmatisch als besonderer Fall hiervon eingeordnet werden. Wegen der starken Vermutung einer schwer erweislichen Unrechtsvereinbarung bereits vor der honorierten pflichtwidrigen Amtshandlung ist er im Strafmaß aber § 334 Abs.1 StGB gleichgestellt.

Der Nachweis einer Bestechungsabrede ist in gleichem Maße auch in Bezug auf den Amtsträger schwierig. Im Falle des Nachweises einer solchen soll es weiterhin problematisch sein, den Amtsträger dahingehend zu überführen, dass er sich auch tatsächlich entsprechend der getroffenen Abrede verhalten wollte. Die Varianten des in § 332 Abs. 1 StGB umschriebenen klassischen Bestechungsfalls, für den es eines tatsächlichen Willens zur Erfüllung der Unrechtsvereinbarung bedarf, setzten daher bei der nachweisbaren Annahme eines Vorteils an, die bereits die abstrakte Gefahr der Preisgabe von Staatsgewalt begründet.[476] Diese kennt zwei Stufen, § 331 StGB und § 332 Abs. 3 StGB.[477] Letztere hebt sich dadurch ab, dass hier eine Absprache mit dem Vorteilsgeber nachgewiesen werden kann, welche schon dann anzunehmen ist, wenn der Amtsträger einen ihm i.S.v. § 334 Abs. 3 StGB angebotenen Vorteil schlicht annimmt.[478] Damit zeigt sich, dass es auch hier letztlich um einen Fall des § 331 StGB handelt, der wegen einer starken Vermutung für einen tatsächlichen Willen i.S.v. § 332 Abs. 1 StGB im Strafmaß einer „echten“ Bestechlichkeit gleichgestellt ist.[479]

Dieses Gesamtergebnis ließe sich problemlos auch mit dem Gedanken des Anscheins von Bestechlichkeit und einer damit verbundenen Gefahr für ein Vertrauen der Allgemeinheit in die Unbestechlichkeit oder Lauterkeit des öffentlichen Dienstes erklären. Insbesondere seitens des Wortlauts der §§ 331 ff. StGB bestehen keine zwingenden Vorgaben für das eine oder das andere Verständnis.[480]

Es soll hier nun nicht darum gehen, ob Sinn und Zweck einer Strafnorm legitimerweise im Schutz eines wie auch immer gearteten Vertrauens gesehen

---

476 Im Sinne einer solchen einheitlichen Deliktsstruktur für die §§ 331, 332 Abs. 3 StGB Rüdiger, S. 78 m.H.a. Dölling JuS 1981, 570, 573 und Graupe, Die Systematik und das Rechtsgut der Bestechungsdelikte (1988), S. 114; erläuternd ließe sich als sog. „Zwischenrechtsgut“ hier die Unbefangenheit des Amtsträgers anführen, vgl. BT-Drs. 7/550, S. 269; vgl. auch Schünemann JA 1975, 787, 798.

477 Zu einem Stufenverhältnis i.S.v. § 331 StGB – § 332 III StGB – § 332 I StGB vgl. auch Henkel JZ 1960, 507, 512.

478 In diesem Fall ist immer ein Sich-bereit-Zeigen i.S.v. § 332 Abs. 3 StGB anzunehmen, vgl. oben.

479 Für § 332 Abs. 1 StGB gilt in Bezug auf vergangene pflichtwidrige Amtshandlungen das zu § 334 Abs. 1 StGB Gesagte.

480 Siehe das Ergebnis der Untersuchung von Rüdiger, Schutzinteresse und Deliktsstruktur der „Bestechungsdelikte“ (2007), S. 86 f.; in diese Richtung nun wohl auch Kargl JZ 2005, 503, 510, vgl. Rüdiger, S. 84, Fn. 353.

werden kann.[481] Ausgangspunkt ist vielmehr, dass Triebfeder für ein Verständnis der §§ 331 ff. StGB als Gefährdung des Vertrauens der Allgemeinheit zu sein scheint, nicht beweisen zu müssen, dass der Amtsträger tatsächlich einen erhaltenen Vorteil im Rahmen der Dienstausübung berücksichtigt hat bzw. berücksichtigen wollte. Ob man eine solche Beweiserleichterung nun im Wege des Vertrauensschutzgedankens oder über ein Verständnis als abstrakte Gefahr bewerkstelligt, ist wohl als gleich „gut“ oder „schlecht“ zu bewerten. In beiden Fällen akzeptiert man letztlich eine Beweiserleichterung und insoweit eine Beschneidung des Grundsatzes „in dubio pro reo“.

In beiden Fällen sollte man aber auch im Rahmen von Verständnis und Auslegung zu dieser Beweiserleichterung stehen. Nur so scheint es möglich, die mit dem Gedanken des Vertrauensschutzes oder der abstrakten Gefahr begründete, schier endlose Weite einer Strafbarkeit auf die Fälle zu begrenzen, die mit Reform und Erweiterung der §§ 331 ff. StGB erfasst werden sollten. Dazu bedarf es einer exakten Bezeichnung der Elemente, die nicht mehr zu beweisen sind – dies vor dem Hintergrund, dass alle übrigen Elemente nach wie vor bewiesen werden müssen. Denn alleine am Maßstab des Vertrauensschutzes oder der abstrakten Gefahr müssten Gewährung und Annahme eines jeden Vorteils strafbar sein, denn die Öffentlichkeit könnte stets Bestechung wittern und jeder Vorteil vermag die Dienstausübung potentiell zu beeinflussen. Dem Tatbestandsmerkmal „für die Dienstausübung“ kann nach einem solchen Verständnis letztlich keine Bedeutung zukommen, sodass ein „Ausufern“ der Strafbarkeit dann nicht mehr überraschen kann.[482] Die konkreten Kriterien für eine Strafbarkeit lassen sich daher nur durch ein Akzeptieren und Heranziehen des Gedankens der Beweiserleichterung bestimmen, denn letztlich ergibt sich der vom Gesetzgeber anvisierte Umfang der Strafbarkeit genau daraus, welche Elemente nicht mehr und welche nach wie vor bewiesen werden müssen. Nur so lässt sich die strafbare Gefahr „exakt“ definieren.

Wenn Bestechung typischerweise und entsprechend dem durch die §§ 332 Abs. 1, 334 Abs. 1 StGB vorgezeichneten Bild in einem Beeinflussungswillen, einer entsprechenden Absprache mit dem Amtsträger und deren tatsächlicher Erfüllung bzw. dem Willen hierzu besteht, so kann man sagen, dass im Rahmen von § 332 Abs. 3 StGB auf den Willen bzw. die tatsächliche Erfüllung verzichtet wird, es aber bei dem Beeinflussungswillen und der Absprache bleibt. Für einen Anschein oder eine abstrakte Gefahr an sich bedürfte es wohl keines von

481 Gerade auch in Bezug auf die §§ 331 ff. StGB vgl. Roxin, Strafrecht, Allgemeiner Teil Band 1, 4. Auflage (2006), § 2 Rn. 84 und Rüdiger, Schutzinteresse und Deliktsstruktur der „Bestechungsdelikte“ (2007), S. 258 f.

482 Fischer, StGB, 57. Auflage (2010), § 331 Rn. 24.

beiden. Dann bliebe aber die bloße Vorteilsannahme, womit sich weder ein Unterschied zu § 331 StGB noch zum Disziplinarrecht ausmachen ließe. Im Rahmen von § 331 StGB ist dementsprechend dann auch der Beeinflussungswille des Gebers aufrechtzuerhalten, soll hier alleine auf den Nachweis einer Absprache nach § 332 Abs. 3 StGB verzichtet werden.[483] Bekennt man sich damit wenigstens zu dem unedlen Motiv der Beweiserleichterung und versteckt dieses nicht hinter formal aus Wertgesichtspunkten abgeleiteten, aber nicht unbedingt von echter Überzeugung getragenen Ansätzen, so lässt sich die in jedem Fall stattfindende Beschränkung von Freiheitsrechten wohl zumindest auf ein chirurgisches Maß beschränken.

III. Abstrakte Gefahr und Anschein von Amtsträgerbestechung

Erfolgt dies nach dem hiesigen Ansatz vor dem Hintergrund der abstrakten Gefahr einer Preisgabe von Staatsgewalt, so scheint der Unrechtskern von Amtsträgerbestechung dabei noch am wenigsten verwässert zu werden.[484] Ein Rückgriff auf den Gedanken des Vertrauensschutzes bedeutet letztlich einen Rückgriff auf die für das Disziplinarrecht entscheidenden Grundsätze.[485] Ist eine ausnahmsweise Zustimmung zur Annahme eines Geschenks nach § 71 BBG nur insoweit möglich, als eine Gefährdung des Vertrauens in die uneingeschränkte Amtsausübung von vornherein ausgeschlossen ist[486], so ist mit einer solchen Gefahr die Schwelle zum Disziplinarrecht überschritten, womit nicht gleichzeitig

483 Damit ist dann wohl auch das „normative Korrektiv" benannt, was einhellig im Rahmen von § 331 StGB gefordert wird, vgl. Fischer, StGB, 57. Auflage (2010), § 331 Rn. 24 m.w.N.; gegen das Erfordernis eines tatsächlichen Beeinflussungswillens im Rahmen von § 331 StGB wohl SK-Rudolphi/Stein, StGB, 6. Auflage, 58. Lieferung (2003), § 331 Rn. 25a; vgl. hierzu auch Kargl ZStW 114 (2002), 763, 774.

484 Nach Arzt (BGH-Festgabe, Band IV [2000], S. 769 f.) ist mit einer Beweiserleichterung i.S.v. § 332 Abs. 3 StGB die Grenze zur Deformation bereits überschritten.

485 Als Grundlage für eine den Amtsverhältnissen eigentümliche besondere personale Bindung an den Staat vgl. Welp, in: Festschrift für Lackner (1987), S. 764, ist das dem Amtsträger entgegengebrachte Vertrauen der Allgemeinheit höchstens als Rechtsgut aller Amtsdelikte zu verstehen, was für konkrete Fragen der §§ 331 ff. StGB dann wegen seines Abstraktionsgrades nicht herangezogen werden kann, vgl. auch Gribl, Der Vorteilsbegriff bei den Bestechungsdelikten (1993), S. 72 m.H.a. Engelhardt, Zur Struktur der Bestechungstatbestände (1963), S. 50 und 51; Geerds, Über den Unrechtsgehalt der Bestechungsdelikte (1961), S. 49; E. Schmidt, Die Bestechungstatbestände in der höchstrichterlicen Rechtsprechung von 1879 bis 1959 (1960), S. 106.

486 BVerwG ZBR 2000, 273, 273; Plog/Wiedow/Lemhöfer, BBG, § 70 Rn. 6.

der spezifische Gehalt der Sanktionsnorm beschrieben sein kann.[487] Soll dieser maßgeblich in der Unrechtsvereinbarung verankert sein[488], dann bedeutet das auch vor dem Hintergrund einer Beweiserleichterung, dass für die Fälle der §§ 331, 332 Abs. 3 StGB ein tatsächlicher Beeinflussungswille des Gebers erforderlich ist, den der Amtsträger zumindest erkennt. Für einen Anschein der Bestechlichkeit und eine damit verbundene Gefahr für das Vertrauen der Allgemeinheit kann es auf einen solchen tatsächlichen Beeinflussungswillen nicht ankommen, ist dieser als rein subjektives Kriterium unerheblich für einen Anschein. Das Verbot der Geschenkannahme nach § 71 BBG hängt dann konsequenterweise auch nicht von einem solchen Willen des Gebers ab. Von der abstrakten Gefahr einer Preisgabe von Staatsgewalt lässt sich dagegen sinnvoll nur sprechen, wenn das Kriminalisierungsmerkmal eines echten Beeinflussungswillens des Gebers vorliegt. Denn es geht nicht um eine abstrakte Gefahr für die Lauterkeit oder Sachlichkeit der Dienstausübung, die bereits dann begründet ist, wenn ein Vorteil – auf welche Weise auch immer – auf eine Diensthandlung Einfluss zu nehmen droht, ohne dass es darauf ankommt, ob der Vorteilsgeber eine solche Einflussnahme will. Letzteres ist aber erforderlich für eine Preisgabe von Staatsgewalt im Sinne der Ermöglichung einer Teilnahme des Bürgers an dieser. Denn „fahrlässige“ Teilnahme an Staatsgewalt oder „fahrlässige“ Einflussnahme vermag dem Herrschaftsmonopol des Staates nicht zu widersprechen, kann Herrschaft niemals „fahrlässig“ oder „zufällig“ sein.

Ist das tatsächliche Vorliegen eines solchen „Teilnahmewillens“ des Vorteilsgebers damit essentieller Bestandteil der Strafbarkeit des Amtsträgers[489], so lassen sich die §§ 331, 332 Abs. 3 StGB in der Tat treffend als Annahme solcher Vorteile verstehen, die unter den Voraussetzungen der §§ 333, 334 (Abs. 3) StGB angeboten bzw. gewährt werden.

Liegt ein Bestechungsversuch nach § 334 Abs. 3 StGB vor, so macht sich der Amtsträger durch die Annahme nach § 332 Abs. 3 StGB strafbar. Ist die hiesige Annahme richtig, dass die mit der Annahme begründete abstrakte Gefahr einer Berücksichtigung des Vorteils deswegen mit § 332 Abs. 1 StGB gleichgestellt ist, da der Gesetzgeber von einer regelmäßigen tatsächlichen Beeinflussung ausgeht, so müsste man nun konsequenterweise die folgende Amtshandlung als beeinflusst einstufen und damit auch als verwaltungsrechtlich rechtswidrig. Dies spielt vor allem im Rahmen von Ermessensentscheidungen eine Rolle, denen man es von außen nicht ansieht, dass sich der Amtsträger bei seiner

487 Zur Verortung des Vertrauensschutzgedankens im Disziplinarrecht, vgl. Hamm, Verhandlungen des 61. Deutschen Juristentages (1996), II 2, L 139/140.

488 Vgl. hierzu Haffke, in: Tondorf (Hrsg.), Staatsdienst und Ethik (1995), S. 27 ff.

489 Dies natürlich mit Ausnahme der Fälle des Forderns, in denen die Initiative vom Amtsträger ausgeht.

Entscheidung von dem Vorteil hat beeinflussen lassen. Wie das Verwaltungsrecht mit solchen Konstellationen umgeht, lässt sich nicht mit letzter Sicherheit sagen. Es deutet aber viel darauf hin, dass im Falle eines solchen (echten) Bestechungsansinnens von einer Beeinflussung der entsprechenden Amtshandlung ebenfalls ohne deren Nachweis im Einzelnen ausgegangen wird. So heißt es, es sei „regelmäßig anzunehmen, daß die Bestechung kausal für die Willensentschließung eines Amtswalters" gewesen sei.[490] Im Falle einer Ermessenshandlung wird auch von der Wahrscheinlichkeit eines Ermessensgebrauchs zu Gunsten des Bestechenden gesprochen.[491] Diese Thematik wird meist im Rahmen von § 48 Abs. 2 S. 3 Nr. 1 VwVfG angesprochen, wonach eine Rücknahme nicht aus Gründen des Vertrauensschutzes scheitern kann, wenn der Verwaltungsakt durch Bestechung erwirkt wurde. Grundsätzlich wird ein solches Erwirken nur dann angenommen, wenn die Bestechung ursächlich für die Rechtswidrigkeit des Verwaltungsaktes war, welche sich bei Ermessensentscheidungen aus der Ursächlichkeit des Vorteils an sich ergibt.[492] Soll eine solche Ursächlichkeit bzw. ihr Nachweis in diesem Zusammenhang zwar das maßgebende Kriterium sein[493], so finden sich auch in diesem Zusammenhang Ansätze, die hier in Richtung leichterer Beweisanforderungen tendieren. So sollen sich Täuschung, Drohung oder Bestechung „in aller Regel" auf die Rechtmäßigkeit einer Ermessensentscheidung auswirken.[494] Liegt ein auch äußerlich rechtswidriger Verwaltungsakt vor, soll im Zweifel der Begünstigte beweisen, dass der Fehler auf eine andere Ursache als die Bestechung zurückzuführen ist.[495] Dies wird so ausdrücklich insbesondere für den Fall einer arglistigen Täuschung festgestellt[496], welche sich im Rahmen von § 48 Abs. 2 S. 3 Nr. 1 VwVfG neben die Drohung und die Bestechung einreiht. Das Verwaltungsrecht scheint daher bei Amtshandlungen in der Folge von §§ 333, 334 StGB[497] für deren Rücknahme nicht den strengen Nachweis der Berücksichtigung des Vorteils durch den Amtsträger zu verlangen. Ein Widerspruch von Strafrecht und Verwaltungsrecht wird folglich gerade

490 Alscher NJW 1972, 800, 803.

491 Vgl. hierzu den Hinweis bei Alscher NJW 1972, 800, 803 auf Kormann, System der rechtsgeschäftlichen Staatsakte (1910), S. 312 und 377; von Hippel, Untersuchungen zum Problem des Fehlerhaften Staatsaktes, 2. Auflage (1960), S. 116 und 131.

492 Vgl. Bader/Ronellenfitsch-Müller, VwVfG (2010) § 48 Rn. 72; § 48 VwVfG gilt umfassend für Amtshandlungen, Kopp/Ramsauer, VwVfG, 10. Auflage (2008), § 48 Rn. 23.

493 Bader/Ronellenfitsch-Müller, VwVfG (2010) § 48 Rn. 72.

494 Stelkens/Bonk/Sachs, VwVfG, 7. Auflage (2008), § 48 Rn. 153.

495 Kopp/Ramsauer, VwVfG, 10. Auflage (2008), § 48 Rn. 112.

496 Knack/Henneke/Meyer, VwVfG, 9. Auflage (2010), § 48 Rn. 104 und Rn. 59.

497 Das Verwaltungsrecht versteht unter „Bestechung" sowohl § 334 StGB als auch § 333 StGB, vgl. Kopp/Ramsauer, 10. Auflage (2008), § 48 Rn. 112.

dann vermieden, wenn für eine abstrakte Gefahr i.S.d. §§ 331, 332 Abs. 3 StGB die §§ 333, 334 StGB bzw. der von ihnen umschriebene Beeinflussungswille Voraussetzung sind, da so zumindest die Rücknahme solcher Amtshandlungen gewährleistet erscheint, denen der Makel der §§ 331, 332 Abs. 3 StGB anhaftet.

IV. Zum Erfordernis der Regelung des § 332 Abs. 3 StGB

Auch wenn Grundlage dieser Untersuchung die Entscheidung war, in Bezug auf ein Verständnis der §§ 331 ff. StGB den vorgefundenen Rechtsstoff zu akzeptieren, so soll zumindest in Bezug auf § 332 Abs. 3 StGB eine kleine kritische Anmerkung nicht unterdrückt werden. Hierzu bietet bereits sein Wesen als materiell-rechtliche Beweiserleichterung mehr als genug Anknüpfungspunkte. Lässt man allerdings einmal derart grundsätzliche Bedenken beiseite, so stellt sich insbesondere die Frage, ob der Wille zur Berücksichtigung eines Vorteils wirklich so schwer nachzuweisen ist, dass man das Gericht insoweit von einer Pflicht zur Feststellung befreien muss. In der Tat lässt sich ein solcher Wille nicht objektiv wahrnehmen und damit insbesondere nicht durch Zeugen nachweisen. Insoweit bestehen aber keine größeren Probleme als beim Nachweis jeden anderen Vorsatzes.[498] Hat der Amtsträger sich im Zuge der Annahme des Vorteils ausdrücklich bereit erklärt, in Bezug auf die Dienstausübung den Erwartungen des Gebers zu entsprechen, so gibt es eigentlich keinen Grund, warum man nicht auch davon ausgehen soll, dass der Amtsträger das Gesagte auch will. Gleiches gilt auch dann, wenn der Amtsträger einen in der erklärten Erwartung einer Gegenleistung gewährten Vorteil schlicht annimmt. Denn hierfür gibt es letztlich keine andere plausible Erklärung, als dass der Amtsträger mit dem Ansinnen einverstanden ist. Der Verweis darauf, dass man zur Überführung des Gebers wegen Bestechung Beweismittel habe sichern wollen, begründet insbesondere bei nicht unmittelbarer Anzeige keine ernsthaften Zweifel. Bringt man das Nichtbestehen solcher ernsthaften Zweifel nicht über die Lippen, so sollte man aber auch nicht wegen Bestechlichkeit bestrafen können.

498 Klug JZ 1960, 724, 727; vgl. hierzu auch Puppe GA 1984, 101, 109.

I. Ausblick

Es ist zu wünschen, dass mit dem Kerngedanken der Preisgabe von Staatsgewalt auch ein Beitrag dazu geliefert wird, die im Rahmen der §§ 331 ff. StGB diskutierten Einzelprobleme[499] ein Stück weit „gemeinsam" entwickeln zu können.

In letzter Zeit fallen in diesem Zusammenhang besonders Entscheidungen zur Anwendbarkeit der §§ 331 ff. StGB im Hinblick auf das Vorliegen der Amtsträgereigenschaft auf. So hat der Bundesgerichtshof in einer Entscheidung vom 27. November 2009 festgestellt, dass auch Redakteure öffentlich-rechtlicher Rundfunkanstalten Amtsträger i.S.d. § 11 Abs. 1 Nr. 2 c StGB sind.[500] Hier wurde die Verurteilung eines Redakteurs wegen Bestechlichkeit (§ 332 StGB) bestätigt, der sich durch Vorteilszuwendungen im Rahmen redaktioneller Entscheidungen hatte beeinflussen lassen. Richtet sich die Amtsträgereigenschaft für alle Amtsdelikte nach § 11 Abs. 1 Nr. 2 StGB als zentraler Definitionsnorm, so lassen sich spezifische Aspekte der §§ 331 ff. StGB hier zunächst nicht fruchtbar machen. Angesichts der sehr weiten Formulierung von § 11 Abs. 1 Nr. 2 c StGB scheint auch ein sehr weiter Anwendungsbereich für die §§ 331 ff. StGB eröffnet zu sein. Denn das Merkmal „Aufgaben der öffentlichen Verwaltung" stellt keine wirkliche Hürde dar, wie gerade diese Entscheidung zeigt. Unter dem Aspekt der Sicherstellung der unerlässlichen Grundversorgung der Bevölkerung mit Rundfunkprogrammen wird auch Auswahl und Gestaltung des Programms schnell zu einer Aufgabe der öffentlichen Verwaltung und der Redakteur zum Amtsträger.[501]

Zu überlegen ist aber, ob man redaktionelle Entscheidungen eines solchen Amtsträgers zwingend dann auch als Ausübung von Staatsgewalt i.S.d. §§ 331 ff. StGB einstufen muss, ob es sich hierbei um beim Staat monopolisierte Herrschaftsakte handelt. Dies stellt auf der Grundlage des Ergebnisses dieser Untersuchung die entscheidende Frage dar, womit der Amtsträgerbegriff spätestens auf der Ebene des Merkmals „Dienstausübung" oder „Diensthandlung" eine Konkretisierung erfährt. Ob die Tätigkeit eines Redakteurs pauschal dem Herrschaftsmonopol des Staates zuzuschreiben ist, wird man wohl auch im Falle einer öffentlich-rechtlichen Rundfunkanstalt zu hinterfragen haben – dies nicht nur vor dem Grundsatz der „Staatsfreiheit" des Rundfunks.[502] Auch die Existenz privater Rundfunkanbieter lässt einen grübeln, worin der Unterschied in Bezug auf die redaktionelle Tätigkeit liegt, sodass sich ihre Beeinflussung (nur) zum

499 Schünemann, in: Festschrift für Otto (2007), S. 777.

500 BGH, Urt. vom 27.11.2009 – 2 StR 104/09 –, NJW 2010, 784 ff.

501 BGH NJW 2010, 784, 787.

502 Stoffers, Anmerkung zu BGH NJW 2010, 784 ff, 789.

Teil als Preisgabe von Staatsgewalt im Sinne einer Durchbrechung des Herrschaftsmonopols darstellen soll.[503] Anknüpfungspunkt ist hier vielleicht wieder wie in den Fällen der Drittmitteleinwerbung die Entscheidung über die Verwendung öffentlicher Mittel, wobei im Detail zu erörtern wäre, ob sich angesichts der Finanzierung des öffentlichen Rundfunks durch Anstaltsnutzungsgebühren in Bezug auf die Grundsätze der Mittelverwendung etwas Besonderes ergibt.

Wieder aktuell geworden ist die Frage, wie es um die Einschlägigkeit der §§ 331 ff. StGB im Rahmen von Zuwendungen für „Schulfotoaktionen“ bestellt ist. Dabei geht es um die gängige Praxis, dass Photostudios Leitern öffentlicher Schulen Zuwendungen (insbes. Drucker, Computer, Beamer) dafür gewähren, dass ihnen die Gelegenheit zur Anfertigung von Klassenfotos gegeben wird, indem ihnen das Betreten der Schulgebäude gewährt wird und Räumlichkeiten für die Erstellung der Fotos bereitgestellt werden. Es besteht dabei grundsätzlich keine Verpflichtung der Schüler bzw. ihrer Eltern, die Fotos im Anschluss zu erwerben.[504] Solche Praktiken galten in Bezug auf die §§ 331 ff. StGB weitgehend als unbedenklich, da die Zuwendungen angesichts eines ausgewogenen Verhältnisses von Leistung und Gegenleistung schon nicht als „Vorteile“ in diesem Sinne eingestuft wurden.[505] Vor diesem Hintergrund lehnte dann auch die 5. Strafkammer des Landgerichts Hildesheim mit Beschluss vom 18. Juli 2007 die Eröffnung des Hauptverfahrens in einem entsprechenden Fall ab. Das OLG Celle gab mit Beschluss vom 28. September 2007 – 2 Ws 261/07 – nun einer staatsanwaltlichen Beschwerde zur Erzwingung der Eröffnung des Hauptverfahrens statt.[506] Im Kern beruhte diese Entscheidung auf der Erwägung, dass auch im Falle eines ausgewogenen Verhältnisses von Leistung und Gegenleistung bereits in diesem Verhältnis bzw. einer entsprechenden Abmachung ein Vorteil zu sehen sei und eine Unrechtsvereinbarung in der Verknüpfung der Zuwendung mit der Genehmigung des Zutritts zum Schulgelände zu sehen ist.[507]

Zieht man hier als Leitfaden nun den Gedanken der Preisgabe von Staatsgewalt heran, so entscheidet sich die Frage der Strafbarkeit nach den §§ 331 ff. StGB weniger am Vorliegen oder Nichtvorliegen eines Vorteils. Zu überlegen

503 In diese Richtung auch Stoffers, Anmerkung zu BGH NJW 2010, 784 ff, 789.

504 Vgl. hierzu ausführlich Beulke, Gutachten über die strafrechtlichen Risiken der Schulfotografie unter besonderer Berücksichtigung der Tatbestände der Bestechung (§ 334 StGB) und der Vorteilsgewährung (§ 333 StGB), September 2006 (abrufbar unter http://www.bvds-ev.de/gutachten.php), S. 4 ff.

505 Beulke, Gutachten (2006), S. 65; BGH NJW 2006, 225, 228.

506 OLG Celle NStZ 2008, 519 ff. mit Anmerkung Zieschang StV 2008, 253; laut FAZ vom 15.4.2010, S. 7, wurde das Verfahren vor dem LG Hildesheim am 14.4.2010 eröffnet.

507 OLG Celle NStZ 2008, 519, 519.

ist vielmehr, ob im Gewähren des Zutritts zur Schule seitens des Schulleiters ein Herrschaftsakt zu sehen ist. An der Amtsträgereigenschaft wird schon wegen der regelmäßig bestehenden Beamteneigenschaft nicht zu zweifeln sein. Die Gewährung des Zutritts zum Schulgebäude stellt sich nur insoweit als Ausübung von Staatsgewalt im Sinne des Herrschaftsmonopols dar, als verbindlich über (grund-)rechtlich relevante Interessen des Bürgers oder der Allgemeinheit entschieden wird.[508] Ein solches wird man nicht in Bezug auf den Zugang zu fremdem Eigentum oder in Bezug auf das „Ob" der Durchführung einer Photoaktion annehmen können.[509] Etwas anderes kommt hier wohl nur dann in Betracht, wenn sich der Zugang zum Schulgebäude und die Durchführung einer Photoaktion nach den sich insbesondere an Art. 3 Abs. 1 GG orientierenden Grundsätzen über die „Zulassung zu einer öffentlichen Einrichtung" richten würde.[510] Diese wären hier wohl aber nur dann tangiert, wenn es um die Aufnahme des Fotografen als Schüler ginge. Die Gewährung von Vorteilen zur Durchführung von Schulfotoaktionen mag daher vor dem Hintergrund des (lauteren) Wettbewerbs zu beanstanden sein, nicht aber in Bezug auf die Wahrung des Herrschaftsmonopols des Staates.

508 Zum Erfordernis einer solchen „Außenwirkung" vgl. Gribl, Der Vorteilsbegriff bei den Bestechungsdelikten (1993), S. 73 f. und 76; hierzu auch BGHSt 15, 350, 350 und 16, 37, 37, wonach in einer bevorzugten, schnelleren oder sorgfältigeren Bearbeitung eines Antrags infolge eines Vorteils nur dann eine pflichtwidrige Dienstausübung i.S.d. §§ 332, 334 StGB zu sehen ist, wenn dies mit einer Benachteiligung anderer Personen verbunden ist.

509 Die Entscheidung über die Photoaktion begründet an sich keine Verpflichtung für Schule oder Schüler und verursacht auch keine Kosten.

510 Vgl. hierzu Erichsen/Ehlers-Gurlit, Allgemeines Verwaltungsrecht, 13. Auflage (2005), § 34 V Rn. 34.

J. Thesen

Das Ergebnis der vorliegenden Untersuchung lässt sich abschließend im Wesentlichen mit den folgenden Thesen zusammenfassen:

1. Der Unrechtskern der §§ 331 ff. StGB liegt in der Preisgabe von Staatsgewalt bzw. der abstrakten Gefahr einer solchen (S. 68 ff.).
2. Wollte man ein Rechtsgut formulieren, so müsste man als solches das staatliche Herrschaftsmonopol benennen (S. 71 ff.).
3. Eine Sonderrolle nimmt § 331 StGB in der Variante des Forderns eines Vorteils für eine gebundene pflichtgemäße Amtshandlung ein: Das vom Amtsträger verwirklichte Unrecht liegt hier im Ausnutzen des staatlichen Herrschaftsmonopols (S. 124 ff.).
4. Die mit den §§ 331 ff. StGB sehr ausdifferenzierte Behandlung von Amtsträgerbestechung ist insbesondere Beweisproblemen geschuldet (S. 168 f.).
5. Maßgeblicher Unterschied zwischen „bloßer" Vorteilsgewährung nach § 333 StGB und Bestechung nach § 334 StGB ist die (Nicht-)Kommunikation des Beeinflussungswillens (S. 84 ff.).
6. „Für die Dienstausübung" wird ein Vorteil i.S.v. § 333 StGB dann angeboten, versprochen oder gewährt, wenn der Amtsträger erkennen soll, dass für den Vorteil eine Gegenleistung im Rahmen der Dienstausübung erwartet wird (S. 90).
7. Der Amtsträger nimmt einen Vorteil i.S.v. § 331 StGB „für die Dienstausübung" an bzw. lässt sich einen Vorteil „für die Dienstausübung" versprechen, wenn der Vorteilsgeber für den gewährten bzw. versprochenen Vorteil eine Gegenleistung im Rahmen der Dienstausübung erwartet und der Amtsträger dies erkennt und dennoch den Vorteil annimmt oder sich versprechen lässt (S. 102).
8. Die Schwelle zu § 332 Abs. 3 StGB ist überschritten, wenn der Amtsträger den Vorteil annimmt, obwohl der Geber die mit dem Vorteil verbundene Erwartung kommuniziert hat (S. 108 ff.).

Literaturverzeichnis

Alemann, Ulrich von / Kleinfeld, Ralf: Begriff und Bedeutung der politischen Korruption aus politikwissenschaftlicher Sicht, in: Zwischen Kooperation und Korruption. Abweichendes Verhalten in der Verwaltung, hrsg. von Arthur Benz und Wolfgang Seibel, 259 ff., Baden-Baden 1992

Alscher, Franz: Willensmängel bei kollegialem Verwaltungshandeln, in: NJW 1972, 800 ff.

Altermann, Christian: Sozialadäquanz und Strafrecht – eine Bestandsaufnahme, in: Festschrift für Ulrich Eisenberg zum 70. Geburtstag, hrsg. von Henning Ernst Müller u.a., 233 ff., München 2009

Ambos, Kai: Zur Strafbarkeit der Drittmittelakquisition, in: JZ 2003, 345 ff.

Ambos, Kai / Ziehn, Pamela: Zur Strafbarkeit von Schulfotografen wegen Bestechung und Vorteilsgewährung gemäß §§ 333, 334 StGB – Zugleich Besprechung von BGH – I ZR 112/03 und OLG Celle – 2 Ws 261/07, in: NStZ 2008, 498 ff.

Amelung, Knut: Die Anstiftung als korrumpierende Aufforderung zu strafbedrohtem Verhalten, in: Festschrift für Friedrich-Christian Schroeder zum 70. Geburtstag, hrsg. von Andreas Hoyer u.a., 147 ff., Heidelberg 2006

Arzt, Gunther: Beweisnot als Motor materiell-rechtlicher Innovation, in: 50 Jahre Bundesgerichtshof. Festgabe aus der Wissenschaft Band IV, hrsg. von Claus Roxin und Gunter Widmaier, 755 ff., München 2000

Bader, Johann / Ronellenfitsch, Michael: Verwaltungsverfahrensgesetz – Kommentar, München 2010

Battis, Ulrich: Bundesbeamtengesetz, Kommentar, 4. Auflage, München 2009

Baumann, Jürgen: Zur Problematik der Bestechungstatbestände, Heidelberg 1961

– Zur Problematik der Bestechungstatbestände, in: BB 1961, 1057 ff.

Baumann, Jürgen / Weber, Ulrich / Mitsch, Wolfgang: Strafrecht Allgemeiner Teil, 10. Auflage, Bielefeld 1995

Bernsmann, Klaus: Anti-Korruptionsregeln – Problemdarstellung an Hand von Fallbeispielen, in: WissR 2002, 1 ff.

– Die Korruptionsdelikte (§§ 331 ff. StGB) – eine Zwischenbilanz, in: StV 2003, 521 ff.

Beulke, Werner: Gutachten über die strafrechtlichen Risiken der Schulfotografie unter besonderer Berücksichtigung der Tatbestände der Bestechung (§ 334 StGB) und der Vorteilsgewährung (§ 333 StGB), September 2006 (abrufbar unter http://www.bvds-ev.de/gutachten.php)

Binding, Karl: Die Normen und ihre Übertretung. Eine Untersuchung über die rechtmäßige Handlung und die Arten des Delikts, Erster Band, Normen und Strafgesetze, 4. Auflage, Leipzig 1922, Nachdruck 1965

– Lehrbuch des Gemeinen Deutschen Strafrechts, Besonderer Teil, Zweiter Band, Zweite Abteilung, Leipzig 1905

Birkmeyer, Karl: Bestechung (§§ 331-335 RStrGB), in: Vergleichende Darstellung des Deutschen und Ausländischen Strafrechts, Besonderer Teil, IX. Band, Berlin 1906

Bock, Dennis: Einführung in die „Korruptionsdelikte" bei Amtsträgern, in: JA, 199 ff.

Bockelmann, Paul: Strafrecht – Besonderer Teil I, in: Zeitschrift für die gesamte Strafrechtswissenschaft 72. Band (1960), 251 ff.

Bohne, Gotthold: Anmerkung zu den Urteilen des OLG Celle vom 14. Februar 1948 und des OLG Hamburg vom 02.07.1947, in: SJZ 1948, 693 ff.

Bonefeld, Michael: Hakenkreuz und „Hitler-Gruß" – Zur Problematik der Anwendbarkeit von §§ 86, 86 a StGB, in: DRiZ 1993, 430 ff.

Brauer, Jürgen: Die strafrechtliche Behandlung genehmigungsfähigen, aber nicht genehmigten Verhaltens, Berlin 1988

Dahs, Hans / Müssig, Bernd: Strafbarkeit kommunaler Mandatsträger als Amtsträger? Eine Zwischenbilanz, in: NStZ 2006, 191 ff.

Deiters, Mark: Zur Frage der Strafbarkeit von Gemeinderäten wegen Vorteilsannahme und Bestechlichkeit, in: NStZ 2003, 453 ff.

– Der Fall „Kremendahl" als Lackmustest der §§ 331, 333 StGB, in: Mitteilungen des Instituts für Deutsches und Europäisches Parteienrecht und Parteienforschung 2004/2005, 18 ff.

Dierlamm, Alfred: Untreue – ein Korruptionsdelikt?, in: Festschrift für Gunter Widmaier zum 70. Geburtstag, hrsg. von Schöch u.a., 607 ff., Köln und München 2008

Dölling, Dieter: Betrug und Bestechlichkeit durch Entgeltannahme für eine vorgetäuschte Dienstpflichtverletzung? – BGH NJW 1980, 2203, in: JuS 1981, 570 ff.

– Empfehlen sich Änderungen des Straf- und Strafprozessrechts, um der Gefahr von Korruption in Staat, Wirtschaft und Gesellschaft wirksam zu begegnen? Gutachten C für den 61. Deutschen Juristentag, in: Verhandlungen des einundsechzigsten Deutschen Juristentages in Karlsruhe 1996, Band I (Gutachten), Teil C, München 1996

– Die Neuregelung der Strafvorschriften gegen Korruption, in: ZStW 112. Band (2000), 334 ff.

– Anmerkung zu BGH Urt. vom 28.10.2004 – 3 StR 301/03, in: JR 2005, 509 ff.

Dornseifer, Gerhard: Die Vorteilsgewährung (einfache aktive Bestechung) nach dem Entwurf eines Einführungsgesetzes zum StGB, in: JZ 1973, 267 ff.

Dreier, Horst (Hrsg.): Grundgesetz-Kommentar, Band II, 2. Auflage, Tübingen 2006

Engelhardt, Volker: Zur Struktur der Bestechungstatbestände – Eine systematische Untersuchung auf soziologischer, gestaltgeschichtlicher und rechtsvergleichender Grundlage, Tübingen 1963

Epp, Ursula: Die Abgeordnetenbestechung – § 108 e StGB, Frankfurt am Main 1997

Erichsen, Hans-Uwe / Ehlers, Dirk: Allgemeines Verwaltungsrecht, 13. Auflage, Berlin 2006

Eser, Albin: „Sozialadäquanz“: eine überflüssige oder unverzichtbare Rechtsfigur?, in: Festschrift für Claus Roxin zum 70. Geburtstag, hrsg. von Schünemann u.a., 199 ff., Berlin und New York 2001

Esser, Catrin: Strafrechtliche Relevanz der Drittmitteleinwerbung unter besonderer Berücksichtigung der Kooperation von Industrie und Ärzteschaft, Hamburg 2008

Feigen, Peter: Die Beweislastumkehr im Strafrecht – Geldwäsche, Vermögenseinziehung, Hehlerei de lege lata et ferenda, Herdecke 1998

Feuerbach, Paul Johann Anselm: Themis oder Beiträge zur Gesetzgebung, Teil IV: Über die Bestechung der Staatsbeamten, Landshut 1812

Fischer, Thomas: Strafgesetzbuch und Nebengesetze, 55. Auflage, München 2008

– Strafgesetzbuch und Nebengesetze, 56. Auflage, München 2009

– Strafgesetzbuch und Nebengesetze, 57. Auflage, München 2010

Frank, Reinhard: Strafgesetzbuch für das Deutsche Reich nebst dem Einführungsgesetz, 18. Auflage, Tübingen 1931

Franke, Ingeborg / Weiß, Hans-Dietrich: Gesamtkommentar Öffentliches Dienstrecht (GKÖD), Band I, Berlin 2010

Fuhrmann, Hans: Die Annahme von sogenannten Aufmerksamkeiten durch Beamte, in: GA 1959, 97 ff.

– Berechtigung der Rechtsprechung des Reichsgerichts und des Bundesgerichtshofs zu § 332 StGB über den Ermessensbeamten, in: ZStW 72. Band (1960), 534 ff.

Gaede, Karsten: Kraft und Schwäche der systemimmanenten Legitimationsfunktion der Rechtsgutstheorie am Beispiel des Subventionsbetruges, in:

Die Rechtsgutstheorie, hrsg. von Roland Hefendehl u.a., 183 ff., Baden-Baden 2003

Gallas, Wilhelm: Zum gegenwärtigen Stand der Lehre vom Verbrechen, in: ZStW 67. Band (1955), 1 ff.

Geerds, Friedrich: Über den Unrechtsgehalt der Bestechungsdelikte und seine Konsequenzen für Rechtsprechung und Gesetzgebung, Eine strafrechtliche und kriminologische Studie, Tübingen 1961

– Anmerkung zu OLG Zweibrücken Beschluss v. 15.12.1981 – 1 Ss 3/81, in: JR 1982, 381 ff.

– Anmerkung zu BGH Urt. vom 19.11.1992 – 4 StR 456/92 (BGHSt 36, 45), in: JR 1993, 211 ff.

– Über Änderungen der Bekämpfung krimineller Korruption, in: JR 1996, 309 ff.

Geppert, Klaus: Repetitorium Strafrecht, Amtsdelikte (§§ 331 ff. StGB), in: JA 1981, 42 ff.

Graupe, Johannes: Die Systematik und das Rechtsgut der Bestechungsdelikte, München 1988

Greeve, Gina: Korruptionsdelikte in der Praxis, München 2005

Gribl, Kurt: Der Vorteilsbegriff bei den Bestechungsdelikten, Heidelberg 1993

Haffke, Bernhard: Delictum sui generis und Begriffsjurisprudenz, in: JuS 1973, 402 ff.

– Politik und Korruption – Strafrechtliche Notizen zu den jüngsten Bestechungsskandalen, in: Staatsdienst und Ethik – Korruption in Deutschland, Günter Tondorf (Hrsg.), Baden-Baden 1995, 11 ff.

Hamm, Rainer: Beitrag im Rahmen des einundsechzigsten Deutschen Juristentages, in: Verhandlungen des einundsechzigsten Deutschen Juristentages Karlsruhe 1996, Ständige Deputation des Deutschen Juristentages (Hrsg.), Band II/2, München 1996, L 139 ff.

Hardtung, Bernhard: Erlaubte Vorteilsannahme – §§ 331 StGB, 70 BBG, 10 BAT – Zugleich ein Beitrag zur Einheit der Rechtsordnung und zur „Rückwirkung" behördlicher Genehmigungen im Strafrecht, Berlin 1994

Heinrich, Bernd: Der Amtsträgerbegriff im Strafrecht, Auslegungsrichtlinien unter besonderer Berücksichtigung des Rechtsgutes der Amtsdelikte, Berlin 2001

Henkel, Heinrich: Die Bestechlichkeit von Ermessensbeamten, in: JZ 1960, 507 ff.

Hippel, Ernst von: Untersuchungen zum Problem des Fehlerhaften Staatsaktes – Beitrag zur Methode einer teleologischen Rechtsauslegung, 2. Auflage, Berlin 1960

Hirsch, Hans Joachim: Soziale Adäquanz und Unrechtslehre, in: ZStW 74. Band (1962), 78 ff.

Ipsen, Jörn: Parteiengesetz – Kommentar, München 2008

Jakobs, Günther: Strafrecht Allgemeiner Teil. Die Grundlagen und die Zurechnungslehre, 2. Auflage, Berlin 1991

Jaques, Henning: Die Bestechungstatbestände unter besonderer Berücksichtigung des Verhältnisses der §§ 331 ff. zu § 12 UWG, Kiel 1996

Jescheck, Hans-Heinrich / Weigend, Thomas: Lehrbuch des Strafrechts, Allgemeiner Teil, 5. Auflage, Berlin 1996

Joecks, Wolfgang: Strafgesetzbuch – Studienkommentar, 8. Auflage, München 2009

Jutzi, Siegfried: Genehmigung der Vorteilsannahme bei nicht in einem öffentlich-rechtlichen Amtsverhältnis stehenden Amtsträgern, in: NStZ 1991, 105 ff.

Kaiser, Eberhard: Spenden an politische Parteien, in: NJW 1981, 321 f.

Kargl, Walter: Über die Bekämpfung des Anscheins der Kriminalität bei der Vorteilsannahme (§ 331 StGB), in: ZStW 114. Band (2002), 763 ff.

– Parteispendenakquisition und Vorteilsannahme, in: JZ 2005, 503 ff.

Kassimatis, Georg: Der Bereich der Regierung, Berlin 1967

Kaufmann, Arthur: Anmerkung zum Urteil des BGH vom 21.11.1958, Fortsetzungszusammenhang zwischen einfacher und schwerer Bestechlichkeit ist ausgeschlossen, in: JZ 1959, 375 ff.

Kempf, Eberhard: Bestechende Untreue, in: Festschrift für Rainer Hamm zum 65. Geburtstag, Michalke u.a. (Hrsg.), Berlin 2008, 255 ff.

Kindhäuser, Urs / Goy, Barbara: Zur Strafbarkeit ungenehmigter Drittmitteleinwerbung – Zugleich eine Besprechung von BGH – 1 StR 372/01 und BGH – 1 StR 541/01, in: NStZ 2003, 291 ff.

Kirschbaum/Schmitz: Grenzen der Bestechungstatbestände (Entgegnung auf eine Monographie von Prof. Dr. Eb. Schmidt), in: GA 1960, 321 ff.

Klüber, Hans: Handbuch der Kommunalpolitik, Göttingen 1971

Klug, Ulrich: Psychologische Vereinfachungen und strafrechtliche Folgerungen bei der Auslegung der Bestechungstatbestände, in: JZ 1960, 724 ff.

Knack, Hans Joachim / Henneke, Hans-Günter: Verwaltungsverfahrensgesetz – Kommentar, 9. Auflage, Köln 2010

Knauer, Christoph / Kaspar, Johannes: Restriktives Normverständnis nach dem Korruptionsbekämpfungsgesetz, in: GA 2005, 385 ff.

Kohlrausch, Eduard / Lange,Richard: Strafgesetzbuch mit Erläuterungen und Nebengesetzen, 43. Auflage, Berlin 1961

Köhler, Michael: Die Reform der Bestechungsdelikte – Reformgeschichte und Reformperspektiven unter besonderer Berücksichtigung der subjektiven Tatumstände der §§ 331 ff. StGB, Frankfurt am Main 2005

König, Klaus: Politiker und Beamte – Zur personellen Differenzierung im Regierungsbereich, in: Staat und Parteien – Festschrift für Rudolf Morsey zum 65. Geburtstag, hrsg. von Karl Dietrich Bracher u.a., 107 ff., Berlin 1992

König, Peter: Neues Strafrecht gegen Korruption, in: JR 1997, 397 ff.

Kopp, Ferdinand / Ramsauer, Ulrich: Verwaltungsverfahrensgesetz – Kommentar, 10. Auflage, München 2008

Kormann, Karl: System der rechtsgeschäftlichen Staatsakte. Verwaltungs- und prozeßrechtliche Untersuchung zum allgemeinen Teil des öffentlichen Rechts, Berlin 1910

Korte, Matthias: Anmerkung zu BGH Urt. vom 28.10.2004 – 3 StR 301/03 (LG Wuppertal), in: NStZ 2005, 509 ff.

Krey, Volker / Heinrich, Manfred: Strafrecht Besonderer Teil – Band 1, 13. Auflage, Stuttgart 2005

Krüger, Heribert: Allgemeine Staatslehre, 2. Auflage, Stuttgart 1966

Kuhlen, Lothar: Zu den Tathandlungen bei Vorteilsannahme und Bestechlichkeit – Zugleich eine Besprechung von BGH – 4 StR 554/87, in: NStZ 1988, 433 ff.

Lackner, Karl / Kühl, Kristian: Strafgesetzbuch mit Erläuterungen, 26. Auflage, München 2007

Leipziger Kommentar: Strafgesetzbuch Großkommentar, hrsg. von Burkhard Jähnke u.a., 9. Auflage, Berlin 1974

– Nachtrag §§ 331-338, Berlin 2000
11. Auflage, Berlin 2003

Lesch, Heiko: Anwaltliche Akquisition zwischen sozialer Adäquanz, Vorteilsgewährung und Bestechung im geschäftlichen Verkehr, in: Anwaltsblatt 2003, 261 ff.

Loos, Fritz: Zum „Rechtsgut“ der Bestechungsdelikte, in: Festschrift für Hans Welzel zum 70.Geburtstag am 25. März 1974, hrsg. von Günter Stratenwerth u.a., 879 ff., Berlin 1974

Lüderssen, Klaus: Zum Strafgrund der Teilnahme, Baden-Baden 1967

Maiwald, Manfred: Die Amtsdelikte. Probleme der Neuregelung des 28. Abschnitts des StGB, in: JuS 1977, 353 ff.

Mansdörfer, Marco: Strafrechtliche Haftung für Drittmitteleinwerbung an staatlichen Hochschulen – Eine Anmerkung zu BGH wistra 2002, 344, in: Wistra 2003, 211 ff.

Marel, Knut: Die Strafbarkeit kommunaler Mandatsträger gem. §§ 331, 332 StGB, in: StraFo 2003, 259 ff.

Maurach, Reinhart: Deutsches Strafrecht – Besonderer Teil, 2. Auflage, Karlsruhe 1956

Maurach, Reinhart / Schroeder, Friedrich-Christian / Maiwald, Manfred: Strafrecht Besonderer Teil, Band 2 (Straftaten gegen Gemeinschaftswerte), 9. Auflage, Heidelberg 2005

Maurach, Reinhart / Zipf, Heinz: Strafrecht. Allgemeiner Teil, Band 1: Grundlehren des Strafrechts und der Aufbau der Tat. Ein Lehrbuch, 7. Auflage, Heidelberg 1987

Mayer, Hellmuth: Strafrecht Allgemeiner Teil, Köln und Stuttgart 1953

– Strafrecht Allgemeiner Teil, Stuttgart 1967

Menger, Christian-Friedrich / Erichsen, Hans-Uwe: Höchstrichterliche Rechtsprechung zum Verwaltungsrecht, in: Verwaltungsarchiv 59. Band 1968, 67 ff.

Merges, Hans Dieter: Die Strafausschließungsgründe der Bestechungsdelikte, Tübingen 1995

Mezger, Edmund: Strafrecht Besonderer Teil – Ein Studienbuch, 6. Auflage, München 1958

Michalke, Regina: Konfusion als System – Die Geschenkannahme bei Vorteilsannahme und Vorteilsgewährung (§ 331 Abs. 3 und § 333 Abs. 3 StGB), in: Festschrift für Peter Rieß zum 70. Geburtstag, Berlin und New York 2002, 771 ff.

Nomos Kommentar: Strafgesetzbuch, hrsg. von Kindhäuser, Urs / Neumann, Ulfried / Paeffgen, Hans-Ullrich, Band 2, 3. Auflage, Baden-Baden 2010

– Band 2, 2. Auflage, Baden-Baden 2005

Obermayer, Klaus: Kommentar zum Verwaltungsverfahrensgesetz, 3. Auflage, Neuwied und Kriftel 1999

Ostendorf, Heribert: Bekämpfung der Korruption als rechtliches Problem oder zunächst moralisches Problem?, in: NJW 1999, 615 ff.

Otto, Harro: Grundkurs Strafrecht – Die einzelnen Delikte, 7. Auflage, Berlin 2005

Paster, Inga / Sättele, Alexander: Alles, was das Leben verschönern kann – Eine Anmerkung zum Sponsoring-Urteil des LG Karlsruhe vom 28.11.2007 – NStZ 2008, 407, in: NStZ 2008, 366 ff.

Peek, Markus: Strafrecht als Mittel der Bekämpfung politischer Korruption: Zur Reform des Tatbestandes der Abgeordnetenbestechung (§ 180 e StGB), in: ZStW 120. Band (2008), 785 ff.

Plog, Ernst / Wiedow, Alexander / Lemhöfer, Bernd / Bayer, Detlef: Kommentar zum Bundesbeamtengesetz mit Beamtenversorgungsgesetz, Neuwied 2001

Puppe, Ingeborg: Der objektive Tatbestand der Anstiftung, in: GA 1984, 101 ff.

Ransiek, Andreas: Strafrecht und Korruption – Zum Gutachten C für den 61. Deutschen Juristentag, in: StV 1996, 446 ff.

Roeder, Hermann: Die Einhaltung des sozialadadäquaten Risikos und ihr systematischer Standort im Verbrechensaufbau, Berlin 1969

Reich, Andreas: Hochschulrahmengesetz – Kommentar, 10. Auflage, Bad Honnef 2007

Rein, Wilhelm: Das Kriminalrecht der Römer von Romulus bis Justinian, Leipzig 1844 (Nachdruck Aalen 1962)

Rengier, Rudolf: Strafrecht Besonderer Teil, Band 2: Delikte gegen die Person und die Allgemeinheit, 10. Auflage, München 2009

Rudolphi, Hans-Joachim: Spenden an politische Parteien als Bestechungsstraftaten, in: NJW 1982, 1417 ff.

Rüdiger, Christiane: Schutzinteresse und Deliktsstruktur der „Bestechungsdelikte" (§§ 331 ff. StGB), Frankfurt am Main 2007

Roxin, Claus: Strafrecht Allgemeiner Teil, Band 1: Grundlagen – Der Aufbau der Verbrechenslehre, 4. Auflage, München 2006

– Zur neueren Entwicklung der Rechtsgutsdebatte, in: Festschrift für Winfried Hassemer, Felix Herzog und Ulfried Neumann (Hrsg.), Heidelberg 2010, 573 ff.

Roxin, Claus / Stree, Walter / Zipf, Heinz / Jung, Heike: Einführung in das neue Strafrecht, 2. Auflage, München 1975

Saliger, Frank: Parteiengesetz und Strafrecht – Zur Strafbarkeit von Verstößen gegen das Parteiengesetz insbesondere wegen Untreue gemäß § 266 StGB, Tübingen 2005

Saliger, Frank / Sinner, Stefan: Korruption und Betrug durch Parteispenden, in: NJW 2005, 1073 ff.

Sauer, Wilhelm: System des Strafrechts – Besonderer Teil, Köln und Berlin 1954

Schaupensteiner, Wolfgang: Gesamtkonzept zur Eindämmung der Korruption, in: NStZ 1996, 409 ff.

Scheuch, Erwin: Korruption als Teil einer freiheitlichen Gesellschaftsordnung – Oder: Die Kriminogenese eines kommunalen „Klüngels", in: Krim 2002, 79 ff.

Schlösser, Jan: Anmerkung zu BGH, Urt. vom 14. Oktober 2008 – 1 StR 260/08 (LG Karlsruhe), in: Wistra 2009, 155 f.

Schlösser, Jan / Nagel, Michael: Werbung oder Korruption? – Über die Voraussetzungen der Unrechtsvereinbarung im Rahmen von Vorteilsannahme (§ 331 StGB) und Vorteilsgewährung (§ 333 StGB), in: Wistra 2007, 211 ff.

Schlüchter, Ellen: Zur (Un-)Lauterkeit in den Volksvertretungen, Kriminalistik und Strafrecht, in: Festschrift für Friedrich Geerds zum 70. Geburtstag, hrsg. von Ellen Schlüchter, 713 ff., Lübeck 1995

Schmidhäuser, Eberhard: Strafrecht Allgemeiner Teil – Lehrbuch, 2. Auflage, Tübingen 1975

Schmidt, Eberhard: Die Bestechungstatbestände in der höchstrichterlichen Rechtsprechung von 1879 bis 1959, München und Berlin 1960

– Die Grenzen zwischen schwerer und leichter passiver Bestechung eines Ermessensbeamten, in: NJW 1960, 802 ff.

Schmidt-Aßmann, Eberhard / Schoch, Friedrich: Besonderes Verwaltungsrecht, 14. Auflage, Berlin 2008

Schmidt-Bleibtreu, Bruno / Hofmann, Hans / Hopfauf, Axel: Kommentar zum Grundgesetz, 11. Auflage, Köln und München 2008

Schmidt-Leichner: Die Bestechungstatbestände in der höchstrichterlichen Rechtsprechung von 1879-1959 – Zugleich Besprechung der gleichnamigen Monographie von Eberhard Schmidt, in: NJW 1960, 846 ff.

Schmidt-Räntsch, Günther: Deutsches Richtergesetz – Kommentar, 6. Auflage, München 2009

Schmitt, Rudolf: Die Bestechungstatbestände im Entwurf 1960 (Übersicht und Kritik), in: ZStW 73. Band (1971), 414 ff.

Schönherr, Roland: Vorteilsgewährung und Bestechung als Wirtschaftsstraftaten – Eine Untersuchung über die Zuweisung der Delikte zur Wirtschaftskriminalität durch die Staatsanwaltschaften, Freiburg im Breisgau 1985

Schönke, Adolf / Schröder, Horst: Strafgesetzbuch, Kommentar, 9. Auflage, München 1959

– Strafgesetzbuch, Kommentar, 11. Auflage, München 1963

– Strafgesetzbuch, Kommentar, 25. Auflage, München 1997

– Strafgesetzbuch, Kommentar, 26. Auflage, München 2001

– Strafgesetzbuch, Kommentar, 27. Auflage, München 2006

Schreiber, Hans-Ludwig / Rosenau, Henning / Combé, Daniel / Wrackmeyer, Antje: Zur Strafbarkeit der Annahme von geldwerten Zuwendungen durch Städte und Gemeinden nach § 331 StGB, in: GA 2005, 265 ff.

Schröder, Horst: Das Rechtsgut der Bestechungsdelikte und die Bestechlichkeit des Ermessensbeamten, in: GA 1961, 289 ff.

Schünemann, Bernd: Moderne Tendenzen in der Dogmatik der Fahrlässigkeits- und Gefährdungsdelikte, in: JA 1975, 787 ff.

– Die Unrechtsvereinbarung als Kern der Bestechungsdelikte nach dem KorrBekG, in: Festschrift für Harro Otto zum 70. Geburtstag, hrsg. von Gerhard Dannecker u.a., 777 ff., Köln 2007

Sirch, Christian: Die Strafbarkeit der Parteispendenakquisition – Ein Beitrag zum Tatbestand der Vorteilsannahme, Frankfurt am Main 2008

Stein, Albert: Der Streit um die Grenzen der Bestechungstatbestände, in: NJW 1961, 433 ff.

Steiner, Udo: Besonderes Verwaltungsrecht – Ein Lehrbuch, 7. Auflage, Heidelberg 2003

Stelkens, Paul / Bonk, Heinz Joachim / Sachs, Michael: Verwaltungsverfahrensgesetz – Kommentar, 7. Auflage, München 2008

Stern, Klaus: Das Staatsrecht der Bundesrepublik Deutschland – Band II, München 1980

Stock, Ulrich: Entwicklung und Wesen der Amtsverbrechen, Leipzig 1932

Stoffers, Kristian: Anmerkung zu BGH NJW 2010, 784 ff, in: NJW 2010, 789

Stratenwerth, Günter: Strafrecht Allgemeiner Teil I – Die Straftat, 4. Auflage, Köln 2000

Suhr, Christian: Die Begriffsbestimmung von Rechtsgut und Tatobjekt im Strafrecht, in: JA 1990, 303 ff.

Systematischer Kommentar zum Strafgesetzbuch, hrsg. von Hans-Joachim Rudolphi u.a., Besonderer Teil, Band II, 6. Auflage, 58. Lieferung, Neuwied/ Kriftel 2003

Tenckhoff, Jörg: Anmerkung zum Urteil des BGH vom 03.12.1987, in: JR 1989, 33 ff.

Thiele, Wilhelm: Darf ein Beamter Geschenke oder Belohnungen annehmen?, in: ZBR 1958, 33 ff.

Thomas, Sven: Soziale Adäquanz und Bestechungsdelikte, in: Festschrift für Heike Jung, hrsg. von Heinz Müller-Dietz u.a., 973 ff., Baden-Baden 2007

Überhofen, Michael: Korruption und Bestechungsdelikte im staatlichen Bereich – Ein Rechtsvergleich und Reformüberlegungen zum deutschen Recht, Freiburg im Breisgau 1999

Volk, Klaus: Referat L für den 61. Deutschen Juristentag, in: Verhandlungen des einundsechzigsten Deutschen Juristentages in Karlsruhe 1996, München 1996

– Die Merkmale der Korruption und die Fehler bei ihrer Bekämpfung, in: Gedächtnisschrift für Heinz Zipf, hrsg. von Karl Heinz Gössel und Otto Triffterer, 419 ff., Heidelberg 1999

Wagner, Heinz: Amtsverbrechen, Berlin 1975

– Anmerkung zu BGH, Urteil v. 19.11.1992 – 4 StR 456/92 (LG Dortmund), in: JZ 1993, 472 ff.

– Beitrag im Rahmen des einundsechzigsten Deutschen Juristentages, in: Verhandlungen des einundsechzigsten Deutschen Juristentages Karlsruhe 1996, hrsg. von der Ständigen Deputation des Deutschen Juristentages, Band II/2, München 1996, L 118 f.

Welp, Jürgen: Der Amtsträgerbegriff, in: Festschrift für Karl Lackner zum 70. Geburtstag, hrsg. von Wilfried Küper u.a., 761 ff., Berlin und New York 1987

Welzel, Hans: Studien zum System des Strafrechts, in: Zeitschrift für die gesamte Strafrechtswissenschaft 58. Band (1939), 491 ff.

– Das deutsche Strafrecht, 9. Auflage, Berlin 1965

Wentzell, Stefanie: Zur Tatbestandsproblematik der §§ 331, 332 StGB, Berlin 2004

Wessels, Johannes / Hettinger, Michael: Strafrecht Besonderer Teil/1, Straftaten gegen Persönlichkeits- und Gemeinschaftswerte, 33. Auflage, Heidelberg 2009

Widmaier, Gunter: Der missverständliche Bestechungsversuch, in: JuS 1970, 241 ff.

Winkelbauer, Wolfgang: Die behördliche Genehmigung im Strafrecht, in: NStZ 1988, 201 ff.

Wolff, Hans Julius / Bachof, Otto / Stober, Rolf: Verwaltungsrecht Band 2 – Ein Studienbuch, 6. Auflage, München 2000

Wolff, Hans Julius / Bachof, Otto / Stober, Rolf / Kluth, Winfried: Verwaltungsrecht I – Ein Studienbuch, 12. Auflage, München 2007

Wolters, Gereon: Die Änderungen des StGB durch das Gesetz zu Bekämpfung der Korruption, in: JuS 1998, 1100 ff.

Zieschang, Frank: Anmerkung zu OLG Celle, Beschl. vom 28.9.2007 – 2 Ws 261/07, in: StV 2008, 253 ff.

Zöller, Mark: Korruptionsstrafbarkeit durch Wahlkampfspenden – Zugleich Besprechung von BGH, Urteil vom 28.8.2007, in: GA 2008, 151 ff.

SCHRIFTEN ZUM STRAFRECHT UND STRAFPROZESSRECHT

Herausgegeben von Manfred Maiwald und Carsten Momsen

Band 1 Christian-Peter Frees: Die steuerrechtliche Selbstanzeige. Zur kriminalpolitischen Zweckmäßigkeit des § 371 AO. 1991.

Band 2 Norbert Joachim: Der Hörensagenbeweis im Strafverfahren. 1991.

Band 3 Alfred A. Göbel: Die Einwilligung im Strafrecht als Ausprägung des Selbstbestimmungsrechts. 1991.

Band 4 Karl-Heinz Vehling: Die Abgrenzung von Vorbereitung und Versuch. 1991.

Band 5 Heiko Hartmut Lesch: Das Problem der sukzessiven Beihilfe. 1992.

Band 6 Dirk Schwerdtfeger: Besondere persönliche Unrechtsmerkmale. 1992.

Band 7 Stefan Göhring: Polizeiliche Kontrollstellen und Datenverarbeitung. § 163 d StPO und novellierte Polizeigesetze der Länder zwischen Strafverfolgung, Gefahrenabwehr und vorbeugender Straftatenbekämpfung. 1992.

Band 8 Werner Kemper: Horizontale Teilrechtskraft des Schuldspruchs und Bindungswirkung im tatrichterlichen Verfahren nach der Zurückverweisung. §§ 353, 354 Abs. 2 StPO. 1993.

Band 9 Ovvadias Namias: Die Zurechnung von Folgeschäden im Strafrecht. 1993.

Band 10 Jan Zopfs: Unfallflucht bei eindeutiger Haftungslage? Unverzüglichkeitsgebot und Wahlmöglichkeit in § 142 Abs. 2 und 3 StGB. 1993.

Band 11 Stefan Hiebl: Ausgewählte Probleme des Akteneinsichtsrechts nach § 147 StPO. 1994.

Band 12 Ralf Krack: List als Straftatbestandsmerkmal. Zugleich ein Beitrag zu Täuschung und Irrtum beim Betrug. 1994.

Band 13 Henning Radtke: Zur Systematik des Strafklageverbrauchs verfahrenserledigender Entscheidungen im Strafprozeß. 1994.

Band 14 Bernd J. A. Müssig: Schutz abstrakter Rechtsgüter und abstrakter Rechtsgüterschutz. Zu den materiellen Konstitutionskriterien sog. Universalrechtsgüter und deren normentheoretischem Fundament – am Beispiel der Rechtsgutsbestimmung für die §§ 129, 129a und 324 StGB. 1994.

Band 15 Heinz Koriath: Über Beweisverbote im Strafprozeß. 1994.

Band 16 Burkhard Niepoth: Der untaugliche Versuch beim unechten Unterlassungsdelikt. 1994.

Band 17 Karsten Altenhain: Die Strafbarkeit des Teilnehmers beim Exzeß. 1994.

Band 18 Ina Walbaum: Schuldspruch in der Revisionsinstanz nach freisprechendem Urteil des Tatgerichts. 1996.

Band 19 Birgit Dalbkermeyer: Der Schutz des Beschuldigten vor identifizierenden und tendenziösen Pressemitteilungen der Ermittlungsbehörden. 1994.

Band 20 Thomas Hackner: Der befangene Staatsanwalt im deutschen Strafverfahrensrecht. 1995.

Band 21 Hartmut Loritz: Kritische Betrachtungen zum Wert des strafprozessualen Zwischenverfahrens. 1996.

Band 22 Heinz-Hermann Berghof: Therapie und Strafe im Betäubungsmittelrecht. Recht und Wirklichkeit der Behandlung Drogenabhängiger unter besonderer Berücksichtigung der §§ 35 ff BtMG. 1995.

Band 23 Oliver Mertens: Strafprozessuale Grundrechtseingriffe und Bindung an den Wortsinn der ermächtigenden Norm. 1996.

Band 24 Sönke Bahnsen: Das Akteneinsichtsrecht der Verteidigung im Strafverfahren. Dogmatische Grundlagen und Einzelprobleme im Lichte einer rechtsstaatlichen Verfahrensgestaltung. 1996.

Band 25 Dirk Schwieger: Der Vorteilsbegriff in den Bestechungsdelikten des StGB. 1996.

Band 26 Stephanie Meinecke: Die Auswirkungen von Verfahrensfehlern auf die Strafbarkeit nach den Aussagedelikten. 1996.

Band 27 Ute Lambrecht: Strafrecht und Disziplinarrecht. Abhängigkeiten und Überschneidungen. 1997.

Band 28 Carsten Momsen: Verfahrensfehler und Rügeberechtigung im Strafprozeß. Die Strukturen der Revisionsberechtigung unter besonderer Berücksichtigung des Begriffs "Rechtsnormen, die lediglich zugunsten des Angeklagten gegeben sind" in § 339 StPO. 1997.

Band 29 Ursula Epp: Die Abgeordnetenbestechung – § 108 e StGB. 1997.

Band 30 Bernd Scheiff: Wann beginnt der Strafrechtsschutz gegen kriminelle Vereinigungen (§ 129 StGB)? 1997.

Band 31 Ulrike Fontaine: Max Grünhut (1893-1964). Leben und wissenschaftliches Wirken eines deutschen Strafrechtlers jüdischer Herkunft. 1998.

Band 32 Claudia Keiser: Das Kindeswohl im Strafverfahren. Zur Notwendigkeit eines am Kindeswohl orientierten Umgangs mit minderjährigen Opfern und Zeugen, den Möglichkeiten de lege lata und den Erfordernissen de lege ferenda. 1998.

Band 33 Wiebke Schürer-Mohr: Erlaubte Risiken. Grundfragen des "erlaubten Risikos" im Bereich der Fahrlässigkeitsdogmatik. 1998.

Band 34 Stephan Voigtel: Zum Freibeweis bei Entscheidungen der Strafvollstreckungskammer. Eine Untersuchung zu ausgewählten Fragen des Beweisrechts im gerichtlichen Verfahren in Strafvollstreckungs- und Strafvollzugssachen. 1998.

Band 35 Volkmar Wißgott: Das Beweisantragsrecht im Strafverfahren als Kompensation der richterlichen Inquisitionsmaxime. Die Judikatur des Reichsgerichts zum strafprozessualen Beweisrecht. 1998.

Band 36 Susanne Merz: Strafrechtlicher Ehrenschutz und Meinungsfreiheit. 1998.

Band 37 Uwe Schlömer: Der elektronisch überwachte Hausarrest. Eine Untersuchung der ausländischen Erfahrungen und der Anwendbarkeit in der Bundesrepublik Deutschland. 1998.

Band 38 Michael Liedke: Die Vermögensstrafe gemäß § 43a StGB in ihrer kriminalpolitischen Bedeutung. 1999.

Band 39 Danja Domeier: Gesundheitsschutz und Lebensmittelstrafrecht. Zur Konkretisierung der Verkehrspflichten und ihrer Strafbewehrung, insbesondere mit Blick auf §§ 8 ff. LMBG. 1999.

Band 40 Ritva Westendorf: Die Pflicht zur Verhinderung geplanter Straftaten durch Anzeige. Eine kritische Betrachtung der §§ 138, 139 StGB im Kontext der Unterlassungsdelikte. 1999.

Band 41 Hans Theile: Tatkonkretisierung und Gehilfenvorsatz. 1999.

Band 42 Nicole Lange: Vorermittlungen. Die Behandlung des staatsanwaltschaftlichen Vorermittlungsverfahrens unter besonderer Berücksichtigung von Abgeordneten, Politikern und Prominenten. 1999.

Band 43 Tanja Gunder: Der Umgang mit Kindern im Strafverfahren. Eine empirische Untersuchung zur Strafverfolgung bei Sexualdelinquenz. 1999.

Band 44 Sven-Markus Thiel: Die Konkurrenz von Rechtfertigungsgründen. 2000.

Band 45 Jan Schlüter: Die Strafbarkeit von Unternehmen in einer prozessualen Betrachtung nach dem geltenden Strafprozeßrecht. 2000.

Band 46 Detlef Heise: Der Insiderhandel an der Börse und dessen strafrechtliche Bedeutung. Eine Untersuchung des neuen deutschen Insiderrechts speziell unter Bezugnahme auf die strafrechtstheoretischen und strafrechtsdogmatischen Grundlagen. 2000.

Band 47 Hermann Wichmann: Das Berufsgeheimnis als Grenze des Zeugenbeweises. Ein Beitrag zur Lehre von den Beweisverboten. 2000.

Band 48 Rainer T. Cherkeh: Betrug (§ 263 StGB), verübt durch Doping im Sport. 2000.

Band 49 Kristian Hohn: Die Zulässigkeit materieller Beweiserleichterungen im Strafrecht. Eine Untersuchung über Erscheinungsformen und Grenzen der Lösung beweisrechtlicher Probleme im materiellen Strafrecht. 2000.

Band 50 Malte Rabe von Kühlewein: Der Richtervorbehalt im Polizei- und Strafprozeßrecht. 2001.

Band 51 Donata Meinecke: Die Gesetzgebungssystematik der Versuchsstrafbarkeit von Verbrechen und Vergehen im StGB. 2001.

Band 52 Joachim Bock: Begriff, Inhalt und Zulässigkeit der Beweislastumkehr im materiellen Strafrecht. 2001.

Band 53 Gabriele Rose: Grenzen der journalistischen Recherche im Strafrecht und Strafverfahrensrecht. 2001.

Band 54 Wiebke Reitemeier: Täuschungen vor Abschluß von Arbeitsverträgen. Zum Verhältnis zwischen dem Straftatbestand des Betrugs und dem Anfechtungsrecht wegen arglistiger Täuschung (§§ 263 Abs. 1 StGB, 123 Abs. 1 Alt. 1 BGB). 2001.

Band 55 Peter Rackow: Das DNA-Identitätsfeststellungsgesetz und seine Probleme. 2001.

Band 56 Frank Zschieschack: Geiselnahme und erpresserischer Menschenraub (§§ 239a, 239b StGB) im Zwei-Personen-Verhältnis. 2001.

Band 57 Natascha Sëyfi: Das Sicherungsverfahren (§§ 413 - 416 StPO). 2002.

Band 58 Dirk Seiler: Die *Sperrwirkung* im Strafrecht. 2002.

Band 59 Dorothee Sydow: Die actio libera in causa nach dem Rechtsprechungswandel des Bundesgerichtshofs. 2002.

Band 60 Inga Metrikat: Die Unterbringung in einer Entziehungsanstalt nach § 64 StGB – Eine Maßregel im Wandel? Eine vergleichende, empirische Untersuchung zur Entscheidung des Bundesverfassungsgerichts vom 16.03.1994, BVerfGE 91, 1 ff. 2002.

Band 61 Sabine Caroline Bechtoldt: Die Erledigungserklärung im Maßregelvollzug des § 63 StGB. Eine empirische Untersuchung der Erledigungserklärung und zugleich rechtsdogmatische Erörterung ihrer Rechtskraftproblematik. 2002.

Band 62 Sandra Schulte-Nover: Strafrichter in Deutschland und England. Ein systematischer Rechtsvergleich im Hinblick auf die richterlichen Kompetenzen im Strafverfahren. 2003.

Band 63 Tim Schurig: Belehrung und Beratung des Beschuldigten über sein Aussageverhalten. Eine gemeinsame Aufgabe von Gericht und Verteidigung? 2003.

Band 64 Markus Laski: Die strafrechtlichen Bezüge des Bundes-Bodenschutzgesetzes. 2003.

Band 65 Gunnar Lüer: Die Versäumung im Berufungsverfahren. Das strafprozessuale Anwesenheitsprinzip im Spannungsfeld von autonomer Subjektstellung und öffentlichen Interessen am Beispiel des § 329 Abs. 1,2 StPO. 2003.

Band 66 Thomas Grützner: Die Sanktionierung von Submissionsabsprachen. Eine Untersuchung der bestehenden Möglichkeiten einer Bekämpfung von Submissionsabsprachen unter besonderer Berücksichtigung des § 298 StGB. 2003.

Band 67 Bettina Noltenius: Kriterien der Abgrenzung von Anstiftung und mittelbarer Täterschaft. Ein Beitrag auf der Grundlage einer personalen Handlungslehre. 2003.

Band 68 Bettina Kraft: Tendenzen in der Entwicklung des Jugendstrafrechts seit der Jugendgerichtsbewegung. 2004.

Band 69 Jessica Däbritz: Die Bestimmung strafbaren fahrlässigen Verhaltens in der Forschung am Beispiel ärztlicher Humanerprobungen. Ein Beitrag zur methodischen Ermittlung und inhaltlichen Bestimmung von Sorgfaltspflichten in der Humanforschung. 2004.

Band 70 Maike Steenbock: Über die Unfallflucht als Straftat. Eine kritische Untersuchung zum Zusammenhang der Strafbarkeit der Unfallflucht mit den Besonderheiten des Straßenverkehrs. 2004.

Band 71 Holger Mann: Beschleunigungspotential im Jugendstrafverfahren. 2004.

Band 72 Dorothee Krutisch: Strafbarkeit des unberechtigten Zugangs zu Computerdaten und -systemen. 2004.

Band 73 Heinz-Helmut Fuhrmann: Das Begehen der Straftat gem. § 25 Abs. 1 StGB. Unter besonderer Berücksichtigung der sogenannten "eigenhändigen" Delikte. 2004.

Band 74 Gerwin M. Moldenhauer: Eine Verfahrensordnung für Absprachen im Strafverfahren durch den Bundesgerichtshof? 2004.

Band 75 Dirk Busch: Konzernuntreue. Eine Untersuchung spezifischer Untreuestrafbarkeit innerhalb von Konzernverbindungen mit Aktiengesellschaften und Gesellschaften mit beschränkter Haftung. 2004.

Band 76 Mitsuru Iijima: Die Entwicklung des strafrechtlichen Unrechtsbegriffs in Japan. Eine kritische Betrachtung aus strafrechtsdogmatischer und rechtsphilosophischer Perspektive. 2004.

Band 77 Lena Barbara Kötter: Private Elemente in der Strafvollstreckung. Zur Privatisierung von Bewährungshilfe, Gerichtshilfe und gemeinnütziger Arbeit. 2004.

Band 78 Martin Maria Laufen: Der Wucher (§ 291 Abs. 1 Satz 1 StGB). Systematische Einordnung und dogmatische Struktur. 2004.

Band 79 Maike Aselmann: Die Selbstbelastungs- und Verteidigungsfreiheit. Ein Beitrag zu den Garantiewirkungen von Verfahrensrechten im Hinblick auf die Beweiswürdigung, Strafzumessung und Strafbarkeit des Beschuldigten im Strafprozess. 2004.

Band 80 Ingmar Wolf: Graffiti als kriminologisches und strafrechtsdogmatisches Problem. 2004.

Band 81 Misuk Son: Straftatfolgen im deutschen und koreanischen Strafrecht. Ein prinzipieller Vergleich. 2004.

Band 82 Matthias Saal: Die Beteiligung an einer Schlägerei (§ 231 StGB). Ein Plädoyer für die Streichung der schweren Folge. 2004.

Band 83 Michael Stüber: Die Entwicklung des Prinzips der Unmittelbarkeit im deutschen Strafverfahren. 2005.

Band 84 Patrick Gerberding: Das Rechtsmittelsystem im US-amerikanischen Strafverfahren. Eine rechtsvergleichende Betrachtung. 2005.

Band 85 Rouven Seeberg: Aufgedrängte Nothilfe, Notwehr und Notwehrexzess. 2005.

Band 86 Andre Knoerchen: Schadenswiedergutmachung über anwaltliche Schlichtungsstellen. Rechtsökonomische Analyse eines Modellprojekts. 2005.

Band 87 Andreas Quante: Sanktionsmöglichkeiten gegen juristische Personen und Personenvereinigungen. 2005.

Band 88 Gundula Momsen-Pflanz: Die sportethische und strafrechtliche Bedeutung des Dopings. Störung des wirtschaftlichen Wettbewerbs und Vermögensrelevanz. 2005.

Band 89 Klaus Kleinbauer: Rechtsmittelverzicht und Rechtsmittelzurücknahme des Beschuldigten im Strafprozeß. 2006.

Band 90 Manuel Fumagalli: Rechtsprobleme vorgeburtlicher Diagnoseverfahren. Die personenrechtliche Begründung von Pränataldiagnostik und Präimplantationsdiagnostik. 2006.

Band 91 Matthias Dann: Staatliche Tatprovokation im deutschen, englischen und schottischen Recht. Rechtsvergleichende Untersuchung unter besonderer Berücksichtigung europäischer und internationaler Entwicklungslinien. 2006.

Band 92 Shahryar Ebrahim-Nesbat: Die Herausbildung der strafrechtlichen Teilnahmeformen im 19. Jahrhundert. 2006.

Band 93 Christoph Paglotke: Notstand und Notwehr bei Bedrohungen innerhalb von Prozesssituationen. 2006.

Band 94 Sebastian Olk: Die Abgabe von Sacherklärungen des Angeklagten durch den Verteidiger. 2006.

Band 95 Bernadette Pape: Legalverhalten nach Sexualdelinquenz. Eine empirische Analyse der Delinquenzkarrieren nach Sexualstraftaten an Kindern. 2007.

Band 96 Uttam Das: Möglichkeiten der Angleichung materiellen Strafrechts zwischen England und Deutschland im Rahmen des Art. K 31 EUV. 2007.

Band 97 Dennis Miller: Die Beteiligung am Verbrechen nach italienischem Strafrecht. Ein Beitrag zur Geschichte und Gegenwart von Einheits- und Differenzierungsmodellen der strafbaren Beteiligung mehrerer Personen. 2007.

Band 98 Michael Nehring: Kriminelle und terroristische Vereinigungen im Ausland. Auslegung und Analyse des im Zuge der Terrorismusbekämpfung nach dem 11. September 2001 geschaffenen § 129b Strafgesetzbuch. 2007.

Band 99 Bernadette Berger: Das Gesinnungsmoment im Strafrecht. 2008.

Band 100 Peter Rackow: Neutrale Handlungen als Problem des Strafrechts. 2007.

Band 101 Simone Mölders: Bestechung und Bestechlichkeit im internationalen geschäftlichen Verkehr. Zur Anwendbarkeit des § 299 StGB auf Sachverhalte mit Auslandsbezug. 2009.

Band 102 Anke David: Die Entwicklung des Mordtatbestandes im 19. Jahrhundert. 2009.

Band 103 Arne Habenicht: Die Beteiligung an sexuellen Gewalttaten. 2009.

Band 104 Marwan Hamdan: Drittmittelforschung in der Medizin. Eine Gratwanderung zwischen strafbarer Vorteilsannahme und verfassungsgarantierter Forschungsfreiheit. 2009.

Band 105 Carl-Friedrich von Scherenberg: Die sozialethischen Einschränkungen der Notwehr. 2009.

Band 106 Andreas Poppe: Die Akzessorietät der Teilnahme. Eine kritische Analyse der dogmatischen Grundlagen. 2011.

Band 107 Jonathan Burmeister: Die schuldangemessene Bewertung von Ehrenmorden im deutschen Strafrecht. Differenzierte Schuldmerkmale auf Tatbestandsebene bei sonstigen niedrigen Beweggründen. 2011.

Band 108 Philipp Reinhold: Amtsträgerbestechung. Unrechtsgehalt und Grenzen der §§ 331 ff. StGB. 2011.